杜君立著

A BRIEF HISTORY OF MODERN TIMES

现代简史

从机器到机器人

SJPC 上海三联书店

这是一个最好的时代，
这是一个最坏的时代；这是一个
智慧的时代，这是一个愚蠢的时代；
这是一个诚信的时代，这是一个欺骗的
时代；这是一个光明的季节，这是一个黑暗
的季节。人们的面前应有尽有，人们的
面前一无所有；每个人都在走向天堂，
每个人都在堕入地狱。

——查尔斯·狄更斯

目　录

A BRIEF HISTORY OF MODERN TIMES

第2章　印刷机，失控的技术

人类文明史有两个重要基点：文字的创制和印刷术的发明。谷登堡发明印刷机标志着现代时期的开端。没有印刷机，就不可能出现随后的科学、政治、社会、经济等一系列革命性的进步。印刷作为媒介革命，催生了大众社会和现代共识。

第 II 部分　工业时代

第3章　从木器时代到铁器时代

人类的智慧是无穷的。英国并不出产棉花，森林资源也极其贫乏，但英国却发生了一场前所未有的棉花革命和钢铁革命，他们将工具变成机器，将家庭作坊变成大工厂，由此引发了一系列技术变革和社会变迁，"创新"颠覆了一成不变的古老传统。

第4章　拉响工业革命的汽笛

蒸汽机作为一个典型的象征物，为钢铁机器装上一个强健有力的引擎。工业革命从英国发轫，席卷整个西方世界。蒸汽取代人力，工业取代农业，民主取代专制，城市取代乡村，依靠技术创新和观念创新，西方先贤筚路蓝缕，为人类开辟出一条现代之路。

第5章　革命遇到资本主义

工业革命不仅是一场技术革命和财富革命，也是一场组织革命和社会革命，旧世界被打碎，新世界重新构建。在这一历史巨变过程中，个人、国家和社会面临着严峻挑战，富于理性和创造精神的英国，摆脱革命的诅咒，实现华丽转身。

第6章　美利坚，一个现代神话

就现代史而言，一个国家的崛起离不开技术创新和政治正确。英国因工业革命和自由贸易而成为现代经济体系的开创者；美国以管理革命、科技革命和民主自由后来者居上，成为现代世界的领导者。

第 III 部分　全球时代

第7章　千年变局，中国的现代化

在西方学者看来，中国一直是世界的例外。当西方世界已经全面进入工业化之时，中国还是一片不知魏晋的世外桃源。面对不可阻挡的现代大潮，中国走过百年历程，从传统到现代的巨变，至今仍是正在进行时。

第8章　终结者，当人遇见机器人

进入电时代后，蒸汽机就变成第一次工业革命的事情，技术从此变得有无限可能。电报、电话、收音机、电视机很快便被计算机取代。当计算机被称为电脑时，机器便不再只是人的力气和技能的取代者，离开思想，人的地位岌岌可危。

第9章　暴富之后，我们还要什么

古代社会是匀速发展的，而现代社会在不断加速。技术越来越先进，人们变得越来越富有；生活节奏越来越快，城市变得越来越陌生。终于有一天，当你感到力不从心，那么何不慢下脚步，等等自己的灵魂。

| 推荐序一 |

现代人的天问

许倬云

收到杜君立大作，这部著作陈述从现代科学和资本主义开展以来，由欧洲发源的现代文明，在各个方面不断进展的过程。

诚如本书开头引用的狄更斯名言：“这是一个最好的时代，这是一个最坏的时代。”现代文明的发展，四百年来，节奏越来越快，改变的幅度也越来越宏大，如果将人类从非洲出走，分散到各处的时段作为开始，假如以二十四万年的长时段当作一天，人类文化的开始不过只是一万年以内，文明的开始也不过三千年，现代的文明占了四百年；如果从子夜计算，到第二天的子夜，这四百年的时间，在时钟上，已经是十一点五十八分。最近，科学界的奇才霍金预言，人类的发展将要终结了地球生命的历史，那个时候，也就离现在不会超过十万年左右。

我们从十一点五十八分计算，往下走恐怕不需要五六点钟，可能在一两点，或是两三点时，就已经到了不可收拾的局面。

这种对危机的紧迫感，自古以来，人类不断有之。战国时代，屈原曾经审视壁上历史图画，发为“天问”；犹太基督教信仰，常常提醒大家，劫难将至；佛家的教训，也经常提醒世人，在劫难逃。对近代变化的迅速与深刻，在最近半个世纪以来，已经不断有人提出警告。于是，二十世纪学术界的气氛，完全不同于十八、十九世纪的乐观，而是悲欣交集的复杂情绪。本书引用了狄更斯的感慨，正是反映同样的情绪。

本书作者陈述，世界上不是一条主线，而是两条议题的交叉并行：一条是现代文明的发展过程，另一条则是身为中国人经常会提出的问题，为什么中国稳定了两千多年，却在现代文明发展的比赛中，长期缺席，以致到今天，还在追赶“现代”？第二条轴线乃是十九世纪以来，差不多两百年了，在中国方面，李鸿章、梁启超、孙中山、胡适、梁漱溟等人士的另外一份“天问”。在西方学术界，这也是马克思、韦伯、李约瑟，以至于欧美的若干汉学家与历史学家，不断提出来的课题。

杜先生在这本大作中，实际上，他第二条轴线的重要性，在他的心目之中，也在读者的心目之中，毋宁超过了对第一条轴线的陈述。

我个人认为，“现代”的竞技，西方参与，而中国长期缺席，乃是由于在文明开始的枢纽时代，东和西的曲调，有不同的定音。人类在提出超越的课题时，无论东西圣人，基本上都假定有一个超越的理性，在东方为之“道”，在西方为之“圣”。儒家阐述的“道”，要兼顾个人的意志和全体人类的福祉；西方提出的“圣”，乃是盼望个人能力和意志的发挥，能尽其“至”，才配得上神的恩宠。

假如这无穷无尽的宇宙中，一个小小的星云群，其中有一个小小的星河系，星河系中又有一个小小的太阳系，其中又有一个更微细的地球。对于这个微小的个体，有一位“造物主”，亦即人格化的“道”和“圣”，发下两条指令，写在同一页的两面，东边和西边各看了一半。于是，东边尽力在神赐给的环境中，求得最大的平衡和稳定，以安其身，以立其命；西方从犹太教以来，始终是尽力求表现、求发展，甚至于不惜毁损自己寄生的地球。到了今天，人类，那一地球上的癌症，即刻就要毁损自己的寄主。到今天，那世界人口四分之一，此前没有介入大竞争的中国人，竟也奋不顾身，投入竞技的最后一节。那一位“道”与“圣”人格化的造物主，会是怎么样的感觉?

杜先生自己陈述，他不是一个专业的历史学家，正因为他是一个关怀终生的知识分子，而不是专家，他能比专家们关心更大的问题，于是我们才有这么一部好书。

这几年来，中国文化圈内的各处，无论是中国本部，或者是本部以外的其他地区，包括海外的华人们，似乎都在警觉世变正亟，在各个领域，都有人关怀未来的发展。大家的情绪，常常呈现“悲欣交集”的情形，杜君立先生的大作乃是许多著作中，极可称赞的好书。作为读者，我感谢他；作为同样关心者之一，我也同意他的许多见解。我们盼望着，杜先生的另一部著作很快问世，庶得早读为快。

许倬云谨记。

一本好书是一场灾难

陶　林

一本好书是一场灾难。一本真正的好书，往往是顺乎自然的，但又出人意料。在中国当下，任何一个关注现实的普通人都会意识到，社科与历史本身都需要全新的历史来说明现代社会是如何形成的，让我们更加准确地理解当下及我们自身。要做到这样，除了应有的野心和努力之外，还要有清晰的头脑和整合碎片信息的能力，更离不开大量的阅读和探索的勇气，以此来完成一种历史言说，或者说描绘出一种接地气的历史场景。只有这样，历史才能真正地站立起来。

在这一点上，杜君立的这本书令人惊奇地做到了，他为我们打通了历史谱系中从古代到现代的任督二脉。

杜君立巧妙地将诸多众所周知的历史事件，如文艺复兴、工业革命等，置放于一个由机器文化构建的整体框架中，使人既感到熟悉，又感到新奇。这既是一种对历史的重构，又是一种对历史的颠覆。

本书从时间机器（钟表）开始，经文字机器（印刷机）、效率机器（纺织机）、力量机器（蒸汽机），至智能机器（计算机）结束，构成一个完整的机器进化史。作者以其庞杂的涉猎，将历史知识与科学常识纷然胪列；借助机器的演化进程，将现代文明历程全面而清晰地呈现出来。从日晷、沙漏到机械钟；从骡机、水力纺纱机到珍妮纺织机；从蒸汽机、内燃机到电动机；从来复枪、马克沁机枪到 AK47；从雕版印刷到谷登堡印刷机，最后到伟大的互联网……不同的机器，如同现代社会不同历史阶段的标志和镜像，以这种"曹冲称象"的工科方式，来精心勾画人类走向现代化的发展足迹，可谓独辟蹊径。

了解历史的人都知道，谷登堡发明印刷机，引发了宗教改革、科学革命和启蒙运动，但本书却提供了另一种诠释：印刷机实现了书籍的大量生产，带来阅读热潮；近视眼的激增刺激了眼镜制造业，镜片加工技术突飞猛进，放大镜、望远镜和显微镜随之诞生。正是这些貌似简单的器械，开创了现代天文学和生物学，同时引发了军事、医学、地理、物理和化学等领域的巨变。如果把历史看作一场游戏，那么技术进步往往会带来

“多米诺骨牌效应”，以至人们常常用“革命”、“爆炸”，甚至“灾难”来形容新技术的粉墨登场。

在世界范围内，传统时代的人们都将“现代（文明）”视为洪水猛兽，但在一场接一场的“灾难”侵袭下，人们最后仍不得不接受机器。一旦机器取得合法地位，“现代”这场灾难必然会无远弗届地席卷整个社会。对于现代人来说，这场机器带来的“灾难”其实并不那么可怕，反而是那么可贵。

人们常常将历史比作滚滚车轮，机器与历史其实是同构的，它们的共同逻辑便是进化和进步。当一部机器的效能提高一倍的时候，它就绝不会向后倒退一步；相反，它会以加速度的方式进行自我更新换代。这种机器逻辑在电脑时代被称为“摩尔定律”。在机器逻辑下，人类财富以加速度积累，现代二三百年所增加的财富，远远超过之前几千年的财富总和。机器的意义远远超乎人们想象。特别是对今天的每一个现代人来说，科技已经无处不在，须臾莫离。任何工具和机器都是人的延伸，甚至说是创造者灵魂的永恒结晶，正如“苹果”构成乔布斯遗留在人间的“魂器”。今天，那些无法拒绝的机器正以其雄辩的逻辑，改变着历史，改变着人们愚顽的头脑。尼采说过，逻辑是最为民主的东西。

从人猿揖别的那一刻开始，人就依赖工具而生存。百万年来，人类的进化是何其缓慢，正如机器的进化是何其神速。在历史经过的道路上，本书用机器做里程碑，为我们标示出了一条醒目的路径。从古老的日晷到智能手机，所谓现代的历程，就是人用机器寻找到自身自由的历史。“形而上之谓之道，形而下之谓之器。”机器如同人类的影子，没有了机器，人类或许还在，但现代文明肯定将不复存在。

本书以几颗“沙粒”，神奇地串起了一部现代文明史：钟表完成了地球的统一，印刷机终结了欧洲的中世纪，纺纱机终结了田园牧歌，蒸汽机终结了对人的奴役，枪炮终结了肆虐人类千年的游牧帝国，互联网终结了帝国时代的篱墙……一部人类现代史，或许就是关于“一粒沙就是一场灾难”的寓言：很多年前，一粒粒毫无价值的沙子，经过工匠之手，变作神奇的玻璃，成为望远镜、显微镜和烧瓶，它们带来科学，而科学带来了现代；很多年后，连最愚蠢的人都学会了制作玻璃，但新一代工匠们又将沙粒变成了石英钟、晶体管、处理器、光纤和太阳能电池，将人类所有的智慧和文明传至世界的每一处应许之地，一个伟大的后现代来临了。

|代自序|

我的现代史

一切历史都是当代史——借用克罗齐的这句话，也可以说“一切历史都是个人史”。对我而言，所谓历史只是一种记忆，而写作是为了抗拒遗忘，为了给自己一个解释。如果回到历史的起点，或许“现代”才是我写作的最初动机。

孔子说，四十不惑。进入四十岁之后，我才开始重新打量起自己身处的这个世界来，觉得一切都变得这样快，让人觉得到处都充满陌生的东西，甚至连自己也变得陌生起来。才刚刚不久前的事物，也让人有一种恍如隔梦的感觉。潘石屹先生说他自己每天都生活在两个世界：梦中世界是土坯房、火炕、小河、老井、玉米面糊糊、半坍塌的寺院及热情的乡亲们；现实世界是高楼大厦、空调、暖气、飞机、电脑。

很多人或许不知道，人类虽有250万年的历史，但真正经济增长的历史却只有250年。这种增长完全是三次工业革命的结果——

第一次工业革命，大约从18世纪60年代开始持续到1840年，其标志是蒸汽动力的发明、纺织业的机械化和冶金工业的变革；第二次工业革命，大约从19世纪60年代开始持续至第二次世界大战之前，其标志是电力和内燃机的发明和应用，还有石油化学工业、家用电器等新产业的出现；第三次工业革命，大约从20世纪50年代开始直到现在，其标志是计算机的发明、信息化和通信产业的变革。

张维迎先生用一篇长达一万多字的文章，记述了自己“所经历的三次工业革命”。他感慨说：“西方发达国家像我这样年龄的人，当他们出生的时候，前两次工业革命早已完成，只能经历第三次工业革命，但作为中国人，我有缘享受‘后发优势’，用短短的40年经历了三次工业革命，走过了西方世界十代人走过的路。”

实际上，潘石屹和张维迎的经历也是我所经历的，这是整整一代中国人的“现代史”。

直到童年结束，饥饿一直是对我最大的折磨，相比之下，因为衣服上打满补丁倒算不得什么；别说袜子，很多人连鞋子都没有。在我幼年的记忆里，柏油路是可怕的，因为它会烫伤脚。当然，那时候到处有小河溪流，用手捧着喝水，不需要拧开盖子。那也是一个分享的“世外桃源”：大家共用一眼水井，彼此借盐还醋；人们的活动范围很少超出步行距离；每个人都了解自己的邻居，却“不知有汉”。这是一个传统的口语化的方言世界，任何东西都那么古老，都有它的来历和故事。

在我“耕牧河山之阳”的漫长乡村岁月中，常常见到人们用火镰火石取火，连洋火（火柴）都舍不得用，铁丝、钉子、轴承、磁铁、玻璃、塑料、半导体、钟表、汽车、机床等，这些“洋东西”都曾令我久久地痴迷。直到成年后进入城市，那种惊异和迷惑才渐渐散去。

我上学之前，就已经承担起劳动，比如剥棉花。剥出的棉花经过去籽、弹花，祖母坐在炕前纺线，纺好的线由母亲一梭一梭地织成布。纺车和织布机都是木制的，从一千年前棉花传入中国时就是这样子。织好的粗布经我娘裁剪，用手一针一针缝成身上穿的衣服。这种缝纫方式从远古就有，只是那时候用的是骨针。

比起衣服来，做鞋不需要多少布，但绱鞋非常费力，一双鞋往往要我娘花费半个月甚至更多的饭后时间。等一双新布鞋做好，我久久舍不得上脚，只怕踩坏了。其实布鞋很不耐穿，跑跑跳跳，去坡上背几次玉米，鞋子就穿帮了。所以除过冬天，大多数时候我都是光脚，好在那时很少有水泥地和柏油路。

八岁时，我挎着母亲给我缝的书包上学了，书包上绣着“好好学习天天向上”，这是我娘请先生给写了，然后描下来绣成的——她不识字。对我来说，上学最大的困扰不是功课，也不是距离，而是时间。当时全村也没有几只钟表，为了早上不迟到，我祖母一晚上在“看香”，后来是听鸡叫，免不了碰上“半夜鸡叫”的事情——我几次早到，一个人在教室里等着天亮。直到快上中学时，这种困惑才得到解脱，我发现火车经过村口的时间总是固定的。

陇海铁路穿村而过，火车从1937年就每天轰隆隆冒着黑烟喷着水汽驶过村口，但村里人基本都没有坐过火车。人们聚在一起时，常常谈论火车里面是啥样子。有时也会有一辆解放卡车或北京吉普来到村里，让我们这些娃娃们兴奋不已。

村里最大的聚会是在打麦场放映电影，全村男女老少都会早早地到来，等着天黑“看戏”。后来村里买了一台24英寸的黑白电视机，村里人的谈资突然变得极其丰富；有一段时间，就连不识字的老人们都为“霍元甲”的死感到难过。因为村里装了大喇叭，人们在地里干活时，可以听到喇叭里播放的音乐；我因此对很多西洋古典音乐都耳熟能详，虽然我没有见过一件西洋乐器。当时最轰动的事情是轧面机的出现。有了轧面机，人们便以吃“机器面”为荣，尤其是待客；这样一来，擀面杖便被冷落了，就像同样被废弃的石磨一样。我娘说她出嫁前，在家里推了十几年石磨。她把新式电动磨粉机叫作“钢磨”，磨出的面粉叫作“洋面”。

上了中学，考试不再是老师在黑板上写题，而是直接发油印的试卷，尽管蜡版还是手刻的。勤勉的语文老师将古诗抄在一块小黑板上，每天抄一首。我们很多人就这样记熟了几百首古诗词。

高中时，我穿着一身“的确良”，这是我娘买来“洋布”，然后请裁缝用缝纫机做的，纽扣是塑料的。高考结束，我和同学为了省几毛钱，几乎是从县城走几十里路回的家；不久后我收到录取通知书，第一次坐上了火车，来到了城市。在此后的两年里，我第一次骑上自行车，第一次踢足球，第一次看世界杯，甚至第一次刷牙和洗澡……

作为我“进城”的装备，我父亲给我买了一块上海牌机械手表；我还瞒着家里买了一台收录机，这花去了我半个学期的生活费，或者说一头肥猪的价钱。我即将成为主流的工人阶级，像2元钞票上那样的车工。在一家坦克车厂实习完毕，我认真做了一份关于空压机变速箱的毕业设计。我刚刚成为工人，中国的工业时代就结束了。国营机器制造厂破产后，我已经回不到农村。在各种不同的城市里，为了谋生，我做过很多新潮的职业，所有的一切都跟我在村里时不一样。

我父母结婚时，我娘的嫁妆是一只玻璃镜子和一只玻璃保温瓶。我同学结婚时，标配是一辆飞鸽自行车和一台14英寸平面直角遥控彩电。从自行车、摩托车、手扶拖拉机到汽车，牛和马没有了；从电话、寻呼机、大哥大到手机，电报和书信没有了；从显像管、背投、等离子到4K液晶屏幕，录像机和VCD没有了；从386、486、奔腾到双核，电脑统治了一切……

以前火车开得很慢，火车路过村子时拉着长长的汽笛，火车司机一脸煤灰，露出雪白的牙齿，向我们招手，我甚至跟他们学会了“再见”这个词。因为慢，我在村里时，经常看见有人从车上跳下来，村里人会围上去，问他坐火车的感觉；后来火车快了，跳下来的人常常摔得不省人事；再后来，火车道就全封闭了。如今，高铁从渭河上一闪而过，人们都来不及看清它的样子。

“许多年之后，面对行刑队，奥雷良诺·布恩地亚上校将会回想起，他父亲带他第一次去见识冰块的那个遥远的下午。”这是《百年孤独》的第一句话。我忘不了我父亲带我第一次去公社“看电视”，以及他给我买的第一块手表。他一生都没有戴过手表，也没有骑过自行车。他曾经去过很多地方，但都是走着去的，大多数时候是挑着担子，或者拉着架子车。后来我长大了，陪他去城里大医院看病，这是他第一次坐火车；当火车驶过村子时，他就要跳下去回家。

我父亲是一个传统本分的农民，他在现代到来之前去世，那时候，“实现四个现代化”的红色标语就刷在我家的山墙上。他生在那个带窑洞的院子，最后在那个院子里去世；直到最后，他也没有买得起一台14英寸的黑白电视机。

我已经很少回家了，事实上，我的“家”已经不存在了。我父亲和我以前耕种的土地，现在已经变成“城市中心”。现在农村所有的庄稼活儿，从种到收都交给了机器；无论多远或者多近，人们都是汽车代步。我母亲也用上了智能手机，她甚至学会了阿拉伯数字；当她跟远方的孙女通话时，竟然说起了普通话。我每次回家，我娘一定要让我吃一碗她亲手擀的臊子面。

鲁迅那一代人还有故乡可回，而对我们这一代人来说，故乡和童年一起成为记忆。一百多年前，李鸿章等人纷纷惊叹“三千年未有之大变局”；如今，“现代”在中国大半已经变成现实。本雅明童年记忆里的西洋景、纪念碑、溜冰场、汽灯、电话机等，在如今的中国人眼里都是些老古董了。

我母亲那一代人见识了“电”的神奇：电能照亮，电能加热，电能磨面，电还能“打”死人，所以人们将保温瓶叫作“电壶”。我们这一代见识了更多神奇的东西。如果说中国将西方400年的现代进程压缩到从1978年到2018年这40年，那么我们这一代人就是幸运的见证者。我们见识了电灯、印刷机、手机、汽车、照相机、电影、洗衣机、空调、电视机、高铁、飞机、核能、塑料、信用卡、超市、电脑和互联网的出现和普及。有史以来，人们从未像现在这样富足和享受，也从未像现在这样与世界的距离是如此亲近。

40年前，我在煤油灯下写过一篇作文叫《奔向2000年》。我在作文中想象“四个现代化”已经实现，我成了科学家，坐着宇宙飞船去了月球。现在看来，这个梦想似乎已经实现了。虽然我没有成为科学家，也没有去月球，但我比那时候更了解自己与地球之间的关系。我父亲对我说，他“修”了一辈子地球，总希望我离地球“越远越好”。

我出生的那一年，中国最大的新闻，是《毛泽东选集》发行量突破1.5亿册；世界最大的新闻，是阿姆斯特朗踏上月球。那时候，中国没有多少人知道阿姆斯特朗，更没有人看到人类第一次登月直播，人们甚至也不知道电视为何物。如今，中国人和美国人一样，在苹果手机上热议马斯克和“猎鹰”火箭，以及他的火星殖民计划。

第I部分

启蒙时代

A BRIEF HISTORY OF MODERN TIMES

这是一个天才纵横的时代，也是一个混乱嘈杂的时代，一切都酝酿着变革的因子。玻意耳、伽利略、胡克、哈雷、开普勒、牛顿、莱布尼茨、笛卡儿等天才人物的不懈努力，永远改变了人看待自己和自身地位的方式。虽然他们相信天使、魔鬼和炼金术，但他们也相信宇宙正按照精确的数学法则运行，就像是一个错综复杂但异常完美的巨大的机械钟表，完美地集迷信和理性于一身。

——（美）爱德华·多尼克

《机械宇宙：艾萨克·牛顿、皇家学会与现代世界的诞生》

第 1 章

上帝创造时间，人类创造时间机器

> 在传统时代，时间是自然的、永恒的、循环的，机械钟的出现颠覆了这种时间概念，引发了人类史上最重要的一场启蒙运动。时间的理性化最终导致机器的理性主义。时间的祛魅和人的个体化使人类走向觉醒和自由，人成为时间的主人，“现代人”出现了。

按照一种古老的说法，世上的人可以分为两种：大洪水前的人与大洪水后的人。

大洪水前其实就是旧石器时代，始于 300 万年前，从第一个被制作出的粗糙简陋的工具算起，直到发明第一个机器——弓箭为止。从时间上来说，这部分历史占据人类生存史的 99.5%，人类爬进文明世界只不过是刚刚发生的事情。

在整个世界的轨迹中，人类文明并不一定很深刻，但文明发生的范围却要宽广得多。最早的文明出现在两河流域的美索不达米亚，之后扩展到整个欧亚大陆的印度、中国和欧洲，乃至最后到达美洲和大洋洲。

大洪水后农业的出现不过万年，而广义上的“文明人”在这个地球上已生活了200万年。他们99%以上的时间是在狩猎和采集中度过的。从“史前”算起，人类文明其实是一种很年轻的事物，没有几个历史遗址会超过5000年；或者说，文明史仅仅占全部人类史的0.5%。与整个人类文明相比，现代文明则更加年轻。如果以1776年为现代元年，那么现代的历史也仅仅占全部人类文明史的5%。对中国而言，如果以1976年为现代起点，那么在整个中华文明史中，中国的现代历程也只有0.5%左右。然而就是这0.5%或者5%，却创造了一个完全不同的中国与世界。

历史的发展并不是匀速的，也并不总是前进的。但如果说人类社会的发展有一个主线，那么它就是一个从低级到高级、由野蛮到文明的过程。就整个历史大趋势而言，它的进步不仅是不可逆转的，而且是加速度的。

所谓“现代”，就是历史进步的结果。这种“进步”体现在多方面：在物质上，由贫穷匮乏发展到丰裕富足；在精神上，由愚昧无知发展到智慧文明；在能源上，由人力畜力发展到煤炭石油；在技术上，由手工的简单石器木器发展到钢铁智能的复杂机器；在经济上，由封闭或掠夺的游牧农业发展到公平法治的全球市场经济；在政治制度上，由个人或家族的暴力专制发展到民主宪政；在社会关系上，从血缘等级的人身依附发展到独立自由的公民个体。

如果说现代是一种启蒙，那么这种启蒙应该始于时间观念的确立，尤其是机械时间对自然时间的取代。从此以后，机械化的时间如同一个新的上帝，变成了人类的主宰。

走出历史的黑洞

一切历史都始于时间。

历史不是时间，但历史与时间有关。换句话说，历史学是一门关于时间的学问。时间与空间不仅是人类历史的背景，也是人类历史的动因之一。人类数千年的历史，也是关于存在与时间的历史。

在历史的长河中，时间从来没有停止过流动。时间吞噬一切，而历史如同一个时间的黑洞。《创世记》记载：宇宙诞生于公元前5000年。实际上，宇宙比人类要古老得多。在人类文明诞生之前，宇宙有历史吗？再进一步，时间从哪里开始，到哪里结束？霍金在他的《时间简史》中并没有告诉我们答案。按照物理学理论，宇宙在空间上没有边界，在时间上也没有开始和结束。

人是历史的结果，人类的暂时化实际就是时间的人类化。人与时间一样，就其消除存在而言，都是一种否定性的存在。人是一种时间性生物。人的生命系统天然地存在一种时间的方向感，这种时间方向是一种原始概念。人不仅生存于“时间之中”，（有限的）时间也构成人的生命本质。人被赋予时间和历史，但对人来说，时间并不是与生俱来的。

从唯心的观点来说，时间几乎是所有灵性动物的“意识形态”，但似乎只有人类才具有时间观念，并将时间理解为一种社会制度，这对于现代人来说尤其如此——“现代”本身便意味着一种全新的时间观念。对现代人来说，时间不仅是生命的体验，也是历史的体验。但对古人来说，时间只是自然的一部分，人们只能通过理解自然来理解时间，或者说，是想通过理解时间来理解世界。从这个意义上而言，自远古以来人类社会的发展历史，其实也是时间观念从确立到成熟的过程。人们一代接着一代，建立了对过去、现在和未来的不同认识。

在原始的狩猎采集时代，人类的时间意识就已经开始启蒙。如果说计算是人类最早的语言，那么最早的时间计算无疑是从天文学开始的。象征时间的太阳和月亮成为早期人类不约而同的神祇。神秘的英国巨石阵极有可能是一座古老的天文台。科学家经过仔细观察和严密计算，发现通过巨石阵可以精确了解太阳和月亮的方位，并可观测和推算日月星辰在不同季节的起落。

毫无疑问，在天然的生物钟之外，太阳是人类通用的第一种定时器，它从东方升起，从西方落下，帮助人们确定白昼的时间。而具有周期性圆缺变化的月亮则是人类的第一个日历。地球自转一周为一天，月亮绕地球一周为一月，地球绕太阳公转一周为一年。距今6000多年前，人类基本确定了年、月、日的时间概念。历法的意义便在于实现年、月、日之间的换算。

在公元前4214年左右，古埃及人创造了人类历史上最早的历法。它以365天为1年，1年12个月，每月有3周，每周10天，年终另加5天作为节日。罗马征服埃及后，又借用埃及历法制定了儒略历和格列高利历，后者即现代历法。

中国传统历法为阴阳合历，传统的“阴历”是根据月亮周期制定的，二十四节气则根据太阳运动编制。中国历法以十天干和十二地支（子、丑、寅、卯、辰、巳、午、未、申、酉、戌、亥）相配来纪日，以60为一个计数周期。余世存先生说，原初意义上的易经八卦

故宫太和殿前的日晷。日晷不但能显示一天之内的时刻，还能显示节气和月份。宫殿前设置日晷，象征皇帝拥有向天下万民授时的最高权力。

和六十四卦都是为了计时；作为象形字的“卜”字，本意就是用竖立的木杆来观测太阳阴影；占、卜、贞、筮等也都是源自计算时间。中国古代将研究自然的学问分为数术与方技，天文和历法便属于数术。可以说，历法是人类对数学的最早探索，抽象的数学反映了人类文明的理性觉醒。

“日往则月来，月往则日来，日月相推，而明生焉；寒往则暑来，暑往则寒来，寒暑相推，而岁成焉。”作为农业文明的产物，自然时间是以天文规律、季节流转、植物生长等自然现象为参照标准的时间体系，构建了时间的初级文明。

与奔波动荡的狩猎采集生活不同，农业时代提供了一种可以预期的稳定；人类开始定居，春耕、夏耘、秋收、冬藏，时间因此变得规律起来。在甲骨文中，已有春、夏、秋、冬四字，并有月、日和时间的记录。农人靠天吃饭，最重农时，乃至生活作息也须与天时节令同步。一般认为，中国历法始于夏代，因而称“夏历”。公元前4世纪的战国时代，中国已使用《四分历》，一年被定为365又1/4日。

正如《宋史·律历志》中所说：“古者帝王治天下，律历为先。”自古以来，乃至到19世纪，历法都是中国文化与政治的表征。在近代科学革命和民主革命之前，专制时代的皇权一般都以权力神授来宣示其“合法性”；每年重新确定历法是皇帝的特权，使用皇帝颁布的历法是承认皇帝主权和甘为臣下的保证，这就是“奉正朔”。

中国古代天文学其实是天学，类似西方的占星术。受“天人合一”与“天人感应”说的影响，观天象以察时变，天象便成为中国历史最重要的内容之一。在中国古代史书中，对异常天象一直保留着完整而详细的记录。中国历代王朝也都设有专职的天象官，编制的各种历法数不胜数。

按照古人的理解，太阳主宰万物，是天子的象征，月亮是皇后的象征；如果皇帝失德，上天就会以某种征兆来警告他，而日食属于严重警告。退一步说，对于日食、月食这类自然天象，如果皇帝宫廷的钦天监不能准确预报，也会使人们怀疑皇帝不懂“天意”，从而威胁到皇帝的合法性。正因为这个原因，明清时期的西方传教士就利用其时间与历法方法的科学优势，得以成功进入中国宫廷。

在中国传统时代，历书对人们生活影响之大，远远超出今天人们的想象。在家家必备的老皇历中，不仅有金木水火土的分别，还包括有卜筮、风水等经验，人们常常根据书中的规定对买卖、出行、婚丧、动土，甚至洗澡、搬家、行房等日常生活做出决策。

与日期计算一样，中国同样也以天干地支来进行纪年，60年为一个循环，称为一甲子。这种纪年既没有起点，也没有终点。此外，中国常用的是年号，即以皇帝命名的一个吉祥词为某一年间的纪年。明清时期的皇帝从登基到驾崩，一般只有一个年号。年号代表的是皇帝对时间的支配权。年号纪年跟干支纪年一样，都是一种短周期的计算。中国最终没有产生像基督纪年那样，将某一起点定为元年而永远数下去的想法。

传统的皇权体制崩溃之后，中国引进了耶稣纪元的格列高利历和星期制。为了体现与世界接轨，当时还一度废除了传统的中国农历和春节。从年号到公元，从干支到数字，这次文化意义上的时间革命，使中国人逐渐改变了传统的时间观念，将中国纳入整个世界体系当中，中国成为世界的一部分。

时间是一种权力

如果说由日月星辰的运行构成一种“自然时间”的话，那么人类社会则重构了一种“主观时间”，这其实是一种公共时间意识。

按照《圣经》的说法，上帝在6天的时间里，创造了日月星辰、天地万物，以及人类鸟兽；到了第7天，上帝宣布休息。实际上，以

7天为一周远比“上帝造人”更古老，据说是苏美尔人发明的，他们以7天为一星期，周一和周日以月亮和太阳命名，从周二到周六分别以火星、水星、木星、金星、土星等五大行星命名。这种星期制后来被犹太人继承，随着基督教而被发扬光大。上帝创造了人，人创造了7天一周制，这似乎与自然天文没有多大关系。

公元前46年，恺撒大帝借用古埃及历法制定了罗马儒略历。为了体现自己的权威，恺撒将自己生日所在的7月以自己的名字Julius命名。奥古斯都也效仿恺撒，用自己的名字Augustus命名了8月，他还将8月改为大月（31天）。在整个中世纪，天主教徒们计算时间信息的方法与罗马时代毫无二致。直到拉伯雷时代，人们仍然使用着于公元325年制定的恺撒历法。罗马教皇格列高利十三世因屠杀新教徒而声名狼藉，但他也因颁布了沿用至今的格列高利历法而名垂青史。1582年10月4日，他宣布次日为10月15日，现代历法就此诞生。“失去10天”使整个基督世界怨声载道，惶惶不安；人们为自己少活10天而愤怒，奴仆们因为主人少发10天的工资而生气。新教徒的英国以及美洲殖民地始终拒绝新历法，直到1752年。

在格列高利历法颁布后不久，约翰·莱夫特通过仔细研究《圣经》，最后竟然神奇地计算出了创世的准确时间——人类是由三位一体创造而成，时间是在公元前4004年10月23日上午9时整。

从历法到计时，最早的时间基本都是宗教和政治的产物。在中文里，“时”字的传统写法就是太阳加上寺庙，即“日+寺”。各种宗教几乎都要求人们每日在固定的时间进行祈祷，大多用敲钟来提醒人们祈祷；而燃烧一支蜡烛或一炷香的时间，则是人们祈祷的过程。

罗马帝国解体以后，整个欧洲世界礼崩乐坏;在迷惘与惊恐之中，修道院逐渐建立了一种新的秩序和权力。从公元7世纪开始，所有的修道院每天敲7次钟，这种固定循环的时间规范使基督社会有了一个共同跳动的脉搏。

在欧洲中世纪，教会是时间的垄断者，所有的历史时间都必须从上帝创世和基督诞生算起。人们通过教堂的钟声获知时间的进程，或者说，教会通过控制时间控制着人们的生活；教会不仅规定什么时间禁止工作，还规定什么时间禁止性生活。

“时间就是权力，这对一切文化形态的时间观而言都是正确的。谁控制了时间的体系、时间的象征和对时间的解释，谁就控制了社会生活。”路易十四号称“太阳王”，他并没有说过自己是太阳，但他确实说过“我就是国家”。据说每当路易十四问起时间的时候，马上就有人谄媚地回答:“陛下，您希望现在是几点就是几点。”

在大多数人类历史中，太阳就是时间。在汉字中，表示日出的“旦”就是白昼的开始。

作为古代一种最普遍的计时装置，日晷几乎同时出现在各种不同的人类文明里。晷即日影。按照《周髀算经》的记载，一根八尺长的竿子（即“周髀”），夏至这天正午，其日影长度为一尺六寸，冬至日正午，其日影长一丈三尺五寸。在明清太和殿两侧，相对而设日晷与嘉量，二者都是皇权的象征。中国最古老的华表（表木）其实也是一种简易日晷。

孔子说:“逝者如斯夫，不舍昼夜。”人们也试图用水来记录时间的流逝。无论是中国宫廷，还是西方的修道院，水钟（漏壶）一直是最主要的计时工具。《周礼》中就有专职计时的“挈壶氏”。

直到 13 世纪，能测量时间的仪器也只有日晷和漏壶。从张衡到郭守敬，中国的刻漏计时反复改进，一直领先于世界计时水平。与日晷相比，漏壶计时更加准确；日晷的计时误差一般达到 15 分钟，而如今复制的沈括水钟，据说其每日误差甚至只有几秒。在机械钟出现之前，漏壶和沙漏都是较早利用人工制造的物理过程来进行计时的装置，也就是通过测量物理运动来代替直接测量时间；水钟利用（水的）重力，最早的机械钟也是如此。

大约 1270 年前后，在意大利北部和南德一带出现了机械钟。整个钟架在高塔上，利用重锤下坠的力量带动齿轮，齿轮再带动小时指针走动，并用“擒纵器”控制齿轮转动的速度，从而得到比较正确的时间。它甚至还可以自动鸣响报时。据说第一座公共时钟于 1309 年被安装在米兰圣欧斯托乔教堂塔楼上。

虽然最早期的钟表的机械结构非常简单，计时也不够准确，机械钟常常需要时刻用日晷和水漏来校正，但在接下来的半个世纪里，机械时钟还是很快传遍欧洲各国，法国、德国、意大利的教堂纷纷建起钟塔。斯宾格勒在《西方的没落》中写道：“数不尽的钟塔，其声音回荡在西欧，夜以继日，成为其历史的世界感的一个最美的展示。”

在钟摆发明之前，时间是脆弱又不规律的，这些简陋的钟表经常发生故障，神奇的钟表更多属于城市的一种荣耀而非实用。对于一些领主和君主来说，钟表是权力的象征。十字军东征时期，欧洲掀起一场规模宏大的教堂建设高潮。机械钟表的出现，使钟楼几乎成为教堂最醒目的标志。就机械时钟而言，它本身也是修道院制度的产物，它代表了中世纪手工制作技术的巅峰。

汉代青铜漏壶。铭文为："千章铜漏一，重卅二斤，河平二年（公元前 27 年）四月造。"漏壶以滴水来计时，中国西周时已有专门掌管漏壶计时的官员 —— 挈壶氏。

1370 年，法国国王查理五世下令，巴黎市民必须根据王宫的钟声来调整自己的私人生活、商务生活和产业生活，宫廷的时钟每 60 分钟敲响一次；同样，巴黎的所有教堂也受命调整时钟，它们不能再遵循原来礼拜时才敲钟的习惯。从此以后，按时传出的钟声改变了人们的生活。法国亚眠市政府颁布法令规定，人们何时上班，何时下班，何时吃饭，都必须按照政府设立的时钟进行。

在整个 14 世纪，欧洲各地教堂的钟楼和市政厅的大型塔钟，以整齐划一的小时鸣响，这预示着钟表和时间已经走向世俗化，从宗教工具变成了商业工具。

在人们的经验中，时间如同离弦的弓箭一般不可逆转，因此有“时间之矢”的说法。有趣的是，无论是漏刻还是机械钟，人们不约而同,都用一支箭头（指针）来指示时间。尽管最早显示时间的“表”只有一支指示小时的时针，但随着“表”的出现，时间从听到变成看到，时间的形象与意义立刻凸显出来。

时间福音一旦出现，上帝就无处不在。

机械钟的出现使时间不再是教会的专利，每个人都有了“时间的权利”——时间被民主化了。时钟创造了秩序和组织，创建了一套人人共享的客观信息。法国社会学家马塞尔·莫斯指出：技术产生了人类的平等和神的焦虑，技术将人类从精神和物质的危机中解救出来；人类由此成为自己的主人，主宰自己的命运。或者说，这是一个人类工具理性和逻辑思维如何摆脱传统限制的故事，这也是一个“彻底祛魅的世界”。

彻底祛魅的世界

在技术史上，机械钟几乎可以作为人类技术的最佳范例，它包括一系列复杂的齿轮、传动装置和杠杆，通过落下的砝码和摆锤（或者弹簧）提供动力。最早的机械钟都是由重力驱动的。1396 年，法国制造出冠状擒纵机构；1450 年，钟表匠虎克发明了发条，使钟表驱动摆脱了地心引力的限制。

从日晷到水钟和沙漏，从中世纪修道院里的钟声到中国的更夫，人类世界的“时间”几乎停滞了几千年。直到伽利略和惠更斯的出现，使“时间”在机械技术上最先获得突破；或者说，机械在时间技术上最先获得突破。作为物理学先驱，伽利略常常用脉搏来计时，后来他发现了单摆的等时性；不久，惠更斯便制造了第一座带有钟摆的时钟。小小的钟摆催生了人们对机械规律的发现和信任，这象征着一个新时代的来临。

在钟表出现之前，人们常常依靠自身的生物钟和生活事件来确定时间。这种时间完全是生活的一部分，人们根据生活知道时间。作为一种机器，时钟提供给人们的是纯粹的抽象“时间”；或者说，钟表将时间从人们的生活中分离出来，建立了一个独立存在的时间序列，而这个抽象的数字世界构成科学的基础。从这种意义上来说，是钟表催生了科学革命。

马克思最先意识到了钟表的特殊意义——

钟表是手工艺生产和标志资产阶级社会萌芽时期的学术知识所产生的。钟表提供了生产中采用的自动机器和自动运动的原理。与钟表的历史齐头并进的是匀速运动理论的历史。在商品的价值具有决定意义，因而生产商品所需要的劳动时间也具有决定意义的时代，要是没有钟表，会是怎样的情景呢？[1]

“机械学已经成为新宗教，并且给世界带来了新教主——机器。”作为人工技术，钟表是一种完美的机器——“机械中的机械”，它完全按照装配线的模式生产统一的秒、分、时等时间单位。钟表作为机器所达到的完美程度，是任何其他机器都望尘莫及的。所谓现代，其实是从时间革命开始的。如果说时间是永恒的，那么至少钟表是人类的创造，机器时代或许就从钟表开始。无论在机器领域还是社会领域，钟表都是最具影响力的机械装置，它制造的产品是周而复始的时间，每一分钟、每一秒钟都是相同的和标准的。

无论从哪种角度来说，机械钟都称得上是欧洲中世纪机械发明中最伟大的成就。虽然对于当时的欧洲人来说，现实生活并不需要过分准确的时间，但机械表作为一种完美的机械装置，已经成为全社会普遍的审美和崇拜。作为机器与时间的象征，机械钟表重塑了欧洲的技术、文化与社会，其影响甚至超过同一时期的谷登堡印刷机。在伟大的文艺复兴时期，时间和钟表已经成为一种象征：只要上好发条，机械钟就可以不停地走动，准确地显示一天的时间；不需要任何人工干预和修正，它忠实地履行自己的职责。它嘀嗒作响，似乎有自己的生命。这在机械钟尚未出现之前是无法想象的。一时之间，钟表成为了解上帝的重要线索，它被当作上帝赐给人类的一个最神奇的礼物而得到崇拜。到了16世纪，巴洛克风格的机械钟装饰了玲珑精致的金银铜雕像，复杂的齿轮不仅成为上帝完美的化身，也是太阳系、宇宙乃至人类灵魂的象征。启蒙时代的思想家们坚信，人的身体也是一台钟表，“生命的轮回，并用刚发明出来的时针模仿它”。

在浮士德的传说中，科学家不惜向魔鬼出卖灵魂，以获取全部知识和权力。随着时钟的出现，科学从巫术和宗教中分离出来。钟表不仅带来一场时间革命，也带来了科学启蒙，尤其是人们发现了数学的奥妙。伽利略说过，数学是自然的语言。在数学语境下，人类的知识进入一个全新的境界，这里的一切都是理性的，符合逻辑的。在伽利略—笛卡儿—牛顿的数理世界里，处处充满着井然有序的规律和法则，万有引力定律就是它们的一个象征。“世界是一本以数学语言写成的书。”在《天体运行论》中，哥白尼计算出的恒星年时间为 365 天 6 小时 9 分 40 秒。

以钟表为典型，数学作为一种新的文化和思维方式，渗透到人们生活的方方面面。在牛顿之后，地球不再是宇宙的中心；在达尔文之后，人不再是上帝的直接创造，一个神话、魔法和诗歌的世界变成了一个数学和科学的世界。17 世纪的欧洲正进入科技高速发展的时期，无论是天文学、物理学，还是化学、数学等，天才般的人物灿若群星。

对人类来说，时间意识的觉醒是对科学祛魅的漫长过程。当时钟不再是宇宙的隐喻时，它却成为地球生活的总指挥，使人类将“准时”作为一种美德。由钟表制造的时间正变为自然的一部分，正如笛卡儿所说：“一个由必要数量的齿轮组合而成的时钟会显示时间，就像由一粒种子萌芽而生的植物会结出特定的果实一样自然。”

布拉格天文钟。该钟楼建于 1410 年，据当时的地球中心说原理设计。中世纪晚期，欧洲各地建起了很多钟楼，在机械钟出现之前，时间观念已逐步建立。

对人类这种时间动物来说，机械时间与自然时间截然不同。作为人造时间，钟表给人类的日常生活和思想领域带来了深刻变化。有了钟表以后，经过统一加工的时间完全从人的生活经验和生物节奏中分离出来。这个时间不依靠任何个人经验，也与太阳月亮等自然无关。当抽象的时间和时间的抽象逐渐渗透并主导了人们的生活和工作，时间就极其醒目地诞生了。随着蒸汽、电力和人工照明的出现，白昼与黑夜不再有区别。人类从时间上获得了彻底解放，或者说，人们用钟表来校正自己的生活，时间成为一种客观存在。

马克思将钟表视为以后所有机器的原型，“钟表提供了生产中采用的自动机和自动运动的原理”，但芒福德认为，钟表的影响远远超出了工厂的范围；马克思把钟表看成一种劳动量的外在标准，而芒福德则将钟表看成一种精神生活的内在标准和隐喻：作为一种动力机械，钟表的产品是可以精确计量的分分秒秒，这既不是上帝的意图，也不是自然的产物，而是人与机器对话的结果。

时钟在西方的兴起，成为现代生活到来的标志。钟表作为自然状态的破坏者，从它诞生之日起，人类就被时间绑架，自然的权威被这个时间机器取代，世界从此失去了永恒。机械时间的到来，让每个人都像被发条驱动的永不停息的钟表，忙忙碌碌。生活在工业时代被定义为时间，时间就是人的一切，人并不拥有生活，而是拥有时间。时间成为人唯一有用的资源，时间也是最严厉的法律。

“时间法律”迅速改变了人们对世界的认知、解释，甚至所采取的行动。从农业社会解体以来，人类社会经历了从时间过剩到时间短缺的过程；现代社会基本完全处于“时间饥饿”状态，时间成为越来越珍稀的资源，而人只是时间的载体。讽刺的是，发明钟表的初衷本来是要人们更好地侍奉上帝，而实际的结果相反，钟表最大的用途是更有效率地赚钱。

在传统时代，时间是自然的、永恒的、循环的，机械钟的出现颠覆了这种时间概念，时间成为一次性的、不可逆的、不可再生的、不确定的存在。工业时代的到来彻底摧毁了前工业文明，时间成为一种无限存在；现代人“不仅把时间划分得非常精确和标准，而且把时间置于一条直线上，一头可以无限地回溯到过去，一头可以无限地延伸到将来”。从 18 世纪的启蒙运动到 19 世纪的进化论，人类社会的时间观念发生了一场颠覆性的革命。时间作为一种独特的存在和经历，对每个人都是平等的；时间的祛魅和人的个体化使人类走向觉醒和自由，人成为时间的主人，“现代人”出现了。这种时间上的平等与自由，最终构成现代法治的现实支撑力。

时间意识在企业行为中，体现为保险公司利用历史知识对未来进行理性预期。对于现代国家来说，文本性的宪法其实是另外一种保险；换言之，宪法就是在健全时间意识下的产物。它将历史经验的智慧和对未来可能发生风险的评估结合在一起，既有对时间历史的继承，又有对风险的防范，基于国家的长远考虑而对行政进行约束。

当时间成为法律

自从 14 世纪人类进入机械时代，有史以来第一次出现了精确的、统一的、客观的、终年不变的“小时”。接下来，1 小时又被分为 60 分钟，1 分钟分为 60 秒，这种习惯已经成为公认的标准。对所有人来说，9 点就是 9 点，1 小时就是 1 小时，我见到的就是你见到的。随着格列高利历法颁布（1582），无论在公众生活还是个人生活中，人们越来越注重时间的准确性。现在意义上的“时间概念”开始产生，分钟已开始变得有价值。这种新的“时间概念”产生的一个重要标志是，自 16 世纪以后，纽伦堡的钟每隔一刻钟便敲一次。

在伽利略之后的半个世纪，人类计时的平均误差从每天 15 分钟一下子下降到不可思议的 10 秒。1675 年发明的游丝发条被用于弹性驱动的钟表上，表盘上第一次出现了表示分钟的分针；至此，人类从“小时时代”一下子跨入“分钟时代”，接下来就是“秒时代”。最早的钟表只有时针，到 1760 年有了时针、分针和秒针，钟表将时间计量得越来越精确，社会生活被分割得越来越精细，人们的生活节奏也随之加快。

从某种意义上来说，正是大航海拉开了精确计时的序幕，“时间”从此不再是一种模糊概念。对技术进行客观精确的量化和测算，这是科学的基本方法，与传统时代那种只凭感性的文学描述完全不同。在波澜壮阔的大航海时代，科学超越了宗教、族群和区域等意识形态的限制，渗透到地球的每一个地方。牛顿力学诞生之前的技术大致都属于经验型技术，知其然而不知其所以然，但航海技术却是个例外，它与天文学密切相关，二者相互促进，逐渐演变成一种全新的理论型技术。

人在茫茫大海上很容易因为迷路而陷入绝境。对一个航海者来说，要在大海上成功航行，关键在于确认自己所在的位置，也就是经纬度，以此来不断校正航向。有经验的水手通过观察白天的太阳和夜晚的北极星就可以确定纬度；在指南针发明之后，纬度更不是难题，但要测量经度仍然无处下手。因为没有精确的经度，大多数海上航线都不敢离岸太远，担心失去参照物。远离海岸的直航常常只能凭运气。

哥伦布的计时工具是一只沙漏，每过半小时就要翻转一次；不可思议的是，正因为哥伦布对经度的计算出现严重错误，才幸运地发现了新大陆。从哥伦布时代之后，没有那么好运气而迷失大海的冒险船只数不胜数，西班牙国王腓力三世曾悬赏2000杜卡托征集测量经度的方法。

要有准确的经度，必须先有准确的时间。地球每24小时自转一周，即360°，1小时对应经度15°，也就是说，通过时差可以计算出经度。在时间计量不精确的情况下，要计算出精确的经度是根本不可能的。即使钟摆技术的出现已经大大提高了时钟的精度，但因为钟摆无法在摇晃的海船上使用，因此海上航行仍然缺乏精确计时。

作为当时独步天下的海上大国，英国拥有欧洲最多的远洋商船。1707年，一支英国舰队在从地中海返航途中触礁沉没，在社会各界的压力下，英国于1714年成立“经度委员会”，并悬赏2万英镑征求经度测量方法。由政府提供奖金并颁布专利保护法，对第一个发明者给予奖励，英国无疑是这种现代文明的开创者。

根据《经度法案》，能将经度准确测量到0.5°以内便可获得这笔巨奖。0.5°约为30海里，即54公里，对应的时间是2分钟。如果用时间来测量经度，这块表每天的误差不能超过3秒钟，而且必须经受得住海上的恶劣环境，包括震动、温度和湿度的变化等。

1735年，木匠出身的钟表匠约翰·哈里森采用发条技术，制造出了第一台精确海钟。在此之后，哈里森开始了长达30年的改进，经度委员会为其提供了2500英镑的资助。1761年，哈里森完成了第四代海钟，它的直径只有精妙的13厘米，在航行牙买加的9个星期中，这台时钟的误差只有5秒，经过半年的海上航行，总共误差不超过2分钟。

1765年，经度委员会将这台精确时钟的设计资料汇编出版。这次技术的普及大大提升了英国的钟表业水平，行业竞争进一步降低了时钟的制作成本。哈里森制作的时钟成本高达500英镑；不到几年时间，钟表匠肯德尔就将成本降低到100英镑；接下来出现了价格更低、走时更准的钟表。大量准确而又廉价的钟表开始进入寻常百姓家。

精确海钟的出现也等于经度的诞生，航海者们可以随时知道自己所在的位置。从此以后，大英帝国的舰船能够到达地球每一个遥远的角落，然后再安全地回来。时钟引发的经度革命彻底结束了地球的混沌状态，一个平坦的全球化时代突然降临。

自从18世纪下半叶以来，人们越来越频繁地提到新的时代。很快，就出现了“现代”这样一个新的时间概念，它表达的是一个新时代的特征:“时间不仅仅是反映所有历史事件的形式,它自己还赢得了一个历史性的品质。历史不再是在时间里进行的,而是通过时间来实现的。这样,时间被赋予了生命力,自身成为一种历史动力。”[2]

1858 年 4 月 10 日,在伦敦的泰晤士河畔,耸立起一座近百米高的钟塔,里面安置着当时英国最大的一座钟 —— 大本钟(Big Ben)。作为现代英国的重要象征,大本钟的出现传递了一种崭新的观念 —— 时间的标准化。

早在 1675 年,英国就建立了皇家格林尼治天文台。从 1884 年起,格林尼治天文台所在的经线成为全球的零度经线,即本初子午线。从此以后,人类世界无一例外地被纳入一个由英国创建的时间体系。在接下来的历史中,人们甚至将“格林尼治”看作“时间”的同义词。不列颠的“日不落帝国”不仅垄断了世界贸易,也“垄断”了时间。自 1924 年 2 月 5 日开始,格林尼治天文台每隔 1 小时会向全世界发放调时信息。当来自格林尼治的标准时间使整个社会成为一座日夜不停运转的机器时,生活在其中的人就被这种无形而不可抗拒的机器力量控制了。

鸦片战争之后,在中国的上海、南京、汉口、广州、福州和厦门等地,英国人陆续建起海关大楼,并架起巨大的时钟。在一个古老的帝国居高临下,按照格林尼治标准发出巨响,宣告近代文明对中国时间的管辖,同时,敲响了一个旧帝国的丧钟。

伊丽莎白塔。旧称大本钟 (Big Ben)，1858 年 4 月 10 日建成，是英国最大的钟。目前正在进行维修，预计到 2021 年重新启用。（by 范泓）

时间制造者

从钟表的发展史来说，钟表始终都是最为典型的机器，或者说是机器的典型。一台复杂的机械钟表由 1400 多块精密零件构成，包括发条驱动、齿轮传动、擒纵控制、调节修正和显示等五大部分。从能量消耗的控制、标准化、自动化、准确控制时间等诸多方面来说，钟表始终是现代技术的先行者。

发条技术的出现，使机械时钟的体积大为缩小。时间实现了从钟到表的转移。

早在1510年，德国的锁匠就制出了第一块怀表。当钟表匠逐渐从锁匠中分离出来时，手表就出现了。如果说钟楼是时间社会化的过程，那么手表就是时间个人化的结果。怀表和手表先后成为文明的象征物。人们无法想象一个没有怀表或手表的男人会是一个绅士。早在古罗马时代，水钟就是一个贵族的身份标志，据说这样他就可以精确地知道自己宝贵的生命减少了多少。

作为欧洲钟表业的后起之秀，瑞士从一开始就形成了钟表产业链。到1800年，瑞士已经成为世界最大的钟表制造国。1885年，德国海军向瑞士的钟表商定制了大量手表，这成为手表时代到来的标志性事件。1795年，瑞士钟表大师路易·宝玑发明了陀飞轮，这标志着机械表制造工艺所能达到的最高水平。从钟摆到发条，再到陀飞轮，钟表彻底摆脱了地心引力，不仅更加准确，而且更加小巧，可以揣在怀里，戴在手腕上。钟表从最初的奢侈品，到批量生产变成大众日用品，时间从此充斥于人类生活的每一个细节。依靠伟大的机械技术，时间标准得到确立，人类宣告摆脱了太阳的控制，掌握了自己，并试图支配自然。

事实上，人类虽然摆脱了自然的控制，但却很快就陷入机器的控制。马克思断言："如果没有钟表，资本主义的兴起是绝无可能的。"时间标准化构成工业进步的前提，工业化社会建立在精确的时间基础上，并把它标准化为时间线。要将千差万别、复杂的专业分工和不同的空间形式细致紧密地组织在一起，必须实现合适的人、合适的时间、合适的空间这三者同步运作。工作是一系列不断重复的机械动作，工作变成了劳动，劳动的"创造性"消失了，只剩下可怜的"谋生"需要。因此机械时间成为工业社会的标准语言和新秩序，"纪律"

就这样诞生了。

在18世纪的英国，资本家将人作为一种时间资源几乎开发到了极致。虽然当时还没有打卡制度，但工厂里已经出现了用水流来控制的计时器，这种双面水钟被用来衡量工人的工作时间。当时，时间完全掌握在工头手中，因为手表还是一种奢侈品，他可以任意地延长工人的劳动时间。当时工厂也不允许工人将手表带入工厂，因为这会让工人知道准确的时间。

现代工厂刚刚出现，钟表就成为最好的监视工具，它打破了人们自然的生活节奏。虽然经常有工人破坏钟表，但人们却不得不接受这个“纪律社会”的惩罚力量。1833年时，打卡钟已经普遍使用。1847年，英国议会通过了《10小时工作日法案》。该法案规定，13岁以上少年和所有女工的工作时间限定为10小时。1877年，美国国会通过了8小时工作制的法案。

工业社会到来的最醒目标志便是钟表的风靡，在18世纪的英国，无论是分期付款、合伙凑钱购买，或者是借和偷，每个人都想要有一只表。在几十年前的香港，一个人应聘时可以没有西装，但是不能没有手表。街头热卖的各种成功励志书都这样告诉你，富人和穷人的区别在于时间观念：穷人什么都没有，但有的是时间；富人什么都不缺，就是缺时间；一个人对时间的重视程度，决定了他是否“成功”。因此，手表不仅是时间的物化和象征，更是一个男人作为“成功人士”的标志。

马克思在《哲学的贫困》中说，在商品时间的社会统治下，“时间就是一切，人什么也不是；他至多只是时间的残壳”。随着机械时代的到来，时间的购买就成为资本主义“唯一的罪恶”；马克思为此创造了一个新名词——劳动剩余时间。根据经济史学家计算，一个法国人在 1875 年要得到 1000 克面包，需要工作 103 分钟，到 1980 年，他只需要工作 10 分钟；在 1780 年，法国妇女的平均寿命只有 28 岁，而 1980 年的人们则可以活到 78 岁。

在历史语境中，时间是永恒的，而人间却日新月异。从《泰晤士报》（*The Times*）到《时代周刊》（*Time*），时间被现代人赋予其一种通行世界的人类共同语言。新式交通工具改变了人们对时间的感知，时间成为精确的代名词。即时化的电报第一次用时间统一了世界。钟表是对时间的机械化，人类世界从此落入机器体系。从生产前到生产后，机器时代的任何产品其实都是时间的载体。科学通过机器来设置时间，机器因而获得了时间的权力；在时间面前，机器与人类不仅是平等的，甚至居于支配地位。

作为机器之母，机械时钟并不是为了达到一个单独目的而制造的实用工具。它打破了各种知识、智慧和技术之间的无形障碍，结合了机械和物理，成为科学和计量工具的先驱。钟表也是一切现代机械的原型，钟表制造技术构成其他所有机械制造的基础。在很长时间里，兰开夏郡一直是世界钟表业的传统生产基地，后来这里也成为世界棉纺工业的发源地，这绝对不是一种巧合。钟表业培养了大批精通机械加工和装配的技师和工人，这些机械师为机器工厂的诞生提供了有力而充足的技术支持。同时，远远领先于其他行业的钟表制造业，最早实现了标准化和规模化生产，也最早采用了分工原则。制造精美的钟表工业也使仪器制造水平大大提高。这种貌似微不足道的技术精度构成科学革命的基石，启蒙运动和工业革命因此而萌芽、结果。也可以这样说，机械钟标志着中世纪的结束。

深圳时间广场。1981 年，深圳作为中国走向现代化的窗口，竖起这样一块标语牌。时间观念与金钱观念的强化，象征着现代文明的来临。

1969 年，日本精工手表公司制造出世界上第一块石英电子手表。在精工公开了其专利后，仅仅数年，数字手表就从一辆汽车的价钱，下降到婴儿玩具的水平，时间变成一种免费的常识。至此，由发条和齿轮主导的机械时间走向终结，人类进入数字化时代。事实上，这一过程从电报和收音机的出现就已经开始，直到电视、电脑和手机使其完全普及。

从钟表出现的那一天起，人们就在努力让表“走准”——尽可能精确地反映时间。最好的机械表每天也有 5 秒的误差，石英表 1 个月误差不到 2 秒，铯电子钟彻底结束了不精确时代，它 30 万年或许才会误差 1 秒，时间的真理诞生了。一天不再是地球完成一次自转的时间，而是全世界 27 个同步原子钟走完的 86400 个原子秒。

从日月星辰、植物动物、日历、日晷、沙漏，到钟摆、机械钟表、数字手表等，人类的时间史历经无数时间原型，时间观念亦随之斗转星移。人们从模糊的自然中跳出来，创造了一个精确的机械世界。从机械钟表到电子表，后现代文化又颠覆了一个传统的机器体系，时间成为一个密集的信息世界。

传统的机械钟表将12个数字排列在一起，用两根不停走动的指针显示时间的流逝；而电子表则将时间完全数字化，时间只存在于此时此刻的瞬间，既没有过去，也没有未来。相较于自然时间和机械时间，数字时间的社会特征是模糊的，表现为瞬时、零散和无序，人们用电梯、微波炉和吸尘器以节约时间，用快餐和速溶饮料来减少饮食的麻烦，用手机代替身体的交往，热衷于用过即扔的一次性物品，越来越快的道路和宽带……尽管节约时间的装置愈来愈多，但时间却愈来愈成为一种稀缺资源。时间的短缺造成生命有压迫感和疼痛感，焦虑和抑郁弥漫在现代社会的每一个角落。

没有时间的钟表崇拜

“日出而作，日落而息。凿井而饮，耕田而食。帝力于我何有哉！”农耕社会中，时间永远只是少数人的事情。对大多数农民来说根本不需要时间，他们甚至不知道自己的出生日期。人们最多也只是关心季节变化和昼夜之分，春种秋收、早出晚归，夜晚就是一片黑暗，只能睡觉。

但这并不是说古人就没有“时间观念”。在中国古人的时间生活中，“岁有春、秋、冬、夏，月有上、下、中旬，日有朝、暮，夜有昏、晨、半星”。汉武帝时颁行太初历，改一天10时为12时，即将一天分为十二个时辰：夜半、鸡鸣、平旦、日出、食时、隅中、日中、日昳、晡时、日入、黄昏和人定。这种时间属于典型的自然时间，以太阳为中心，“鸡鸣”“人定”就是凌晨鸡叫和入夜人睡觉。

中国古代在计时技术上曾有很大突破，比如沈括水钟和苏颂发明的准机械钟——水运仪象台。后者在机械结构上采用了中国传统的水车、筒车、桔槔、凸轮和天平秤杆等原理，集天文观测、天象表演和报时三种功能于一体。只是这些计时技术对整个社会影响不大。乡村时代的中国此时基本还沉迷在“观弈烂柯”的传说中。

400 多年前，耶稣会士利玛窦用一只机械钟敲开了中国宫廷的大门。这个能自动鸣响的神奇之物“把所有中国人惊奇得目瞪口呆”，因为它是“中国历史上从未有人看到过、听见过或者想象过的东西”，用时人张岱的说法就是“秘不知其术”。但利玛窦的西洋钟并没有引发人们关于时间、机器、理性等观念的改变。在很大意义上，“西洋钟”极其中国地成为权力的象征。机械钟的到来，很快就取代了传统的漏刻；与漏刻相比，机械钟更容易普及和携带。这虽然削弱了时间的神秘性，但却丝毫未能削弱时间权力本身。

在所有的时间中，只有皇帝的时间是正确的，这就是时间的权力。乾隆时代的权臣傅恒为了准确掌握时间，不仅家里四处放着钟表，而且让每个仆从都在腰间悬挂钟表，以便互相印证。有一次，他根据自己的时间从容上朝，却发现乾隆比他先到，“乃惶悚无地，叩首阶陛，惊惧不安累日”。百年后的袁世凯曾有名言：“这普天之下，只有太后一个人的表是准的！”

明太祖朱元璋出身社会底层，对各种新奇的奢侈品憎恶至极，曾有人进贡给他一个精巧的水钟，竟被他砸碎。清代皇帝大都钟情于西洋钟，早在顺治时，宫廷就设有专为皇帝制西洋钟的造办处；康熙时

乾隆时代的西洋钟。此钟为英国制造（1770 年左右），高 70cm，长 136cm。一只镀金的大象拉着四轮战车，战车与象背上共载官兵 11 人。

又设自鸣钟处，技师达百余人，其中不少都是重金延请的欧洲机械师。康熙写过很多诗，均以《咏自鸣钟》为题，其中一首写道：

法自西洋始，巧心授受知。
轮行随刻转，表指按分移。
绛帻休催晓，金钟预报时。
清晨勤政务，数问奏章迟。

在康熙时期，一个自鸣钟需纹银 5000 两。物以稀为贵，昂贵的机械钟因此成为一种用来炫耀权力和身份的理想媒介。对前现代的中国人来说，时间的现实意义并不大，人们购买“自鸣钟”多半只是为了听布谷鸟的叫声。据说有一批西洋钟表运到中国后，因为质量问题而“默不作声”，洋商吹嘘说“布谷鸟”只有在谷雨时节才“婉转而鸣”，中国士绅更以为神奇，竟趋之若鹜。在《红楼梦》中，刘姥姥进了大观园，最惊异的莫过于惊醒她的那只挂钟了。

黑格尔说中国是“没有时间的国度”，但这并不妨碍一个农业中国成为前现代世界最大的钟表市场之一。当时的中国阔人买钟表都是成双成对地买，这让西洋蛮夷大惑不解。拥有两只钟表的好处是，可以知道哪只表走得更快；坏处是，不知道哪只表走得更准一些。但对一个成功的中国人来说，他虽然不知道现在是几点，但知道自己有几对表;对权力来说，欲望只有囤积才可以治愈。当他买了一只钟表后，那么他就会买一屋子钟表。这些钟表一般都没有机会正常运行，它们只是被用来看的——看它的金玉其外的外形和做工，唯独不是“看时间”。为了迎合中国人，这些进口的西洋钟外面，一般都是富有中国特色的楼台亭阁塔造型；其机械装置的重点也不在于时间，而是驱动造型中的人物或者动物做出各种机械动作。在贪官和珅被查抄的清单中，包括大自鸣钟 19 座、小自鸣钟 156 座、桌钟 300 座、时辰表 80 个，最神奇的是，他有一件衣服，上面的纽扣竟然是用几十个小巧的金表做成的。

同样一个钟表，在西方是制造时间的机器，在中国则跟花瓶或鼻烟壶没什么区别，不过是权贵的“玩意儿”。最著名的“玩意儿”为英国钟表匠威廉森制作的一台自鸣钟:木雕方形底座，上部四层亭阁，内有一位机械木偶，单腿跪地，一手扶案，一手执笔；启动开关，写字人便在面前的纸上写下“八方向化，九土来王”八个汉字。这台自鸣钟每每令乾隆龙颜大悦。

从康熙、雍正到乾隆，个个都是“崇洋媚外”的钟表囤积狂，这与欧洲国王对中国瓷器的贪婪如出一辙。乾隆时代的宫廷中充斥钟表、钟乐器、发条自鸣钟、风琴、地球仪以及各种各样的天文钟，总共有 4000 多件，都出自巴黎和伦敦能工巧匠之手。据不完全统计，整个乾隆时期，进贡给皇帝的钟表超过 2700 件。值得一提的是，这些西洋钟基本都是英国制造。

乾隆五十七年（1792），英国派出公使正式访问中国，这是当时世界两个最大帝国间的首次互访。为了这次跨越半个地球的东西方约会，马戛尔尼如同传说中的圣诞老人，带来当时英国最好的礼物——代表工业时代的科学仪器和机械设计，总共包括天体仪、地球仪、反射望远镜等 29 种。但在天朝的权力精英眼中，这些形制古怪的洋玩意儿只是一些粗制滥造的“贡品”和“玩好”——清朝官员并不问这些礼品有什么用，重要的是，一件也不能少。

为了向英国蛮夷炫耀天朝上国的各种奇器珍玩，乾隆特意开放了所有馆藏，果然令马戛尔尼自叹不如：“余如地球仪、太阳系统仪、时钟、音乐自动机以及一切欧洲所有之高等美术品，罔不俱备……于是，吾乃大骇，以为吾所携礼物，若与此宫中原有之物相较，必如孺子之见猛夫，战栗而自匿其首也。然而华官复言：‘此处收藏之物若与寝宫中所藏妇女用品较，或与圆明园中专藏欧洲物品之宫殿较，犹相差万万。’吾直不知中国帝王之富力何以雄厚至此也。”

其时，英国已经开动了现代工业革命的列车，中国还处于“不知有汉，无论魏晋”的古老年代。虽然身处同一个世界，这种历史差距已经无法用时间来衡量。钱钟书先生在小说《围城》中，以一座祖传的老钟结束，它总是慢 5 个小时——“这个时间落伍的计时机无意中包含对人生的讽刺和感伤，深于一切语言，一切啼笑。”

第 2 章

印刷机，失控的技术

> 人类文明史有两个重要基点：文字的创制和印刷术的发明。谷登堡发明印刷机标志着现代时期的开端。没有印刷机，就不可能出现随后的科学、政治、社会、经济等一系列革命性的进步。印刷作为媒介革命，催生了大众社会和现代共识。

从生物学上来讲，人类并不是多么出众的动物，但人类却创造了其他任何一种动物都无法创造的辉煌成就，并成为“地球的主人”。这主要归功于人类所特有的一种杰出能力——保存并传递知识的能力。

人类源于动物，文明源于历史，历史源于文字。人类从蛮荒步入文明，有三次伟大的跨越，第一次是语言，第二次是农耕，第三次是文字。语言是人类的开始，农耕是文明的开始，文字则是现代的开始。与语言相比，文字的诞生无疑使人类的这种能力发生了革命性的飞跃。

人是会思考的动物，按现代人类学的动物分类，称为“智人”。人类的一切思维活动都以语言为基础。大约在 40 万年前，现代人和尼安德特人的共同祖先就已经在使用相当复杂的语言。相比之下，文字的出现要晚得多，文字几乎与农耕相伴而生，从最早的刻符、结绳和岩画算起，人类文字的历史不过 5000 多年。

虽然语言几乎与人类一样久远，但它作为一种声音，转瞬即逝，我们无法听到远古时代的语言。在口头语言的时代，人类的所有知识和经验必须借助于人来作为媒介，一个人的死亡往往会导致大量信息的消亡。从这个意义上说，文字作为语言的延长和扩展就显得极其必要且重要。文字是一种信息转换方式，它使语言从听觉信号转变为视觉信号；文字使语言既听得见，也看得见。伏尔泰说："文字的书写是声音的图画。文字无疑始于图画，当人们试图以图画来表达实际的话语时，便发明了这种视觉化的语言——文字。"

早期文字其实是一种图画性的符号，大多用于占卜、誓约或记账。这种表意的象形文字在巴比伦、苏美尔、埃及、墨西哥和中国先后出现，但各有不同。有学者认为这些文字之间互有影响和借鉴。这种符号性的文字与语言经过整合后，才算是真正的文字；换言之，早期文字必然经历了一个从表意到表音的发展过程。汉字通过形声假借和多音多意完成了语言化的对接，地中海的腓尼基人则通过对 22 个无元音字母的排列组合，创造出了一种纯粹的音节文字。

发明字母无疑是一件很伟大的事情。有了这种拼音字母，任何人类语言都可以被记录下来，形成文字，因此它很快就成为人类通用文字。从腓尼基字母派生出古希腊字母和阿拉美亚字母，前者发展出拉丁字母和斯拉夫字母，后者演化出印度文、阿拉伯文、蒙古文、藏文和满文等字母。

文字使信息超越时间和空间，人类的知识与智慧不仅可以传播到很远的地方，也可以不通过任何人就传给后来者，而且更准确、更有效率。文字强化了人类的虚构能力和集体学习能力，并通过对“语言的凝固”而创造了文化与文明，使许多人类精英成为文学家、数学家、哲学家、历史学家和科学家。文字也催生了强大的虚构实体，如宗教和国家。

《说文解字》中说：“文字者，经艺之本，王政之始，前人所以垂后，后人所以识古。”文字是文明的象征物，没有文字的民族即使在战争中获胜，也必然会被有文字的民族从文化上征服。文字同武器、病菌和集中统一的行政组织并驾齐驱，成为一种现代征服手段。文字化的语言越来越规整和标准，社会因此而发生整合。

《孝经》碑刻。书写将语言视觉化，碑刻使其得以长期保存，这形成中国文化传承的一种独特方式。

视觉是离析的，而听觉是综合的。口语文化是民主的和部落的。文字的出现打破了语言的僵局，以固定的共识减少了无谓的争论，不仅从空间上造就了一个宽广的社会，而且从时间上树立起一个精确而固定的权威，帝国与专制便有了技术前提。正如一位人类学家所说，古代文字的主要功能是“方便对别人的奴役”。当文字进一步走向中立和客观时，个人主义的公民文化又成为现代的创造。西方司法体系在庭审辩护和陪审制度中充分保留了口语习惯，而中国早在秦朝就全部书面化，以口供取代辩论，而口供其实就是笔供（画押），诉讼常常沦为“刀笔吏”的深文周纳。用费正清先生的话说，中国的语言体系是权力主义的天然基架。

> 中国使用印刷书籍来实行书面考试的制度比欧洲早得多，这一点可能有碍于创造性思想和发展。中世纪的欧洲人缺乏书写材料，而长于口头辩论，并且到19世纪开始后过了若干年，还宁愿采用口试，而不大愿意采用笔试。这也许就使他们把机智和推理能力看得比记忆更为重要了。[3]

文字的手写时代

严格地说，没有文字记载，就没有历史，也就没有文明。文字一旦出现，历史也就随之诞生（在文字出现之前的历史都被称为传说与神话的“史前”时代）。

包括汉字在内，早期的很多文字常常用于占卜祭祀，是巫师与神交流的工具，换言之，这些古文字都是写给“神”看的。随着铁器时代的到来，文字逐渐走出神秘，成为人与人沟通的新方式。但因为学会读写需要大量训练，初期的文字仍仅限于少数神职人员和文化精英。中国的先秦时期基本上还是一个口语时代，游士们常常以三寸不烂之舌来获取认同，许多先哲智者热衷于言传身教、口耳相传、述而不作。诞生于这个黄金时代的思想典籍也多以对话形式展开，如《论语》《孟子》和《列子》等。在同一时期的希腊，身为石匠的苏格拉底也是一位狂热的舌辩者，柏拉图以对话形式著成《斐多》和《理想国》。在《斐多》中，苏格拉底批评文字是机械的，“制造了灵魂中的遗忘性”，使一个人不再依靠自己的记忆力。然而，苏格拉底的这段话正是因为文字才流传至今。

与苏格拉底的态度相反，身为“守藏室之官”的老子写下了五千字的《道德经》，“信言不美，美言不信。善者不辩，辩者不善。知者不博，博者不知。……圣人之道，为而不争”。推崇技术的墨子鼓吹说，“以其所书于竹帛、镂于金石、琢于盘盂，传递后世子孙者知之”。

从亚里士多德开始，希腊世界从口耳相传转向阅读。在亚里士多德的著作中表现的逻辑原则，很难在口语文化中形成；对亚里士多德来说，“文字的持久性使得他能够把有关这个世界的已有知识加以结构化，进而他可以总结关于知识的知识”。在亚里士多德的影响下，书面传统得到延伸，其表现为搜集和保持书记运动。

因为文字的出现，从公元前800年到公元前200年，在世界各地不约而同地涌现出许多灿烂辉煌的精神文明。在这个被德国哲学家雅斯贝尔斯称颂的“轴心时代”，中国出现了老子、孔子、孟子、墨子、庄子等，印度、巴勒斯坦、希腊和罗马也涌现出一大批天才般的思想家，犹太教、印度教和佛教也在这一时期发轫。

横渠先生有云："为天地立心，为生民立命，为往圣继绝学，为万世开太平。"文字一旦出现，写作便成为人类一种最不可理喻的行动。写作促使知识的积累式发展成为可能，使人类知识总量迅速增加。书写使后人能够超越前人。依靠文字记录，大脑不再需要大量的记忆，从而为思考和思想提供了巨大的空间和可能。与口语相比，书面语的信息承载量要强大得多，而且更加清晰和准确。

对文字的书写将语言具体化，这与时钟将时间具体化是一样的；书写使语言标准化，正如钟表使时间标准化。文字既可书写又可解读，这种强大的信息技术将人类历史带入一个国家时代，或者说，文字成为一种极为成功的统治工具。文字和铁器相结合，产生了一种高度复杂的政治组织；文字使公文成为帝国的技术基础，其重要性甚至超过铁制武器；文字可以实现远距离高效率的信息传播，还可以借助文字的权威来展示统治的合法性。统一的法律作为文字权力严重侵蚀了封建地主和各级官吏的口语权力。为了快速传递官方文书，古罗马时代修建了极其庞大的道路体系。随着行政权力的加大，皇帝的权力上升，可以说是书写的传播促进了共和体制的垮台和帝制的兴起。有趣的是，在英语中，写作者（Author）与权威性（Authority）是同一个词根。

与罗马帝国相比，古代中国在道路和驿站建制方面更是有过之而无不及。中国自古"以吏为师"，掌握文字的"史"是一种古老的官职，后来衍生出太史、长史、御史、刺史等。"能讽书九千字以上乃得为史；又以六体试之，课最者以为尚书、御史、史书令史。吏民上书，字或不正，辄举劾。"从统一文字和焚书坑儒开始，文字就成为天子权力的象征。"有事请殴，必以书，毋口请，勿羁请。"在秦帝国，文字与官吏使国家权力以公文的形式主义延伸到帝国的每一个角落，“天下之事无小大皆决于上。每日批复表笺奏请，重达一百二十斤，不满不休息”。

从一定程度上来说，汉字的书写到秦始皇时代才逐渐成熟。从图画性的篆书到书写性的隶书，汉字更加规整和统一，符号性、识别性和书写性都趋于成熟。

在书写时代，每一个文字都意味着一笔一画的付出，文字的写作无疑是一件呕心沥血的事情。论述和文章一般都不是很长，特别是在廉价纸出现之前，书写材料极其珍贵，文字务求精简，即使著书立

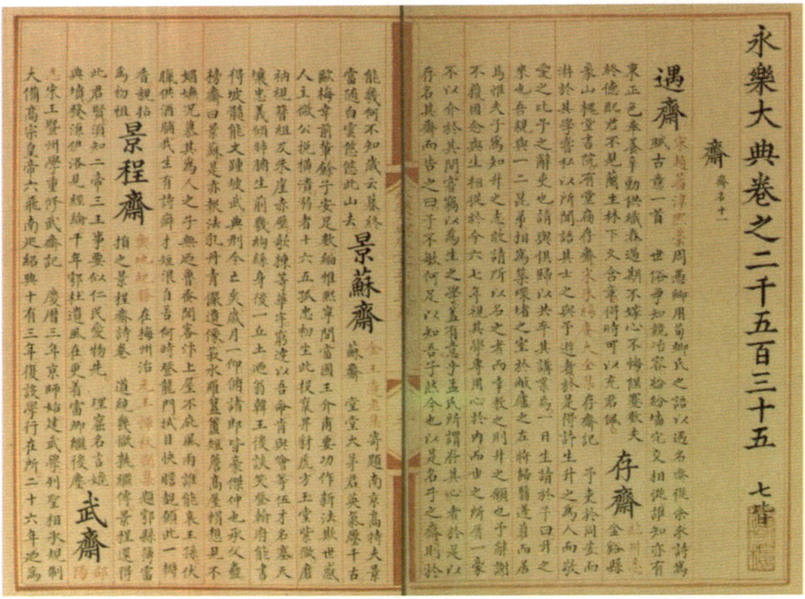

明代《永乐大典》。明清时期雕版印刷技术已经非常普及，但因为抄工廉价和对书法的崇拜，大多数书籍都放弃印刷，而采用手工抄写。

说，文字数量也极其有限。与其他技术一样，文字长期属于匠人的专利，替人起草、捉刀是一种普通且普遍的职业。如果要复制一个文本，也只能手抄，这是一件缓慢而乏味的工作。即使一个勤快的写手，一天也不过抄写 30 页左右。在中世纪欧洲，人工抄写成本再加上昂贵的羊皮，这使每一本书都成为价格不菲的奢侈品。手抄书是如此昂贵，以至于一本书可以换一座葡萄园。在当时，书籍所有权和土地所有权一样，都是社会地位和财富的标志。

口语世界的分裂并不影响书面世界的统一。古代中国以文言文作为标准书面语，中世纪欧洲的标准书面语为拉丁文，伊斯兰教将阿拉伯文作为《古兰经》的唯一语言；换言之，文言文统一了不同方言的中国和东亚，拉丁文统一了一个不同民族的欧洲，阿拉伯文统一了一个不同民族和种族的伊斯兰世界。根据伊斯兰教义，每一个虔诚的穆斯林都应当抄写《古兰经》，以便借此获得信仰。这种严肃的抄写传统培养了大量穆斯林学者，并营造了阿拉伯文明。对中世纪的欧洲来说，学会阿拉伯语就可以接触到当时最先进的数学和科学知识，而有些古代典籍在欧洲已经失传。

在 12~13 世纪的西方，文字书写得到越来越多的重视。随着拉丁文字和民族国家的兴起，行政和司法逐步走向书面化，由此引发了一场政治革命和法律革命，宪政传统和法治观念因此具有奠基性作用。一个书面化的社会需要大量学者、律师、牧师和神职人员，因此大学就诞生了，知识分子群体迅速扩大，意外地创造了使科学得以繁荣的机构和平台。与此同时，中国纸的大量生产也消除了书写材料的瓶颈。从 14 世纪起，民间抄写工逐渐成为一种新兴职业，他们比修道院的教士们更高效、更实际。在 15 世纪中期，巴黎的抄书工从业者不少于 1 万人。同时，专业书商进一步使书籍的“制造”和销售走向更宽广的层面，文字和图书的普及程度大大提高。随着文字的世俗化与大众化，许多通俗语言和方言慢慢进入并改写了传统文字体系。

机械复制时代的来临

在人类文明史上，有一些重要的材料革命，比如铁器和纸的出现，前者改变了农业和军事，后者改变了思想和文化。就纸和印刷术而言，古代中国无疑走在人类文明的前列。

柏拉图曾说，“人是以大写字母‘印’在国家的本性上”。实际上，柏拉图时代尚无印刷。从印到印刷有一个循序渐进的发展过程。早在纸出现之前就有了印，印的历史甚至比文字的历史更悠久，从最早的图腾到后来的文字，印都是权力的象征。印者，信也。作为权柄的典型物化，印在东方为泥封，在西方为蜡封。中国从秦始皇始，皇帝之印为玺，皇帝以下为印。汉以后，纸已经出现，泥封没落，印的尺寸渐大，阴文亦改为阳文，乃至有人制作了四寸见方（13.5 厘米 ×13.5 厘米）、多达 120 个字的木制巨印。这其实已经是一块小型雕版。从制作和印刷原理来说，印章与雕版如出一辙；或者说，印章是缩小的雕版，雕版是放大的印章。同时，印章也是最早的复制工具。

印章与雕版的最大区别不在于形式，而在于内容。在雕版印刷出现之前，碑刻是“书籍”的主要载体之一。碑刻不仅可以直接阅读，还可以作为机械复制的母版。拓印要比手工抄写更加便捷，且不失真，因此拓印技术流传甚广，成为很多历史典籍重要的复制方式。雕版的过程类似治印，印刷的过程类似拓碑；印章与拓印相结合，将沉重易碎的石板换成易刻结实的木板，雕版印刷技术也就水到渠成。虽然西方认为活字印刷才是印刷，但中国传统的印刷就是雕版印刷；准确地说，印刷在西方是“印”，在中国则是“刷”。无论哪种印刷，在当时都是一种进步；只有到了印刷时代，文字与图书才得以大量进入社会。

与传统的手工抄写相比，印刷的效率要高得多；使用雕版印刷技术，一个印工一天可印制 1500~2000 张纸，一块印版可连续印刷上万次。印刷实现了书籍的大量生产，甚至说，印刷创造了“书”这种商品。现存最早的印刷书就是一部印刷于咸通九年（868）的《金刚经》，被发现于敦煌莫高窟。同时发现的还有数百枚回鹘文的木活字。世界其他地方还在抄写时，中国率先进入印刷时代。

作为文化的典型象征，中国印刷业在宋朝达到巅峰，印刷书的质量和数量都达到相当高的水平。这一时期还出现了世界最早的印刷“纸币”。从宋代起，“线装书”的规范实现了书的标准化；传统手写楷书被刀刻方角的“宋体”代替，这种严谨有力的新字体很容易刻制和识别。更重要的是，刻工的劳动成本下降了一半，这直接导致印刷成本的降低。

宋朝之后，中国文化陷入长时段的停滞。明清时期的《永乐大典》和《四库全书》均放弃印刷，而采用最原始的手工抄写。这些抄写书多被称为“稿本”或“孤本”，因数量少而大多失传。中国传统上对书籍重书法而轻思想，对绘画重意境而轻记录，这与崇拜钟表而忘却时间一样，多少都有点买椟还珠、得鱼忘筌的意味。

说到印刷术以及“四大发明”，其实是近代以来一种典型的西方视角。无论雕版印刷还是活字印刷，其成本在古代中国都比较昂贵，这使得印刷术本身对中国的影响并不像对西方那样显著。明清时期，抄书从业者远比印书从业者众，大多数书都是以抄本流传下来的。手抄书时代的书籍必然匮乏和稀缺。对大多数穷书生来说，读书无疑是一件艰辛而奢侈的事情，读书先要抄书。明代学者宋濂说，“余幼时即嗜学。家贫，无从致书以观，每假借于藏书之家，手自笔录，计日以还。天大寒，砚冰坚，手指不可屈伸，弗之怠。录毕，走送之，不敢稍逾约。以是人多以书假余，余因得遍观群书”。

“四大发明”中，纸出现的最早。直到一千多年后，欧洲才有了第一家造纸作坊。纸的发明，实现了文字载体的轻质化和低成本化；可以这样说，没有纸也就不存在真正的“书”。只有当纸取代骨甲、石头、青铜、竹木、丝帛、兽皮、泥土和纸草而成为文字新载体后，书籍的历史才正式开始。中国纸的成本只有欧洲传统羊皮纸的 1/10，纸不仅可以大批量生产，最重要的是纸的可印刷性。可以说，没有中国纸，也就不可能存在印刷。

与中国汉字不同，西方字母文字数量极为有限，从而使活字印刷迅速取代雕版，成为主流印刷技术。

早在古罗马时期，西塞罗就想到活字印刷，但活字印刷术的出现需要一系列技术进步——造纸、文字、冶金、油墨等。很多发明都不是某一个人独立完成的，正如蔡伦对造纸术的贡献一样，在活字印刷的发明过程中，谷登堡无疑具有里程碑意义。谷登堡或许对中国活字印刷术有所借鉴，但他的印刷技术从根本上已经有很大不同。与中国的雕版印刷甚至活字印刷相比，谷登堡的印刷装置更像是一台“机器”。

中国传统雕版印刷属于纯手工业，即手工雕版，手工印制，手工装订，中国木活字或金属活字也属于手工雕刻；谷登堡则采用的是机械冲压，成本要大大低于前者，而且可以大批量生产。对身为金匠和机械师的谷登堡来说，与其说他发明了印刷机，不如说他发明了铸字机和生产活字的冶金技术。钢字冲－铜字范－铅锑活字，这种“三位一体”完全不同于中国的活字工艺。与雕版印刷相比，活字印刷是一种通用技术，人们不必再为每一份印刷文件单独雕刻一个模板；一套通用的字模只需变换不同组合（排版），就可以应付所有的印刷任务，印刷成本大大降低。

作为一种代表性的创新，印刷技术迈出了人类提高信息传播效率的第一步。谷登堡印刷机问世不久，就在一定程度上终结了手抄书时代，这也与中国的情况有所不同。印刷机的效率比手工抄写高得多，印刷书的成本只有手抄书的几百分之一。一个熟练而且勤奋的抄写者一年才能抄写出两本大型书，而印刷时代的一个小印刷作坊就能印出数万册书。谷登堡印刷机的发明极大地降低了信息的复制成本和知识的储存成本，促进并造成了知识数量的大规模增长，这使得当时几乎所有的手抄本全部都被机器复制成了印刷书。

印刷书全部被标准化大量生产，这不仅在数量上使书籍从少数人的禁脔变成大众的盛宴，并从质量上以其规范统一而成为权威的典范。印刷术把语词变成了商品，并衍生出现代版本学、考据学和校勘学，学者日益专业化和职业化。

在现代历史上，书籍成为第一种再生产边际成本几乎为零的工业产品，但绝不是最后一个。就其“公共性”而言，书籍显然也是第一个严格意义上的工业消费品。印刷取代了手工书写，成为机器工业大生产的先行者，甚至出现了大规模的印刷工人罢工事件，并发表斗争宣言。

作为一种革命性的机器，印刷机的意义远远超出其机械本身，它直接改变了人类历史的进程，将现代社会到来的时间大大前移。这场由谷登堡在美因兹地区创造的机器印刷所带来的书籍生产方式的重大变革，后人称之为印刷革命或书籍革命、媒介革命、传播革命。历史学家伊丽莎白·艾森斯坦干脆将其命名为“谷登堡革命”。与钟表所引发的“时间革命”相比，“印刷革命”提供了另一种关于制造的范本；可以说，印刷机为未来所有的复制技术奠定了基础。纸张是最早实现机械化和标准化生产的商品，金属活字是第一种完全标准化和互换性生产的机器零部件。印刷机是利用标准化、互换和

谷登堡和他的印刷机。这完全不同于中国传统印刷术，尤其是对于西方字母文字，谷登堡的革命性怎么评价都不过分。

可替代的部件，实现机械化大量生产的第一个工业案例。谷登堡印刷机所示范的大量生产模式，后来很快就被应用到各行各业。用麦克卢汉的话说，活字印刷是一切装配线的祖先，甚至说印刷术引起了后来的工业革命。

作为“保留一切艺术的艺术”，在谷登堡发明印刷机后不到 40 年的时间里，机器印刷就如星火燎原般传遍了整个欧洲。在手抄本时代，整个欧洲不过只有几万册书，而到 1500 年，至少已经有 2000 万本书，被 1000 多个印刷所“生产”出来；到 1600 年，机器印刷书的总量已超过 2 亿本。这标志着本雅明所说的“机械复制时代”的来临。

从文艺复兴到地理大发现

对欧洲来说，印刷机就是现代文明的播种机。印刷通过加速思想的传播而转变了人们的观念，它改变了学者们的思考与表达方式，使读者数量倍增。书籍的商品化使知识祛魅，文字不再是权力的道具，而是一种人人必备的现代语言。印刷使文字深深地内化在人心里。书籍的影响远比大多数人所认为的更加深远和广阔。书籍营造了现代共识，制造了社会认同，现代人因此而确信自己生活在一个道德更加高尚的世界，一个因书籍而形成和改善了的世界。书籍作为象征对象，围绕它形成一种文化构建，或者说是“读者共同体”。文本的规范化与大众化催生了不同民族和国家的“书面语”，精英的拉丁语迅速没落，世俗的英语、法语、德语、意大利语和西班牙语等登堂入室。

人是因为语言和记忆而被分为不同民族的，语言构成族群认同的重要基础。印刷书通过大量的复制和阅读而形成“集体记忆”和“集体意识”。印刷机比秦始皇严厉的行政制度更容易实现文字和语言的统一。作为“想象的共同体”，现代国家依靠“印刷资本主义”实现了民族主义统治，“以印刷资本主义为媒介，1500 年至 1800 年在造船、航海、钟表制造和地图绘制法等领域逐渐累积的科学创新终于使得这种想象成为可能”。[4]

进入印刷时代之后，知识交流的速度大大加快，信息传播的范围迅速扩大，大规模印刷的廉价书籍（特别是《圣经》）刺激了大众教育，识字人口大量增加。许多出身卑微的人通过阅读和教育改变了他们的社会地位，正是这些草根大众成为后来发生的一系列社会变革的主要力量。

与手抄书相比，出版赋予了书的公共性格，一部书所面对的读者不再只是一个人或一群人。书的“出版”从几百本到几千本，迅速形成商业规模。印刷技术创造了一个前所未有的新书市场，同时也催生了职业出版家和职业作家群体。印刷品的作者署名权作为版权受到尊重和保护，这与后来引发工业革命的专利制度出现在同一时间。印刷书刚刚诞生，威尼斯就率先制定了版权法和专利法。

在谷登堡发明印刷机之后不到 50 年，意大利就成为欧洲的出版中心，仅威尼斯就有 417 家印刷厂。许多经过专业学者修订过的拉丁文、希腊文和希伯来文典籍被大量印刷出版。这些小开本的口袋书受到社会各个阶层的欢迎。当时威尼斯不仅商业高度繁荣，而且享有欧洲最多的言论自由，这里几乎成为宗教裁判所的化外之地。东罗马帝国的陨落使大量知识分子流落于此，一直被教会禁止的犹太、古希腊、古罗马和阿拉伯的古代经典在这里重见天日。这就是所谓的"文艺复兴"运动。

作为人类历史上第一次资产阶级的思想解放运动，文艺复兴敲响了中世纪的晚钟，吹响了现代的号角。在那些人文思想家当中，伊拉斯谟因其作品被大量印刷而声名显赫。14 世纪时欧洲最著名的畅销书是薄伽丘的《十日谈》，全欧洲也不过 2000 本左右；到了一个世纪之后，因为有了印刷机，仅意大利一地的图书就超过 750 万本。作为历史上首次由大众出版业推动的思想运动，人文主义思想以前所未有的速度传播到前所未有的众多人群中去。书籍提供了许多严肃的公共话题，潜移默化地改变了人们的思想观念，权利、平等和自由受到人们普遍的关注。有了印刷术，思想能以无比迅速的速度传播开来。

经验一旦被总结，学习就更加有效。从科学史而言，印刷术成为近代科学革命的重要前提，各种最新科学成果借助印刷迅速传播，并使自学成为可能。1494 年，意大利教士帕乔利出版了《数学大全》，其中的"阿拉伯数字"和"复式记账"成为现代数学和会计学的基础。希腊数学家欧几里得的《几何原本》是被翻译的语言最多和印量最大的一本书——仅次于《圣经》。欧几里得创造的"公理化方法"掀起一场知识革命。古希腊创造的数理经纬网络实现了对地球表面的全面覆盖，这种对方位与距离的严格定义，正体现了数学的精妙。海洋从此不再深不可测。

像很多希腊－罗马经典一样，地理学家托勒密的著作在 15 世纪被译成拉丁文，并在 1475 年变成了印刷书；在此后的 25 年中，托勒密的《地理学指南》先后印刷了 7 版，当时畅销的哥白尼《天体运行论》其实就是托勒密的《天文学大全》的翻版。托勒密绘制的第一张世界地图一直被秘藏，随着印刷时代的到来，这份地图流布甚广，几乎重新改写了人们对世界的印象。但托勒密地图对地球圆周的计算严重偏小，对亚洲的估计又偏大，同时缺失了美洲和太平洋，这使得人们以为从欧洲西海岸向西跨越大西洋就可以很快到达印度的东海岸。

哥伦布和麦哲伦都对托勒密地图坚信不疑，并带着它开始他们各自的航海计划。经过 70 天的航行，虽然哥伦布没有到达印度，但他根据地图，仍将他到达之地称为“印度”（Indias），并将他遇到的原住民称为“印度人”（Indios），他其实并不知道自己发现了“新大陆”。这份“错误”的地图让哥伦布极其“幸运”地发现了新大陆，却让麦哲伦船队在第一次环球航行中如盲人瞎马，吃尽苦头，经过长达 3 年的冒险探索，256 人中只有 18 人回到西班牙。哥伦布相信地球是圆的，麦哲伦证明地球是圆的。这两位航海家阴差阳错的发现在后来的人们看来，无疑是人类历史上所记载的最伟大、最重要的事件之一。旧的世界的界限被打破了，人们发现了一个完整的地球，从而奠定了后来的全球贸易体系。

地理大发现使欧洲发生了天翻地覆的变化，位于欧亚大陆一隅的西欧突然成为世界的中心。欧洲人得到了一个大得多的“新欧洲”，1500 年的西欧，人均土地面积为 24 英亩，地理大发现把它提高到了人均 148 英亩，是以前的 6 倍。来自“新欧洲”的蔗糖、棉花和粮食，成为欧洲人所得到的一笔前所未有的“生态横财”；这笔意外之财与他们的创新精神结合在一起，才引发了改变人类历史进程的工业革命。在某种意义上，文艺复兴的整个内涵就是发现“世界”。

地理大发现无疑是一个勇敢的故事，但哥伦布发现的这个新大陆却被命名为“America”（亚美利加）。之所以如此，只是因为当时欧洲最畅销的《世界地理入门》中就是这样印的。这种“先入为主”充分体现了印刷和文字的权力。

在哥伦布发现新大陆之后将近一个世纪，利玛窦从欧洲来到中国，他不仅为中国带来了时间，也带来了世界和“地球”。利玛窦绘制的世界地图《坤舆万国全图》吸收了地理大发现的最新成果。从现代意义上来讲，这是中国历史上第一张世界地图；或者说，把中国填入世界的工作由一个欧洲人完成了。人们发现，在中国之外，有一个更大的世界。这张地图对中国的震动丝毫不亚于欧洲人发现新大陆；

意大利发行的利玛窦纪念邮票。利玛窦一身中国传统士大夫装扮，他绘制的《坤舆万国全图》是中国第一份世界地图，很多地理名词沿用至今。

至明末，它在中国南北被翻印了10余版，还有数不清的盗印。利玛窦无疑创造了一个东方版的世界，利玛窦所创汉字名称（洲名、国名、地名等），如大西洋、亚洲、欧洲、美洲、南极、北极、地中海、日本海等，一直沿用至今。

被撕裂的基督世界

正如中国印刷术最早被运用于佛经，谷登堡印刷机的处女作便是基督教的《圣经》（这种42行本的《圣经》也被称作“谷登堡圣经”）。中世纪的欧洲到处都是狂热的信徒，谷登堡印刷机堪称上帝的杰作，传播福音几乎成为它唯一的功能。但随着不同版本不同语言的《圣经》纷纷面世，却摧毁了一个由教廷和拉丁文一统天下的中世纪。

罗马帝国解体之后，罗马教廷基本延续了罗马帝国对欧洲的统治。在中世纪后期，教会和修道院控制着欧洲三分之二的土地。正如教会保存了大量文字和书籍，教会也一直是谷登堡的重要客户和资助者。早在印刷《圣经》之前，谷登堡就为教会印刷了大量赎罪券。从本质上来说，教会贩卖赎罪券就是为了敛财。当时教会非常堕落腐败。对此，身为教士的马丁·路德极为不满。1517年，他在威登堡大教堂门前贴出关于赎罪券效能辩论的《九十五条论纲》（以下简称《论纲》）。令路德没想到的是，仅仅半个月时间，这篇拉丁文文章就通过印刷机传遍了整个德意志，一个月内传遍欧洲。一场轰轰烈烈的宗教改革就从这张“可怕的”传单开始。

《论纲》的核心就是反对教会用赎罪券敛财。马丁·路德尖锐指出:“赦免之权只在上帝，教皇无权赦免任何罪债。”并提出以《圣经》的权威来取代教会的权威，以上帝的恩典来取代教皇的专制。“唯信仰！唯圣经！唯恩典！”路德本想点燃一根火柴暖和一下自己，谁知却点燃了整个森林。《论纲》在德国引起广泛的共鸣，路德和德国贵族决意要摆脱罗马教廷的掠夺和统治，建立独立的国家教会，用本民族语言进行祈祷，这就是改变西方世界的新教运动。

之后 6 年，路德用德文翻译了《圣经》，德语从一种蛮族语言变成了一种高雅的文字，路德也因此成为“德文规则的起草人”。德国人第一次看到用自己的母语写成的《圣经》，每个人都可借助德文版《圣经》与上帝直接交流。在短短的 4 年间，路德编写了 30 本书，总共印行了 30 余万册；德文《圣经》在两年中总共再版了 80 次，其中有 66 种是盗版。正如历史学家杜兰所说，谷登堡使路德成为可能。英国新教改革运动活动家约翰·福克斯在《殉道史》一书中写道:“上帝不再使用刀剑去征服他那地位显要的敌人了，他现在的武器是文字、阅读和印刷。”毫无疑问，没有比印刷更快更好更有效率的传教方式了。就连路德也赞叹道，印刷术是“神的恩典的最大和最极致的显示，福音的影响通过它得到传播”。

实际上，路德并不是第一个反对赎罪券的，但之前的反对者没有印刷机，结果在他们的思想尚未传播开之前便被教会烧死了。印刷这奇妙精微的新艺术，使每个人都求知若渴，同时不免惊诧于自己先前的蒙昧。对于西方文化的“祛魅”而言，文艺复兴和宗教改革至关重要，这为西方理性主义和工业资本主义的兴起奠定了基础。

在漫长的中世纪，虽然人们无比虔诚地信奉上帝，但却没有多少人见过《圣经》；甚至说，《圣经》几乎跟“禁书”一般，任何争论圣经的人都将被视为“异端”。教会向来拥有对《圣经》的绝对阐释权。时过境迁，路德翻译的德文《圣经》打破了禁锢。印刷使文字和书籍前所未有地沦落凡间，从珍贵的羊皮卷变成了低廉的读物，从少数贵族和教士扩散到最广泛的社会各阶层，每个人都可以直接聆听上帝的教诲。

随着印刷《圣经》的泛滥，教会失去了对《圣经》的垄断，教会势力被大大削弱。一份 1583 年的《殉道史》中写道：“教皇要么必须废除印刷，要么就得另找一个世界去统治；不然在这个世界上，印刷必定会推翻他。”经过多年的努力和抗争，罗马教会终于承认了新教（路德派）的合法地位，并且确定了“教随国定”的原则。

因为路德，兜售赎罪券的人没有了，推销《圣经》的人随处可见，教堂的时代已成过去，印刷机的时代开始了。教堂是口语化的，阅读将宗教变成一种书面语文化；对每个人来说，信仰与思维发生了相互作用，信仰改变了思维，思维也改变了信仰。文字与宗教一起，也成为欧洲君主制革命和现代民族国家的“助产婆”。

当人们用头脑来严肃地思考宗教问题时，理性主义就出现了。可以说，宗教改革是一切现代思想的真正起点，民族国家的形成就得益于此。如果没有现代民族国家，资本主义也许永远也不会在欧洲建立起来。作为一种历史的例外，新教和印刷资本主义的结盟创造了欧洲第一个重要的、既非王朝也非城邦国家的荷兰共和国，阿姆斯特丹取代威尼斯成为欧洲的印刷中心和“知识中心”。

“人必须为真理而战。”印刷术被马克思称为“新教的工具”，其实它还是国家的工具、资本主义的工具和民主的工具。新教革命引发了一场全民阅读运动，并由此发展为宗教民主运动，每一个“上帝的公民”都可以通过阅读《圣经》来直接理解上帝，发现真理，而不需要任何权威专家和中间代理人。与天主教徒相比，新教徒不仅拥有较高的识字率，而且具有更强的阅读能力，而阅读能力是现代人的基本标志之一。新教徒不仅热爱阅读和思考，而且崇尚勤劳、俭朴和积极向上，反对奢侈、浪费和不劳而获，更关注现世而不是来世；他们认为世俗义务是上帝应许的唯一生存方式，而工作和劳动是人生最大的

1517 年 10 月 31 日，马丁·路德将《九十五条论纲》贴在了教堂的大门上，仅一个月时间，论纲就经印刷机传遍了整个德国和欧洲，由此引发了一场轰轰烈烈的宗教改革运动。

责任。一大批冒险进取、克勤克俭、对社会有着强烈责任感的信徒成为新兴资产阶级的精神代表。后来，韦伯在《新教伦理与资本主义精神》中郑重指出，整个资本主义的精神气质正是源自这种宗教信仰。

路德看到了精彩的开始，却没有想到悲惨的结局。如同火药一样，印刷术在推动社会进步的同时也造成了破坏，宗教改革和民族国家撕裂了欧洲社会，人们将不同信仰和不同国家的人定义为“敌人”。罗马教廷对新教展开全面镇压，许多书商被处以火刑，而烧死他们的就是他们印刷的书。欧洲大大小小 200 多个国家、100 多万人参加到这场宗教战争中。腥风血雨的三十年战争期间（1618~1648），印刷的各种小册子和单页成为各交战国从事战时宣传的主要载体（战争还催生了第一份新闻报）。当不同信仰的维护者把他们的敌人杀死、烧死或淹死的时候，一本本殉教史用印刷来记录和传颂那些“圣徒”的虔诚往事。天主教与新教之间的对抗导致西班牙、德国和法国等陷入内战，荷兰和英国趁机在新大陆开疆拓土；“世界性宗教共同体”走向没落，资本主义加快了发展步伐。

这次长期的较量导致了国际政治的一个新的基本原则，即日后不可能再由一个国家来统治全欧洲或全世界，即便是为时不长也罢。《威斯特伐利亚和约》确立了一种现代国际规则，主权国家成为世界政治的主体；所有的国家，不分大小，均一视同仁。这场为信仰而进行的战争所产生的“唯一好处”是，天主教徒和新教徒双方都不愿再发生战争，能够和平相处；或者说，从此确立了宗教宽容、信仰自由的现代法则。

值得一提的是，英国内战（1642~1651）也与宗教改革有关。作为战争的结果，“光荣革命”承认了“非国教徒”（如贵格教徒和清教徒）的合法地位，专制王权也受到进一步制约。英国向民主迈出了关键一步。

文字狱下的启蒙运动

权力与知识从来都是对立的，权力是野蛮的、垄断的、封闭的，而知识则是文明的、分散的、开放的；权力来自暴力，但权力的合法性却来自知识。思想从来没有远离过政治，早在印刷书诞生之前，就已经有了图书审查；文字与文字狱的历史一直难分彼此。进入印刷时代后，关于文字权力的争夺日益白热化。有一位印刷商甚至说："只要有 26 个铅字兵，我就可以征服世界！"

面对印刷书的泛滥，传统权力仍试图维持对文字和思想的垄断。1471 年，谷登堡印刷机首次出现在佛罗伦萨，就引起一位政客的强烈抨击："许多愚蠢的想法，可以借由这种危险的机器，在一瞬间内变成几千倍流传出去。"传统势力无疑看到了印刷机对自身权力的挑战；对他们来说，思想本身就是危险品，能传播危险品的机器无疑更加危险。无论是新教革命时期的教皇，还是启蒙运动时期的国王，肯定是不会欢迎印刷机的。在 17 世纪初的法国，如果有人胆敢持有印刷品，哪怕是一张印刷纸，也会被判处死刑。

人类发明了印刷，却没有发明出版自由。1501 年，教皇亚历山大六世在敕令中警告："只要印刷术让有益且受过审查的书籍进一步传播，那么它非常有用；但如果它使有害的作品也广为流传，那么印刷术也可以是有害的。因此，保持对印刷业者的完全控制是极有必要的。”欧洲最早的书报检查由教会的宗教裁判机构执行。1543年，教廷规定，所有图书须印有主教授予的“准印许可”；未经教会同意，任何书籍不得印刷。由教皇颁布的《禁书目录》从保罗四世开始，一直延续了数百年；不仅禁书，还禁作者，甚至成立了一个专门的“禁书会”。作为教会学者，哥白尼一直不敢将《天体运行论》付梓印刷，直到临死之日才看到印刷书；伽利略的《关于托勒密和哥白尼两大世界体系对话》出版即遭焚禁，他本人被宗教裁判所判处终身监禁，并禁止出版印刷其任何著作。

图书审查是专制权力的忠实仆役和老悍妇，狠毒而没有灵魂。教权衰落后，国王指派的官吏继续这项反动事业。1515年，英国国会规定，除非经过“被指定的明智、谨慎的人阅读、讨论和审查过”，否则不得印刷和出版任何图书；1526年英国公布第一批禁书目录，3年后，禁书书目从18种增加到85种。1538年，亨利国王下令：销售图书须经国王批准；未经审查官的审查，不得进口任何图书；每本书须印出承印人、作者、译者、编者的姓名，否则将判处监禁和没收财产。即使后来的光荣革命也没有从根本上改变图书审查，只是改出版前审查为出版后审查，以追惩代替预惩；这迫使书商和作者不得不进行自我审查，这其实要比官吏审查更加残酷。

法国第一次图书检查运动始于1521年，弗朗索瓦一世责令巴黎最高法院严密监视印刷所和书店。路易十四时期，严厉限制书商和印刷商的从业人数，严控印刷机和印刷器材，印刷作坊和书籍包装必须接受检查。路易十五下令任何书写或印制反教会反政府文字的人都要被处死。

18世纪的法国涌现出许多思想家，他们在欧洲拥有无数读者，但他们的书却大多都是在法国之外印刷出版的。在严厉的图书审查下，书商们将书稿送到外国出版，再通过走私将图书运回。在多元化的欧洲，荷兰共和国成为出版自由的“世外桃源”，很多印刷商移民至此；阿姆斯特丹依靠无数杰出的印刷商和出版商而成为当时“全世界的图书超市”。在17世纪，荷兰人印的书超过世界其他各国印数之总和。与荷兰相反，从16世纪起，法国每年都要出口大量的纸，然后再将大量的书进口或走私进来。

在18世纪中期的欧洲，几乎没有哪一个作者没有在监狱中蹲过24小时以上的，而巴士底狱更成为欧洲文字狱的象征，1770年6000册《百科全书》刚刚印出来，就像思想犯一样被关进巴士底狱。1789年7月14日，民众攻破巴士底狱，这一天成为法国国庆日。

诞生于法国大革命时期的《人权宣言》宣称，“思想和意见的自由传播是人类最宝贵的权利之一，所有公民都有言论、写作、印刷出版的自由”。从弥尔顿的《论出版自由》开始，书报审查制度便不断遭到民间的抵制。马克思谈到普鲁士的书报检查制度时说，“整治书报检查制度的真正而根本的办法，就是废除书报检查制度，因为这种制度本身是恶劣的”。

在印刷历史更为悠久的中国，文字和书籍所经受的专制皇权制造的危难和灾祸几乎罄竹难书。早在纸出现之前，文字审查就已经成为传统，秦始皇的焚书坑儒开中国思想钳制之先河，“有敢偶语诗书者弃市，以古非今者族，非秦记皆烧之”。这场暴政彻底终结了春秋战国以来百家争鸣的文化繁荣。进入印刷时代后，图书管制一代比一代严酷。清朝时期，因为著书印刷而被凌迟、杖毙、诛灭三族、剖棺戮尸、挫骨扬灰者不胜枚举。仅乾隆四十年（1775），焚书事件就出现了 24 次，13800 部书被毁。

值得注意的是，中国古代印刷书基本都是雕版印刷，即“刻本”。活字印刷书非常少见。在现存的宋版书中，没有一部活字本。就内容而言，古代印刷书主要是大众实用性的历书、蒙学和科考书，这些雕版印刷书在一定程度上增强了汉字的普及和统一，强化了儒家传统；活字印刷常用于家谱印刷，结果促进了宗族传统。应当承认，对一个社会产生巨大影响的，并不是纸和印刷术的本身，而是印刷到纸上的东西。据汉学家高罗佩考证，明朝时期春宫画大为流行，很多春宫画采用复杂的五色套印，其水平之高和画面之美，至今使人叹为观止。就印刷术来说，技术进步对中国并不必然意味着社会进步。橘生淮南则为橘，生于淮北则为枳。中国的（活字）印刷术在欧洲结出了丰硕的果实，多少有些“东方不亮西方亮”的味道。

在 18 世纪，世界上只有两个地区拥有大规模印刷出版业：欧洲和东亚。但只有欧洲诞生了启蒙运动。达尔文的进化论如同一个隐喻，人是从猴子进化来的，每个猴群都有一个猴王，每个猴子都匍匐在地，当第一只猴子站起来的时候，其他猴子群起而效仿，猴子便进化成了人。但如果这个猴子因为站起来而被猴王杀死，并告诉其他猴子站起来是犯罪，猴子便只能永远是猴子了。

从某种意义上来讲，启蒙运动是文艺复兴、宗教改革和科技革命的继续。作为思想的载体，印刷书成为这场运动中的核心武器；孟德斯鸠、伏尔泰、卢梭、康德和狄德罗等思想家的作品，在印刷机的放大下，深刻地改变了欧洲社会发展的步伐甚至方向。特别是狄德罗编撰的《百科全书》，整合了几乎所有启蒙思想家的创见，其意义是为了引导人们思考，而不是传授知识。这些现代“知识分子”完全不同于传统的基督教学者或古希腊思想家，他们不仅要“解释世界”，更要“改变世界”。从伏尔泰到马克思都体现了这种现代精神。

作为一部工业革命的技术大全，《百科全书》多达35卷，很多社会精英购买它主要是为了收藏。对一个绅士来说，拥有一套《百科全书》也就等于拥有了应有的教养和智慧，“这部书使我们几乎不用再读其他任何书”。但就社会影响而言，潘恩的两本小册子——《常识》和《人权论》——影响要大得多，这两本专为底层大众写作的小册子直接推动了两场改变世界的革命。在美国独立战争时期，《常识》狂销50余万册，几乎人手一册。英国报纸惊叹：“《常识》无人不读。凡读过这本书的人都改变了态度，哪怕是一小时之前，他还是

18世纪，法国启蒙运动时期乔弗朗夫人的文艺沙龙情景。在场的人中有哲学家卢梭和狄德罗等《百科全书》的作者。

一个强烈反对独立思想的人。”后来的美国《独立宣言》不乏《常识》的影子。法国革命爆发时，潘恩又撰写了《人权论》，两年便卖了20万册，这本书极大地为法国革命推波助澜，但当潘恩来到法国主持起草《人权宣言》时，却发现“共和国死了”。

在传统历史语境中，启蒙思想一直被表述为法国大革命的“先驱”和“指导”；换言之，大革命是由启蒙思想发动和推进的。但实际上，启蒙运动主要发生在城市的开明贵族群体中，突然爆发的大革命结束了他们的旧制度，也彻底终结了《百科全书》这个“18世纪最大的生意”。在这场狂热的底层运动中，比小册子更简易的传单成为革命时期最流行的印刷品。伏尔泰在一本《关于阅读的可怕危害》的小册子中说：“书籍驱除蒙昧，而蒙昧从来就是控制完美的国家实行监管与保护的工具。”

制造大众社会

有时候，历史会发生长时间的停滞。从谷登堡发明印刷机起，在之后200多年中始终没有多大变化，直到17世纪结束，一台机器每小时仍只能印刷180~200张纸。但印刷时代提升了整个欧洲对纸张的需求，随着纸的产量增长，纸更加廉价。工业革命时期，法国人罗伯特发明机器造纸，从而结束了手工造纸的历史。与此同时，铅字压铸实现了工业化生产；谷登堡印刷机从木制手扳改为铁制滚筒，并由蒸汽动力驱动。这实际上实现了真正的机械化印刷，每小时可印400张，印刷效率突然提高了1倍。

作为一种典型的印刷品，报纸完全是印刷的产物。在18世纪的英国棉纺工业中，印花布率先使用了滚筒。1814年，科尼格尝试用滚筒印刷书报。1846年，费城建造了第一台轮转印刷机，随后掀起一场世界范围内的印刷革命，大大促进了报纸时代的来临。当印刷效率达到一定程度时，报纸就产生了类似爆炸的规模效应，从而区别于其他弱时间性的印刷品。

最早的报纸，可以追溯到古罗马时代的《每日纪事》，它每天张贴在罗马广场上，或被传抄在莎草纸上。现代意义上的报纸，诞生于启蒙运动和工业革命时期。

因为报纸这种新媒介，“新闻”诞生了。新闻的出现不仅是文字的创新，也是历史的创新；今天的新闻就是明天的历史，今天的历史其实也是昨天的新闻。与承载知识的书籍相比，贩运信息的报纸更具有媒介性和传播性。如果说书籍的出现是一场知识革命，那么报纸的出现就是一场信息革命。报纸弱化了文字的文学性，以简洁精练和浅阅读实现了信息的最高效传输，改变了自古以来的信息匮乏。大众化的新闻纸为人类社会铺就了一条通向现代文明的阳光之路。其巨大的革命性只有后来的互联网才可以与之相提并论。

报纸无疑是城市的标准产物，文盲时代结束了，大众文化诞生了。

1702年，伦敦发行了第一份报纸，此后80年间，英格兰有37座城镇都有了地方性的报纸。但当时一台印刷机一天仍只能印2000份报纸，这使其影响很有限。随着专业记者的出现，报纸对政治生态产生明显的影响。“好事不出门，坏事传千里。”从一开始，报纸的大众特点决定了它的天职就是抵制权力和报道“坏事”，用当下的说法，就是对“负能量”更加敏感，政府和官吏对报纸既厌恶又害怕。英国政府出台了严苛的制度和法律试图来控制报纸，甚至推出针对报纸的“知识税”。由于知识税按页数计税，这使得报纸在页数不变的前提下，逐渐走向大开本，从而与其他印刷品发生了差异。

进入19世纪，造纸技术取得重大进步，同时，更高效快速的轮转印刷机问世，并实现了工业化大量生产，印刷术由此得到最彻底的解放。1814年11月19日的《泰晤士报》上写道：“今天，本报将印刷术发明以来最伟大的进步展现给世界，1100多张报纸，在一个小时内全部印完。”到1848年，《泰晤士报》每小时能印8000张，而当时美国最先进的印刷机每小时可印刷2万张。因为有自动送纸与裁纸装置，宽幅印刷机甚至可以将24版的报纸一次印成。同一时期问世的铅字铸造机每分钟就可以生产1000个字，使用机械排字机每小时可以排列6000个字符。随着照相排字机的出现，谷登堡发明的金属活字在400年后终于完成使命，传统的凸版印刷不可逆转地被平版印刷取代。

1876年的费城世博会特设了一个报纸展览馆。作为世界最大的“读者之国”，仅仅100年时间，美国的报刊总数就从37种发展到8129种，比世界其他国家的总和还多。在世博会现场展示的一台新式轮转印刷机，高20英尺、长40英尺，每小时能印刷5万份厚达16页的报纸，并叠放整齐。这比50年前的印刷速度提升了将近300倍。

美国革命与报纸的介入密不可分。杰斐逊当年曾说：“如果让我来决定，是要没有报纸的政府，还是要没有政府的报纸，我会毫不犹豫地选择后者。”许多历史学家和社会学家都认为，报纸作为第一种现代化的大众媒介，实现了社会整合，使现代文化的阳光普照大地，帮助美国从移民集合变成统一国家。

工业进步不仅实现了纸和印刷的大众化，也实现了信息的大众化。到19世纪末，随着城市文盲率的下降，以及广告业和电报业的发展，报纸发行量从过去的几千份猛增到十几万、几十万乃至上百万份，读者群体包括各个阶层。当广告成为报纸的主要收入来源时，读者变成了被动的信息消费者和受众。读者与写作者之间的鸿沟进一步加大。资本兼并催生了报业巨头，资本主义用“廉价报纸”创造了人类历史上第一个大众传播时代。

虽然纸张与印刷最早出现在中国，但真正地被发扬光大却是在欧洲。进入19世纪，造纸术和印刷术再次回到中国，从西方造纸技术到西方石印、油印、铅印技术，一场由技术和观念引发的波澜壮阔的现代文化革新，彻底改写了中国传统社会的既有格局。

第一份中文报刊是由新教传教士马礼逊创办的，此外，他还编撰了第一本《华英字典》，将《圣经》第一次译成汉语。当然，他也是对汉字进行现代铅字印刷的第一人。古老的汉字正是在这些“洋人”的努力下，第一次走上了机械化印刷的道路。马礼逊如同中国的谷登堡，同样引发了一场革命。作为马礼逊的助手和第一位华人牧师，梁发编写的新教小册子《劝世良言》让落魄秀才洪秀全如获至宝，“拜上帝会”和太平天国运动由此发端。

洋务运动期间，传教士丁韪良、艾约瑟等人在北京创办了一份期刊，即《中西闻见录》，致力于推介西方科技。印刷机械化使书的形式和内容都悄然改变，传统的手工线装书逐渐被钉装和胶装取代。在印刷技术的推动下，现代报纸如雨后春笋般，从无到有，迅速成为中国城市的现代文化象征。

1872年，英国人美查创办了中国第一份日报《申报》，并以西方

洋务运动期间，传教士丁韪良、艾约瑟等人在北京创办了《中西闻见录》，致力于推介西方科技。图为其中关于新式印书机的插图。

石印技术大量翻印中国古籍，中国第一次走出了印刷品的短缺和匮乏。光绪末年开放报禁，全国各地创办各类报刊达302种，仅上海就有66家报刊，出版刊物达239种；著名刊物如上海的《申报》《时报》、天津的《大公报》、北京的《中外纪闻》和香港的《华字日报》等。这些独立的现代媒体不遗余力地鼓吹民生民智民权和自由思想，中国从未像那个时代一样成为世界的一部分。“苏报案”启示人们，没有自由就没有新闻，也没有现代。

事实上，在此之前，中国的《京报》已经存在了几个世纪，这或许是古代中国唯一的“报纸”，它其实更接近于传单。从官方的《京报》到民间的《申报》《苏报》，“报纸”的概念已经发生了革命性的改变。“著书者，规久远、明全义者也；报馆者，救一时、明一义者也。”从一定意义上来说，正是这些新兴媒体，使康梁维新和孙文革命能够在世纪变局中一呼百应；或者说，只有在现代报纸诞生以后，中国才有了真正具有民主精神的现代政治。

与大众化的报纸相比，类似小册子的杂志更加受到精英阶层和知识分子的青睐。新媒体带来新思想，象征现代思想启蒙的“五四运动”应运而生。“五四”以前，鼓吹新文化运动的期刊只有《新青年》《每周评论》和《新潮》等少数几种，“五四”后第一年中，新出版品骤然增至四百余种之多。这其中，《新青年》高举民主与科学（即德先生与赛先生）的大旗，直接影响了现代中国的政治走向，成为新文化运动兴起的标志。1919 年 5 月，《新青年》出版了“马克思主义研究专号”。

太平天国时期，西方世界已经借助电报和报纸构建起一个影响巨大的传媒网络，特别是马克思，对这场“中国革命”格外关注。而当时的中国既没有报纸，也没有邮局，以至于北京城里养尊处优的很多旗人竟对南方的战乱一无所知，更不知曾国藩和洪秀全是何许人也。70 多年后，南方的红军突破重重围剿，在甘肃的哈达铺邮局意外得到不少报纸，如 1935 年 7 月 23 日天津《大公报》载，“陕北匪共甚为猖獗，全陕北 23 县，几无一县非赤化，完全赤化者有 8 县，半赤化者 10 余县……”红军因此奔赴陕北。

第II部分

工业时代

工业革命业已使工业发展的进程革命化，并将整个世界带入一个技术力量单调递增的新时代中。人类已踏上一条革新和发展的道路，向着更加富足和美好的生活不断迈进。富人会更加富有，而穷人即使是在绝对水平上提高了生活质量，也会发现他们与富人之间的差距实际上更为增大。从物质的意义上来说，这标志着现代生活的诞生，而欧洲则是它的母体。

——（英）大卫·兰德斯
《解除束缚的普罗米修斯：
1750年迄今西欧的技术变革和工业发展》

第3章

从木器时代到铁器时代

> 人类的智慧是无穷的。英国并不出产棉花，森林资源也极其贫乏，但英国却发生了一场前所未有的棉花革命和钢铁革命，他们将工具变成机器，将家庭作坊变成大工厂，由此引发了一系列技术变革和社会变迁，“创新”颠覆了一成不变的古老传统。

西方神创论认为，是上帝创造了人，但马克思却认为，是劳动创造了人。马克思因此不仅发现了劳动，而且发现了“人”——人是一种“劳动动物”。人类的劳动产生了财富，也产生了工具。

人类或许是对工具最痴迷最崇拜的动物，工具的历史几乎构成整个人类进化的历史。250万年前，人类就已经能够制造简单工具，直到距今大约30万年前，人类学会制造复杂工具。从此人类脱离了猿人阶段，进入前现代人阶段。

制造和使用多部件工具促进了大脑功能的发展，并为语言的进化提供了基础。因为制造复杂工具需要提高动作技能和具备解决问题及制订计划的能力；或者说，正是复杂工具，才使人类演化到今天“无所不能”的程度。模拟人类文明起源的《鲁滨逊漂流记》中，“白手起家”的鲁滨逊也总是反复强调：“只要有了合适的工具，我什么都能够创造出来。”荀子将制造工具视为人类的学习本能，“假舆马者，非利足也，而致千里；假舟楫者，非能水也，而绝江河。君子生非异也，善假于物也”。

孔子说：“工欲善其事，必先利其器。”在古代汉语中，“器”一般指简单的工具，而较为复杂的机器则称为“机”。简单的工具和较为复杂的机器对人类的影响是如此重要，以至于人们常常用它们来划分世界文明的各个阶段，比如石器时代、青铜时代、铁器时代，乃至蒸汽机时代。

从技术史来说，用石头制成的“手斧”是一种可以切割、砸击、投掷、挖掘的“万能工具”，出现在不同人类文明的早期时代。在甲骨文中，“工”字是一把石斧。一旦出现了石斧，人们就可以轻松地砍伐树木，清理土地；木材还可以被加工成为独木舟或其他器物。早期人类用石斧加工木材的过程中，大脑空间得到了充分的扩充；日益复杂的大脑反过来又使工具更加复杂多样，以至于很多年后，人类终于开始制造复杂化的工具——机器。

现代考古发现，最迟在2万多年前就已经出现了弓箭。“断竹，续竹，飞土，逐宍（肉）”，这首流传于中国上古时代的民谣证明，早期弓箭完全是竹子制成的。中国盛产竹子，它的韧性胜过木材。如果说钻木取火还属于工具的话，那么弓箭的出现标志着人类已经开始制造更为复杂的机器。

作为人类发明的第一件机器，弓箭将投射变成了一种机械装置。弓箭具备了马克思所说的机器三要素：动力，人做的功（拉弦）转化为势能（张开的弓），起到了动力和发动机的作用；传动，拉开的弦收回，势能转化为动能，把箭弹出去，射到一定的距离，起到了传动的作用；工具，箭镞起了工具的作用，射到动物身上，等于人用石制工具打击动物。

与工具相比，机器更加复杂和更有效率，也更具有特定性和资本性。机器实现了工具与技术的整合；即使一台最简单的机器，也比工具更有效率。亚当·斯密指出："和以前同样数量的工人，操纵着最先进的机器设备，能够生产出比以前多数倍的产品，这比使用工具生产的效果好得多。"一旦进入机器时代，制造机器就成为人类无法逃避的一种嗜好，或者说使命。

人们将原始社会分为旧石器时代和新石器时代。如果将钢铁时代称为新机器时代的话，那么木器时代就是旧机器时代。

漫长的木器时代

地球本身是个巨大的"石头"，人类第一个有效工具就是做锤子和斧子用的石头。与石头和木头相比，矿石和金属是非常难以驾驭的物质，它们不仅不易发现，也难以加工。相对而言，木材是石头之外人类所遇到的最普遍也最容易加工的材料。

在中国早期历史中，留下大量关于"木器革命"的记载，如构木为巢、剡木为辑、横木为轩、直木为辕、揉木为轮、刳木为舟、斫木成器、凿木成机，等等。木器与石器相结合，使人类不仅走出穴居时代，而且跨越海洋，散布到地球表面的所有陆地和岛屿。

与世界其他文明一样，中国早期农业也完全是建立在木器之上的。所谓农具，完全是木制的。最简单的木器就是杵，最早的农业被称为耜耕农业。随着耜耕农业的出现，原始的天文、历法、气象、水利、土壤、肥料、种子等知识和技术相应产生。

从物理性能上来说，木材兼具石头和金属的双重特性，其横断面的应力强度胜过石头，抗拉抗压强度和弹性类似钢铁，但木材的密度要比石头和金属小得多；而且不同的木材具有不同的物理特性，这种多样性使人们具有更灵活的选择余地。比如，中国传统的广船一般以杉木制造，但战舰多以"铁力木为之"。铁力木号称硬木之王，密度同于水，强度堪比钢铁；经过专家计算，以 50 毫米铁力木替换 180 毫米杉木制造的舰船，强度可增加 9 倍，硬度可增加 4 倍多，而重量只多了 10%。

在很长的历史时期内，木器一直都是人类主要的，甚至唯一的物质基础。比如中国古代兵器中的"殳"、"梃"和"杵"，其实都是木头棒子；武王伐纣据说"血流漂杵"。直到春秋战国时代，木棍和削尖的长矛仍然是主要武器装备。秦帝国末期，陈胜吴广起义，亦是"斩木为兵，揭竿为旗"。

在传统条件下，木材要比金属更易得，也更易加工；最重要的，木材是自然生长的，可以得到不断补充。在人类绝大多数时间里，木材不仅是构成人类器具的主要材料，也是燃料的主要构成。在 19 世纪钢铁—石油时代到来之前，人类始终生活在木器时代。与木器相比，石器和青铜实际只是辅助性材料。无论石器时代还是青铜时代，甚至铁器时代，在钢铁制品普及之前，人类数千年文明史其实都可以称之为木器时代。

農書卷十五 農器圖譜九

元 王禎 撰

杵臼門

昔聖人教民杵臼而粒食資焉後乃增廣制度而爲碓爲磑爲礱爲輾等具皆本於此蓋聖人開端後人蹈襲得其變也孔融謂後世機巧勝於聖人過矣今特辯之使知本末云

杵臼

杵臼舂也易繫辭曰黃帝堯舜氏作斷木爲杵掘地爲臼杵臼之利萬民以濟按古舂之制柘（常隻切）百二十斤

最原始的木器——杵臼。图片来自《王祯农书》，刘承干嘉业堂所藏闽刻外聚珍本。在钢铁普及之前，人类生活长期以木制器械和器物为主。

青铜和铁器出现以后，最先用于祭祀、奢侈品和战争，最后才进入生产和生活领域。在相当长的时期内，这种更加坚硬和可塑的新式材料并没有取代木器，反而使木材加工技术实现大跨越，进一步丰富了木器文化;同时，也使人类制作工具和机器的天赋得到充分的发挥。木材丰富的材料性能和来源，将手工业逐渐从农业中分离出来，实现了专业化和批量化；在很短的时间内，人类的木器制造技术就达到了炉火纯青、登峰造极的程度。

在木器时代，除了加工木材的切削刃具外，大多数工具和器具几乎都是木器。房屋和家具是木器，船和马车是木器，水泵和输水管道是用空心树干或者竹子，风车和水车是木制的，钟表是木制的，织布机和纺车都是木制的，锁和钥匙也是木制的，谷登堡印刷机发明出来100年后，仍然是木制的，即使最重要的机器——车床和锅炉也是完全木制的。直到1810年，巴黎仍然在铺设榆木管道。用木材来建造机器和工厂的做法，一直持续到19世纪的大部分时间里。在真正的铁路出现之前，用木制轨道铺设的“铁路”已经存在了200多年，就连汽车和飞机刚出现的时候其实也是木制的。

机床是制造机器的机器。现代以前，人们眼中的机床就是指木制机床。最古老的车床只有两个固定部件，它们夹着一个转轴，转轴上缠着绳索，用弯曲的树枝拉动绳索，从而驱动转轴转动；工匠用凿子抵住与转轴一起转动的木头，就可以将木头加工为圆柱形。后来经过改进，人们用脚踏板来驱动。这曾启发瓦特将蒸汽机的往复运动变为旋转运动。这种车床在欧洲具有悠久的历史。直到18世纪，英国的莫兹利取得了现代车床的专利权，但其核心技术几乎都是来自古代流传下来的木制机床。

无论中外，木匠无疑是传统时代最受人们尊敬的职业，木匠几乎是技术者的代名词。鲁班（公输班）是中国木匠的祖师爷。作为西方文明最伟大的先知耶稣，就是一个木匠的儿子。发明航海天文钟的哈里森不仅是一个木匠的儿子，他也是一个出色的木匠。1713年，当时才19岁的哈里森就造出了一台摆钟。这座摆钟几乎是用木头做成的：它用橡木做齿轮，黄杨木做轴，只在连接处用了少量的黄铜和铁。哈里森对木头的性能很熟悉，利用橡木的纹理，用最耐磨的部分做齿轮，以保证钟表的木齿不会因磨损而脱齿。哈里森还制作过一座巨大的塔钟，为此他花了两年时间。这座塔钟也是木制的。哈里森特意选用油性的热带硬木制作零部件，根本不用润滑，当然也不用担心它生锈，因此具有几乎完美的精度。这座塔钟至今仍在报时，300 年来从未间断。

在古希腊时代，较少肉体痛苦的斩首被认为是贵族专享的刑罚方式。因为刽子手难免会砍偏，中世纪后期，欧洲发明了断头机，这是一种既准确且极富效率的杀人装备：高高提起的铡刀沿着木质轨道疾速落下，人的头部与躯干即可瞬间分离。将杀人交由一台机器来完成，刽子手只需拉起或放下铡刀即可，这件看起来微不足道的事情体现了当时社会对机器的全民印象：机器就是权威的化身，它是公正和不可抗拒的。

法国大革命期间，断头机如同中世纪宗教裁判所的火焚柴垛一样，成为举行“红色弥撒”的“伟大祭台”，甚至是“胜利的共和国的象征”。机器的效率是惊人的，1792 年 9 月 2 日至 9 月 6 日短短的几天里，巴黎就有 1100 多人被断头机结束生命。在革命热潮中，平民第一次享受到了与贵族一样的平等待遇，其中就包括断头机。早些时候，酷爱机械的路易十六发现断头台的刀是平直的，认为这样效率较低，便改为三角形。他亲自执笔修改了断头机的设计，后来，路易十六也被推上了断头机，得以亲身体验自己“改进”过的断头机。

木器时代最大的成就就是船。从石器时代的木筏和独木舟，到铁器时代的桨船和帆船，人类在造船技术上体现了最大的创造力和工艺水平。除了造船，或许当推水车和风车了。这种木制机器与其说是提高了效率，不如说已经部分取代了人力和畜力，这无疑是革命性的。据布罗代尔的研究，由水车驱动的磨坊，其效率至少是两人推动的石磨的 5 倍。

在 10 世纪的英格兰，有 5000 多部水车，平均 400 人就有一部；12 世纪的法国有 2 万多部水车，这相当于 50 万名劳动者所贡献的能量。14 世纪以后，水车几乎遍及整个欧洲河流，从上游到入海口。荷兰等低地国家甚至利用潮汐来推动水车。水车不仅用来磨面、汲水和锯木，还用来在造纸厂粉碎纸浆，在铁厂驱动风箱、铁锤和切割机，在制革厂击打皮革，在纺织厂驱动纺锤，在兵器厂驱动砂轮，在矿区抽取矿井中的积水、碾碎矿石。

风车是与水车类似的一种革命性机器。通过这种机器，人类从大自然中可以采集大量的动力和能量。风车巨大的效率几乎可以与后来的蒸汽机相媲美。根据文献记载，欧洲最早的风车出现在 1185 年的约克郡，然后在短短数年间闪电般传遍了欧洲。其传播速度几乎可以与谷登堡印刷机相提并论。

对于低地国家荷兰来说，风车几乎就是其生存的依靠。风车作为荷兰的标志，除了被用来排水，风车磨坊每年要为欧洲加工 50 万磅来自东方的香料。此外，由风车驱动的锯木机实现了高度机械化，使荷兰成为欧洲最大的造船基地；风车驱动印刷机，使荷兰成为欧洲的书报生产中心。1836 年荷兰全境有 1.2 万多台风车，提供的能量相当于 6 万马力。

风车和水车虽然受到自然条件的影响，但风力和水力是免费的。事实上，正是水车而不是蒸汽机，是木制机器而不是铁制机器——推动了 18 世纪的棉花革命。

荷兰风景画家雷斯达尔作品《韦克的风车》。对低地国家荷兰来说，风车几乎成为一种传统时代的象征。

英国的棉花革命

随着哥伦布时期新航路的开辟，欧洲逐步成为国际贸易的垄断者。通过贸易和殖民，葡萄牙、西班牙和荷兰先后崛起。这场以国家暴力为后盾的商业革命彻底改变了欧洲，而英国无疑是最后一个出场者，但它却是最重要的——英国完成了从商业革命到工业革命的过渡。

人们常常以为抢银行能致富，但真正的致富从来都离不开辛勤劳动。从中世纪开始，英国毛纺业就已经蔚然成风，到都铎王朝时期，毛纺业已经发展成为这个新兴国家的支柱产业。在古希腊神话中，金羊毛是财富的象征，如今羊毛成为英国财富的基础。在利益驱使下，很多农场主将农场改为牧场，因为同样面积的牧场，收益是耕地的两倍。

正像斯宾格勒所说，一切高级的经济生活都是以农民为基础，并在农民身上发展起来的。为了获得更多的羊毛，庄园式牧场进一步扩张，公共耕地也被用来放羊，传统的自耕农被从土地上驱逐，这就是托马斯·莫尔在《乌托邦》中所抨击的"羊吃人"的"圈地运动"。

1738年时，英国有150万人从事毛纺业，几乎占总人口的1/4。尽管英国毛纺业技术水平仍然停留在原始的手工场阶段，使用效率很低的木制原始纺机，以水力和风力为动力，但最大的发展瓶颈还是原料。羊毛出在羊身上，牧羊需要大量的土地，而经过"圈地运动"，英国可用土地已经不多。英国政府为了保护毛纺业，严禁羊毛出口并扩大进口，但依然无法改善原料短缺造成的产业困境。

在这个背景下，羊毛的替代品出现了。在很短的时间里，棉纺工业异军突起，成为英国工业革命的急先锋。从历史意义上来说，是棉花——而不是羊毛——催生了工业革命。

英国本土并不出产棉花。18世纪以前，棉纺织业并不被人看好，根本不能与毛纺业相提并论。英国棉纺织业的迟滞，并不代表棉织品市场的不景气；实际正好相反，鲜艳柔软的棉织品往往比毛织品更受青睐。但令英国纺织业者沮丧的是，来自印度的棉纺织品垄断着英国市场。即使社会上流人物也都穿着印度的棉织品，而他们的仆人更不用说了；甚至王室成员也都喜欢中国的丝绸和印度棉布。

外来棉纺织品的市场冲击，也对英国视为命脉的毛纺工业构成严重威胁。18 世纪的英国政府曾经屡次颁布法律，严禁从印度和中国进口棉纺织品。英国毛纺业的行会组织也屡次发起“国货运动”，甚至不惜以街头暴乱方式袭击棉织品商店和穿棉织品的路人。最后英国政府不得不以法律的形式宣布：严禁任何人买卖、穿着和使用棉制品。

穷则思变，危机反过来也是机会。英国纺织工业本身具有坚实基础，既然毛纺业已经没有多大发展余地，棉花就象征着新的“蓝海”。就这样，一场从羊毛到棉花的历史性转型悄然展开。

从 17 世纪开始，来自美洲新大陆的棉花就源源不断地运往利物浦。同时，曼彻斯特也开始种植棉花，兰开夏郡的棉纺工业逐渐兴起。一开始，兰开夏的棉纺织品根本无法与印度的棉织品相比。他们将棉花与麻一起进行混纺，以坚韧的麻为经线，以柔软的棉为纬线，这种混纺织品逐渐获得英国人的青睐。曼彻斯特就依靠这种棉麻混纺工业起步，从一个小镇迅速成为英国的棉纺工业中心，从而带动整个英国工业革命浪潮的兴起。

与印度手工棉纺织品相比，英国的棉纺工业一开始就处于不利的竞争地位，因为英国的人力成本要比印度高得多。印度的廉价棉纺织品迫使英国棉纺织商必须减少劳动力成本，发明更好的加工工序和生产机器，从而把生产成本降下来。如果英国仍然继续以手工工场模式进行生产，那么他们根本无力跟来自印度和中国的棉纺织品竞争。也就是说，要在这场国际贸易竞争中获胜，英国的棉纺工业只有“华山一条路”，就是必须采用大规模自动化的机器生产。

从技术角度来说，棉花比羊毛更容易进行机械化生产。羊毛来自动物体表，质量参差不齐，而棉花属于植物纤维，质地结实而均匀。因此棉纺织业一旦实行机械化，自然比毛纺织业更容易获得成功。这样一来，纺织机械的进步就成为这场革命的关键前提。

相比欧洲一些国家，比如意大利和荷兰，英国棉纺织业明显落后，所用的棉纺织机械效率极低。棉纺包括纺纱和织布两个主要步骤，当时基本都处于手工阶段。1733 年，曼彻斯特 30 岁的纺织工约翰·凯伊发明了“飞梭”。飞梭加快了织布的速度，纺纱速度就显得慢了。1 个织工需要的棉纱，要由 10 个纺纱工供应，棉纱价格顿时飞涨，而且供不应求，常常断货。“纱荒”使英国几乎全民动员，官

16 锭珍妮纺纱机。英国纺织业起步并不早，但因为机械化的棉花革命，英国成为世界纺织工业的领导者。

方和民间机构纷纷悬赏，寻找发明纺纱机的技术。不久，惠特研制出了滚轮式纺纱机，虽然一次只能纺 1 个纱锭，但在此基础上，就有人制造了一架同时可纺 8 个纱锭的“珍妮纺纱机”。发明者是织工哈格里夫斯。经过一系列改进，他很快把纱锭增加到 16 个，最终增加到 80 个。10 年之后，英国已经拥有不少于 2 万架珍妮纺纱机，最小的机器也能做 6~8 个工人的工作。

在兰开夏，这种机器更是以惊人的速度推广；几年之内，它就代替了传统纺车。从 1750 年到 1769 年，英国棉纺织品的出口增长了 10 倍以上。

珍妮纺纱机仍以人力为动力，随着锭数的不断增加，迫切需要寻求新的动力。1769 年，钟表匠兼理发师阿克莱特制造出了一台庞大的水力纺纱机。水力纺纱机比珍妮纺纱机又前进了一步，纺出的纱更粗更牢固，转速也快。因此，在英国的一些河流两岸，迅速建成一批采用水力纺纱的工厂。

1779 年，阿克莱特的纺纱工厂已经发展到 300 多名工人和几千支锭子。同一年，克朗普顿综合珍妮纺纱机和水力纺纱机的优点，发明了“骡机”。这种像骡子一样理想的纺纱机，纺出的纱又细又结实。骡机以水力为动力，最初的骡机有 40 个纱锭，后来发展到 900 个，最后增加到 2000 个纱锭。

由于纺纱机的普遍运用，纱量大增，除了满足织工需要外，还有剩余，这样纺纱和织布之间的平衡又被打破。织机的革命推动过纺机的革命，现在纺机的革命又反过来推动织机的革命。1785 年，乡村牧师卡特赖特发明了水力织布机，工效提高了 40 倍。这位牧师也脱下黑袍，开办了一家织布厂。

从凯伊发明“飞梭”，哈格里夫斯制成多轴纺纱机，克朗普顿发明走锭纺纱机，到瓦特成功发明联动式蒸汽机并建立第一座蒸汽纺纱厂，英国的纺纱技术不断革新。在整个18世纪下半叶，不受封建行会和传统法规束缚的新兴棉纺工业如同火车头，带动了毛纺、漂染、造纸和印刷等工业的兴起和发展。由棉纺机器和织布机器带动大机器生产模式，为工业革命创造了一个精彩的开局。

18世纪，英国工业品有1/3是运往海外，在所有出口货物中，工业品价值占85%。为出口服务的纺织业在经济中的重要地位决定了英国工业从一开始就是生产型而不是消费型的。在18世纪50年代至19世纪30年代期间，英国纺织业的机械化使单个生产力提高了300~400倍。1833年，英国大约有150万人直接或间接地在棉纺厂找到工作。1835年的一个棉纺工人所干的工作，在60年前，至少需要二三百人才能完成。1820年，英国还有25万手工织布者，到1856年，这个群体只剩下不到一成——只有区区2.3万人。用一组数据来做下比较：一个15岁的孩子照料2架蒸汽织机，织出3匹半织物；而同样时间内，1个熟练工人用飞梭只能织出1匹。1760年，家庭手工纺1磅棉纱需要18.12便士；1836年，机器纺1磅棉纱只需要1.52便士。也就是说，机器生产使人工成本下降了将近92%。1790年，蒸汽机驱动的“骡机”纺线速度是中国和印度手工纺线的100多倍。从1780年到1850年，英国的棉织品价格下降了85%，英国棉布不仅在市场上取代印度棉布，而且也使棉布从少数富人的奢侈品变成大众的日用品。

与毛纺业相比，棉纺织业后来者居上，成为英国工业第一个实现机械化的行业，这使棉花成为工业革命的重要基础。1800年，英国棉纺厂加工了价值5600万镑的棉花，10年之后，年加工量达到1.23

亿镑。到19世纪中叶，英国有1800家棉纺厂，雇用工人32.8万人，使用蒸汽发动机，年产棉布1.6亿米。1751年，英国的棉纺织品出口额只有4.6万英镑，1800年达到540万英镑；1802年，英国棉织品的输出第一次超过毛织品的输出。1820年，棉纺织品作为英国最大的工业产品，占据出口总额的半壁江山。到1861年，棉织品的出口规模是羊毛织品的4倍还多，达到4680万英镑。也就是说，工业化将英国的棉花加工能力在100年间提高了1000倍。

阿克莱特和他的工厂

阿克莱特的出现，使机器不仅是技术史，也成为经济史的一部分。与其他从事技术创新的人不同，他预先就计划好了要从他的“发明”上获得成功。事实上，他确实也非常幸运，虽然他发明“永动机”的尝试一直没有获得成功。从技术研发、专利申请到机器制造，阿克莱特都采取了合伙股份形式，利用社会投资来实现机器大生产。

专利制度和版权制度均始于文艺复兴时期的威尼斯共和国，“在10年期限内，未经发明人同意与许可，禁止其他任何人制造与该发明相同或者相似的装置。若其他人贸然仿制，将赔偿专利人金币百枚，仿制品也将立即销毁”。现代经济的发展基于知识产权，从这种角度来说，没有专利制度也就不可能出现工业革命，而这恰是古代中国所欠缺的。

1769年，阿克莱特正式提交了他的纺织机专利说明书——

本人理查德·阿克莱特，在此禀告国王乔治三世陛下，本人经过苦心研究和长久运用，发明了这个新机器。在此之前，从未有人发现、使用或生产这种机器。本发明的用途是将棉花、亚麻和羊毛做成纬线或者纱线……陛下所统治的英格兰可因雇用许多穷人操作本人发明的机器而获得巨大功效……本人及本人之执行人、管理者、受让人，在本专利申请书有效时限内，应依法享有因本发明而获得、增长、积累及形成的全部利润、利益、价值和好处，以及陛下所授权之特许、权利、特权和利益。

按照英国专利法，专利持有人享有14年的独家垄断权。阿克莱特提交的这份申请成为英国工业革命的催化剂，彻底将世界翻转。1775年，他又获得了梳棉机的专利。这基本上使阿克莱特实现了对棉纺工业的垄断。

与克朗普顿不同，阿克莱特更具有企业家的气质，他是一个能预见商机的人。与其说他是个发明者，不如说他是发明的最后整合者，他雇用了一批发明家来进行新机器的研发，而他获得最后的专利权。阿克莱特的独特意义在于，他不仅最早实现了对发明与工业的整合，也创造了“一个人可以在没有继承土地的情况下致富”的神话，这在传统的前工业社会是不可思议的。

在阿克莱特的专利普及之前，一般工业的机械水平仍然停滞不前。克朗普顿的“骡机”需要技术熟练的成年男工，而阿克莱特的水力工厂既不需要力气也不需要技术，全部使用女工和童工，这不仅降低了棉纺织品的生产成本，同时也实现了真正的大量生产。阿克莱特的机器纱比手工纱更均匀更结实，完全替代了麻，英国终于实现了棉布的国产化，并很快在国内市场取代了印度印花布。

但对工人来说，一切并不像阿克莱特那样美满。在手工纺织时代，人们可以分散在各自的家庭作坊中工作，一旦使用了能源——哪怕是水力，工人也必须在能源所在地工作，工厂就是这样诞生的。

与其说阿克莱特的工厂像一座兵营，不如说像监狱。阿克莱特雇用的“工人”最小的 6 岁，最大的 40 岁，其中 2/3 是童工；每周工作 6 天，每天 13 个小时。与家庭作坊不同，工厂有严格的组织管理；阿克莱特在工厂里扮演着工程师和老板的双重角色。从他办公室的“克伦福德窗户”可以对整个工厂一览无遗，让每个人都能时刻感受到“老大哥”犀利的目光——即使他不在的时候。1779 年的《德比信使报》记载，一名工人因为没有请假而旷工，便被阿克莱特送到监狱，罚做一个月的苦役。

1776 年，阿克莱特的纺纱厂已经从诺丁汉扩展到兰开夏，他的工厂成为世界棉纺业的样板工厂。到 1782 年，被阿克莱特雇用的工人已经达到 5000 多名，他招募的资本达 20 多万英镑。

从历史记载来看，机器在欧洲有着悠久的历史，特别是纺织行业，更是在很早就出现了大规模的工业企业，甚至已经使用水力。英国从棉纺工业开始，迈出了人类机械化生产的第一步。随着工业时代这个哥斯拉的到来，在工人工资变化不大的情况下，生产效率大大提高，机器制品的价格进一步降低。机器成为财富的最大制造者，而人则成为机器的奴仆。一个掌握机器权力的资本家群体，正如雨后春笋般成长起来。手工生产依靠的是廉价的工具，工厂生产依靠的是昂贵的机器；前者的核心是人的技艺而不是工具，后者的核心是机器而非

日本浮世绘中的阿克莱特。日本在明治维新后效仿英国工业革命，纺织工业发展迅速。此画将阿克莱特演绎为一个东方式的故事：因为妻子不小心打碎自己研制的纺织机，阿克莱特便将妻子赶回娘家。

人的技艺。

在相当长的历史中，传统手工业完全是依靠少数富人生存的。工厂制度开启了一种新的生产和销售模式，它不再为满足少数富人而生产，它前所未有地将大多数穷人拉向历史舞台。

从一开始，工厂制度的目标就是生产满足多数人需求的廉价商品。当时所谓工厂就是棉纺织厂，它们生产的棉纺织品根本不是富人需要的东西，因为富人更钟情于珍稀的丝绸、亚麻和麻纱织品。在很长时间，机器工厂生产的衣服和鞋子只有穷人购买，富人仍然会去裁缝和鞋匠那里定制。工业革命最大的含义并不是改变了从手工到机器的生产过程，而是第一次使生产过程与生产结果都围绕普通大众，工厂里的工人不再像工匠一样，一辈子都是为了他人的幸福而辛劳，他们自己就是工厂生产的产品的主要消费者。或者说，资本主义企业家精神的原则就是为平民服务。

进入工厂时代，资本成为决定性的力量。一台老式手工纺车连 1 先令都不值，而一台珍妮纺纱机的造价需要 70 先令。一架 24 纺锭的珍妮纺纱机的售价，相当于一个英国纺纱工人 134 天的工资；如果是法国工人，则相当于 311 天的工资。与珍妮纺纱机相比，骡机的运行机理就更加复杂和专业，这已经不是任何一般工匠照猫画虎就可以仿制的。机器本身也迅速成为工厂的产品之一。在 18 世纪末期，英国已经出现了许多专业生产纺织机械的公司，阿克莱特也在高价出售水力纺纱机的生产授权。其他工厂主想要获得专利授权，必须支付高达 7000 英镑的费用，另外每年还要再付 1000 英镑。

英国始终是一个贵族等级文化极其强烈的国家。在资本主义的早期，富人们通过积累金钱，拥有代表社会地位的昂贵附属物，来获得上流社会的承认。当初一个落魄的理发师离开曼彻斯特，如今一个工业巨子衣锦还乡，并带来了工业文明的繁荣。1786 年，出身贫贱的阿克莱特如愿以偿地被授予爵士头衔；6 年之后，他留下 50 万英镑的巨额遗产和英国一半以上的工厂去世。英国调查委员会赞扬他“对国家做出的荣誉比任何人都大”。

作为工业革命时期的两个风云人物，阿克莱特与瓦特在专利权诉讼中成为好友，他们的密切合作使蒸汽机与工厂第一次联姻。在此之前，由水车驱动的工厂都依河而建，远离城镇。蒸汽机解放了动力源，工厂纷纷搬到生活、交通和物流更方便的城市，一场前所未有的城市化运动因为工厂的聚集而迅速发展起来。1783 年，阿克莱特的专利被取消时，兰开夏只有阿克莱特一家棉纺工厂；30 年后，工厂数量发展到 86 家。人口也从当初的 2.4 万激增到 15 万，曼彻斯特因此成为世界第一个现代工业城市。在距离曼彻斯特 36 公里的利物浦，从美国源源不断运来的棉花在这里被装上马车和运河船；为了更多更快地运送棉花，世界第一条铁路在此诞生。

1771 年，阿克莱特在德文特河畔建立了第一个水力纺纱厂，到 1835 年，全英国已出现了 1262 家棉纺织厂。1803 年，霍洛克斯制造出了第一架铁制织布机，棉纺织工业终于完成了它漫长的破茧成蝶的历程。

机械时代的教父

“棉花，棉花，还是棉花，它是当下唯一的商品，只有它才可以为任何人提供工作。”这是棉花革命时期英国最强烈的声音。

棉纺织业的兴起使英国对棉花的需求迅速增长：1701 年输入大不列颠的原棉不到 100 万磅，1771 年高达 476 万磅，1789 年超过 3257 万磅，1802 年达到 6050 万磅，100 年增加了 60 倍。然而，英国几乎不生产棉花，来自西印度群岛、巴西、印度等地的棉花早已不能满足工厂的需要。

大量吞食原棉的新机器，为一穷二白、刚刚独立的美国人创造了他们梦寐以求的商业机会，他们从英国对棉花的巨大需求中看到了希望。

棉花种植在美洲有着悠久的历史。早在哥伦布之前，印第安人就已经在种植棉花。虽然英国市场对棉花的需求巨大，但遍布美国南方的种植园主们却只能望洋兴叹。关键的制约原因，是适合南方种植的"高地棉"棉籽难以剥离。因为"高地棉"纤维短，只能用人工分离，一个黑人奴隶分秒不停地紧张劳动一整天，也未必能清拣一磅棉花，使之成为"一项成本很高的生产过程"。

这个至关重要而又影响深远的难题，最终被"机械天才"伊莱·惠特尼用了短短几个月的时间便成功解决了。23 岁的惠特尼当时刚刚从耶鲁大学毕业。他在暂居格林夫人种植园期间，经过 6 个月的试验和改进，终于制成了一台功效强大的轧棉机。时间是 1793 年 4 月 12 日。

惠特尼和他发明的轧棉机。惠特尼这个小小的发明不仅改变了无数人的命运，甚至改写了美国的历史。

惠特尼设计的机器构造简单，但构思精巧。机器主体为一个圆筒，筒壁安装有大量钢齿；在圆筒旋转时，钢齿强行将棉绒从棉籽上撕扯下，并运用离心力把棉籽滤除，再将棉花纤维抛出。采用这台机器，一个劳动力一天分离的棉花比以前几个月都多。用手一天只能清理1磅籽棉，使用水力或蒸汽驱动的轧棉机，每天可清理1000磅籽棉。这台轧棉机操作简便，只需要一个人就可以，而且比手工方法摘得更干净。

这种轧棉机是如此高效，以至于惠特尼制作的第一台轧棉机没多久便被偷走了。惠特尼的轧棉机一出现，就使高地棉成为一种具有竞争力的作物，迅速取代烟草，成为美国"最有价值的商品农作物"，也成为全美国唯一的大宗出口货物。

轧棉机发明之前，每年从殖民地运往欧洲的棉线大约只有400捆。1793年轧棉机投入使用之后，这个数字迅速增加到3万捆；到19世纪初，每年棉线的出口量是18万捆；1824年超过40万捆，1860年达到450万捆。如果按重量计算，轧棉机发明的前一年，美国棉花出口不到14万磅；轧棉机发明的第二年，棉花出口超过627万磅，短短3年间增加了40倍。美国棉花产量在此后平均每10年就要翻一番，1860年达到20亿磅。

正如历史学家哈罗德·埃文斯所说，惠特尼"花了10天时间，制造了一种彻底改变南方命运的机器模型，于是他成了机械时代的教父"。

有了惠特尼的轧棉机，棉花种植疯狂地扩张、蔓延，美国南方很快成为一个幅员辽阔的"棉花王国"。轧棉机被视作"美国农业史上头等重要的一项发明"，成为南方经济复苏的关键，尤其是在1790年至1830年这段时期，南部的农业发生了一次真正的革命。从1815年到 1860 年，棉花贸易决定性地影响了美国经济发展，当时英国棉花进口总量的 80% 都来自美国南部各州。

轧棉机所产生的影响渗透到美国南方整个社会和经济生活之中，其最大的影响，就是引起臭名昭著的奴隶制死灰复燃。

即使有了高效率的轧棉机，棉花种植仍是一项劳动力密集型产业，尤其是摘棉花需要大量人手。对土地广袤、人口稀少的美国来说，要扩大生产并获得高利润，最好的办法是使用不要工资的奴隶，这样就大大降低了劳动力成本，也等于降低了棉花生产成本。种植场主每养活一个奴隶，一年只需要 20 美元，而其通过轧棉机创造的纯利却达 80 多美元。1790 年，美国黑奴数量不到 70 万，到 1810 年，南方棉花地里的奴隶已经超过 100 万；到南北战争爆发前的 1860 年，美国的黑奴达到 400 万。在美国当时的 600 万白人中，奴隶主占 35 万，即 7% 的白人拥有将近 75% 的黑奴。这些奴隶主基本都是南方的棉花农场主。

在轧棉机出现之前，奴隶制度在美国，尤其在南方正逐渐走向衰落；因为奴隶制度在经济上无法超越自由劳动和机器的结合。早在 1787 年，美国南方就已经投票废除奴隶进口，但随着轧棉机的发明，奴隶数量开始迅速增加。轧棉机使种植棉花成为一项利润极大的生意；换言之，棉花是“最适宜于奴隶劳动的一项农产品”。南方奴隶制经济因此获得转机，不仅成为南方占主导地位的经济制度，而且将使用奴隶劳动种植高地棉变得远比刚刚起步的制造业更加现实，且有利可图。于是，奴隶制从复活、发展到加强，南方宁愿进行战争，也不愿和平地放弃其“特有的制度”，以及可观的经济利益。

历史就是如此令人惊讶，一台小小的轧棉机竟然造成了如此罕见的，甚至是灾难性的后果。如果没有轧棉机，美国就不会有那么多黑奴，奴隶制也会更早地解体;这样的话，美国的内战或许也不会爆发。从后来的结果来看，这场为了奴隶制而进行的南北战争，其所造成的影响是世界性的。依靠轧棉机和奴隶生产的廉价原棉支撑了英国纺织工业的繁荣，美国内战使美国棉花出口一度大大减少，国际市场的原棉价格翻了一番，结果导致英国兰开夏郡大量工人失业，很多棉纺厂破产倒闭。

虽然马克思对奴隶制度持强烈的批判态度，但并不否认棉花经济对美国这个新兴国家的重要意义，他在《哲学的贫困》中说:“同机器、信用等等一样，直接奴隶制是资产阶级工业的基础。没有奴隶制就没有棉花；没有棉花就没有现代工业。奴隶制使殖民地具有价值，殖民地产生了世界贸易，世界贸易是大工业的条件。可见，奴隶制是一个极重要的经济范畴。没有奴隶制，北美这个进步最快的国家就会变成宗法式的国家。如果从世界地图上把北美划掉，结果看到的是一片无政府状态，是现代贸易和现代文明十分衰落的情景。消灭奴隶制就等于从世界地图上抹掉美国。”

以《解放黑奴宣言》(1862)为标志，南北战争至少在法律层面上消灭了奴隶制，但棉花经济并没有受到任何削弱。几乎在惠特尼发明轧棉机的同时，塞缪尔·斯莱特将阿克莱特工厂成功地复制到美国。美国的棉花不仅为英国兰开夏地区的工厂提供了充足的原料，也为北方新兴的纺织工业提供了丰富的原棉，使初生的美国获得了极为难得的历史机遇。依靠南方的棉花和北方棉纺织工业，这个崭新的国家就很快由农业社会迈向工业社会。

钢铁是怎样炼成的

从远古时代开始，人类为了制造工具，便对硬度有一种强烈的追求。人类使用石器、玉器和骨器的时间非常漫长，直到青铜时代的到来。金属——尤其是铁的发现，使人类终于找到一种近乎完美的材料，人类制造东西的天性被发挥到极致。与黄金和青铜相比，铁才是上帝赐给人类真正神奇的礼物。

铁是地壳中第四大常见的矿物质（约占地壳总重量的5%）。如果没有铁，地球上就不会有大气，不会有磁场，更不会有生命。早期人类所用的铁确实都来自“上帝”，或者说“外星人”。从天而降的陨石铁（含铁90.85%）最早带给人类关于一种神奇金属的传说和体验。

铁器出现后，迅速改变了社会从生产到生活的方方面面。从经济史来说，铁器导致手工业从农业中分离出来，随之商品和贸易就接踵而来。恩格斯将铁器时代称为“英雄时代”——“一切文化民族都在这个时期经历了自己的英雄时代：铁剑时代，但同时也是铁犁和铁斧的时代”。木犁装上铁铧后，耕地效率大幅提高。铁制农具使大量的林地被开垦为耕地，粮食产出大增。铁制工具使木匠如虎添翼，改变了建筑和舰船的面貌。“铁已在为人类服务，它是历史上起过革命作用的各种原料中，最后和最重要的一种学科。……它给手工业工人提供了一种坚固锐利的、非石头的或当时所知道的其他金属所能抵挡的工具”。

虽然游牧民族对农耕民族有马的优势，但游牧民族真正兴起并对农耕民族构成严重威胁，往往是他们掌握冶铁技术并大造钢铁兵器之时。铁制轮箍让车轮更加结实，从而使战车成为战争的利器。

铁制武器被称为“历史上最好也最恶劣”的武器。由此看来，管仲将铁称为“恶金”是有几分道理的。铁匠们发现，提高铁里的碳含量就会生成更为锋利坚韧的钢，这种钢制的剑和铁矛使战争成为人类的噩梦。

铁器改写了人类历史的发展轨迹。使用钢铁武器的帝国能够轻而易举地征服或消灭使用石制和木制武器的部落。“从公元前1200年到前1000年，在中东，制铁技术的传播促成了一系列新的入侵和移民活动。新的民族——希伯来人、波斯人、多利安人和许多其他民族被载入了史册，开创了一个野蛮的、具有更多平均主义特色的时代。”

因为哥伦布的突然闯入，没有铁器的新大陆成为铁器的试验场。历史学家认为，从公元1500年开始的这种技术与政治上的差异，成为现代世界不平等的直接原因。

印加帝国和阿兹特克帝国虽然也有极其发达的农业文明，但却没有铁器，他们的农具仍处于木制的耒耜阶段，锄头是用鹿角或野牛的肩胛骨做成的。当西班牙殖民者身披铁甲、手持铁器来到新大陆时，面对石器装备的美洲土著战士，如虎入羊群一般。1563年，一位葡萄牙神父宣称:“对于这些人，没有比刀剑和铁杖更好的传教方式了。”

西班牙人的钢刀、长矛和匕首，这些都是用来屠杀身体甚少防护的印第安人的强有力的锐利武器。相比之下，印第安人的无棱无锋的棍棒虽然也能打伤西班牙人和他们的马匹，但很少能将其杀死。西班牙人的铁甲或锁子甲，尤其是他们的钢盔，通常都能有效地对付棍棒的打击，而印第安人的护身软垫则无法防御钢铁武器的进攻。[5]

在铁器文化中，钉子或许最有传奇色彩。在西方文化中，铁器最广泛的应用就是钉子。古罗马时代，耶稣被钉在十字架上。殖民探险时代，铁钉成为白人对土著最常用的交易货币；一些水手甚至用钉子作嫖资。在人类历史上，很早就有专业化的趋势，因此钉子具有某种隐喻的成分。一颗小小的钉子背后，是一种复杂的生产体系。亚当·斯密说过："一个普通铁匠不如一个专业制钉工更擅长制造钉子。"钉子在欧洲是最早实现专业化、大批量生产的商品，甚至为此研制出专用的轧制机和纵切机。在1775年的英格兰，钉子制造业雇用了约1万名工人，每年要用去1万吨铁。1795年，美国制造商发明了一种水力驱动的制钉机，一天可以切割出20万枚带钉帽的钉子。在后来的50年内，这项专利技术使钉子价格骤降了90%，钉子从"值钱宝贝"一下子变成最为廉价的工业制品。

仅仅就钉子而言，中国似乎并没有超越手工生产阶段，钉子常常是铁匠的副产品。这种现象甚至一直延续到数十年前的中国，精美的"洋钉"在农村仍被视为一种珍贵的物品。钉子的缺失，导致中国一直以复杂的卯榫连接来代替钉子，而且中国一直没有出现更为"神奇"的螺丝钉。螺丝这种"最大的小发明"对西方文明的影响远远超出人们的想象，没有它便没有望远镜和显微镜，甚至说就没有启蒙科学。许倬云先生说："在欧洲整个机械发展史上，有一个东西——螺丝钉，为中国所无。而这小小螺丝钉，却可决定我们火力、武器的发展与否。"

但就铸铁技术而言，中国领先于西方1300年。中国从春秋战国进入铁器时代。春秋尚属青铜末期，这种贵族战争规模并不大；战国进入铁器时代，一方面使农耕水平提高而导致人口剧增，另一方面也使战争的规模和残酷程度达到极致，一场战争动辄造成十几万乃至几十万人死亡。或许可以说，没有铁器，秦始皇就不可能统一六国，也难以完成像长城、秦陵和阿房宫这样的大型工程。中国在春秋战国之交，从贵族封建制度向地主官僚体制转变，并出现百家争鸣、经济繁荣的局面，同样与铁器的广泛使用有着密不可分的关系。从一定意义上来说，雅斯贝尔斯所说的"轴心时代"的出现，其实就是一种新兴的铁器文明。

农耕始于刀耕火种，没有铁器，人类便无法开发森林，往往将森林地区视为野蛮之地。因此，人类早期的农耕文明都出现在干旱的平原地带，如美索不达米亚。先秦时期，中国文明也大体仅限于干旱多草的北方平原。南方地区湿热多雨，山深林密，野兽滋生，直到秦汉以后，随着铁器的普及，中国文化开始向南渗透和扩展，"以斤斧童其山，而以锄犁疏其土"。这种农耕文化的南移持续了两千年。伴随着铁器的进步，是森林的消失和"大象的退却"。

史学家估计，汉代每年铁产量可达到5000吨左右，这无疑是当时世界最高的。汉代彻底完成了铁器化进程，这为汉帝国的对外扩张提供了极大的技术支持。弓弩作为极具杀伤力的远射兵器，一次性的箭矢消耗巨大，如李陵率五千汉军出征匈奴，一日之内便射出50万支箭。在当时，铸铁技术已经实现了箭头的大规模生产。汉代的铸铁化柔术和炒铁术堪称古代金属技术的奇迹，这使中国的铁制品在强度和韧性等方面大大提高。依靠武器精良，一名汉兵可抵三至五名胡兵。

汉代冶铁图。中国古代在冶铁技术方面非常早熟，汉朝依靠制铁优势，不仅一举击败了北方匈奴，而且促进了农业革命，南方森林地区得到开垦。图片来自郑州古荥汉代冶铁遗址博物馆壁画。

中国铁的生产，在产业革命以前的世界史上，具有世界范围的意义。自战国时代中国即盛行使用铁器，到了汉代就形成了一个高峰。中国的铁一直被贩卖到罗马的市场上。汉代所以能给匈奴打击使它向西方逃窜，就是因为使用了铁质的武器。[6]

中国古代历史上，北方游牧民族始终对南方农耕社会构成压力，并在后期两次完成全面征服（元朝和清朝）；究其原因，除了马的优势，铁制兵器也是一个重要因素，而中国铁矿资源主要分布在华北和东北。特别是汉以后，游牧民族完全掌握了冶铁技术，中国便长期被北方民族所宰制。

随着木制风箱的出现和普及，10 世纪晚期的中国生铁年产量就已经达到 12.5 万吨，而 1720 年英国的铁产量尚不足 2 万吨。直到 18 世纪欧洲工业革命之前，中国的钢铁业始终执世界之牛耳。

铁疯子的世界

铁的优点是强度和延展性。钢是铁的一个碳合金变种，含碳量小于 0.1% 为熟铁，0.1%~2% 为钢，2%~6.67% 为生铁。中国传统上将铸铁称为“生铁”，将低碳钢称为“熟铁”，将中、高碳钢才称为“钢”。熟铁太软，生铁太脆，钢铁既有较高的强度，又有不错的韧性，而且可经热处理，在较大范围调整其组织和性能。这是铜和青铜根本无法实现的。但钢铁的熔点几乎是青铜的两倍，因此熔化铁是一件极其困难的事情。在很长时间里，欧洲人只能使铁软化，而不能使它熔化；要得到一件理想的铁器，只能依靠不停地锻打。14 世纪，水力鼓风机出现以后，火的温度被提高到可以熔化铁的程度，铸铁才出现，这比中国晚了 1000 多年。

液态生铁的铸造技术是人类步入铁器时代之后一个巨大飞跃，从此以后，铁器能够依靠同一个模具，以非常廉价的方式批量生产。这种工具变革产生了巨大的社会影响，使铁成为廉价的、通用的、大众能够使用的工具或者武器。

长期以来，欧洲一直将木炭作为冶铁的唯一燃料。冶炼出 1 万吨铁，需要砍伐 10 万英亩的林地；而铁器的加工还需要同样多的木炭作为燃料。随着冶铁业的迅速发展，欧洲各地的森林资源很快就消耗殆尽。每一座高炉既是生铁的生产炉，也是森林的焚化炉；森林再生的速度根本无法与高炉吞噬的速度相比。当时可以这样说，一个国家的冶铁工业从很大程度上取决于它的森林面积。

在英国，冶铁业成为燃料黑洞，遭到全社会的指责："都是炼铁厂把英国的树木吞掉了。"虽然英国并不缺少铁矿石，但为了保护日益减少的森林资源，伊丽莎白时代不得不限制高炉数量。木材资源的枯竭，致使英国冶铁业陷入穷途末路。1720 年，英国总共只剩下 60 座高炉，不得不从国外进口大量的生铁。1750 年，英国有 80% 的铁来自森林资源丰富的瑞典。18 世纪末期，英国的森林覆盖率已经下降到不足 10%。

远古人类制造第一把石斧，或许就是为了砍树，铁斧的出现让砍伐更有效率，而为锻造铁斧和冶铁，需要更多地砍伐树木来做燃料。在这样一个恶性循环中，人类的乱砍滥伐使欧亚大陆的大片森林逐渐消失，木器时代走向终结，一个不可思议的铁器时代突然降临了。可以说是煤的出现，挽救了冶铁业。其实在森林资源同样稀缺的中国，很久以前就已经用煤来作为冶铁的燃料了。

煤与铁的诡异结合，与其说是挽救了森林，不如说彻底结束了一个延续达数千年的木器时代。人类从诞生之日起，就与之休戚与共的森林和木材，逐渐离开人类远去。来源充足的煤，大大降低了炼铁的成本，钢铁成为一种比木材更加廉价和易得的东西；而且钢铁的生产速度远远超过森林的再生速度，甚至它不受任何大自然的制约。

1762年，斯米顿引进了水力风箱，大大提高了高炉的温度，“取之不尽用之不竭”的煤和丰富的铁矿石相结合，使英国率先从木器时代进入钢铁时代。接下来，科尔特新创的搅铁法大大缩短了生产时间，提高了铁的产量，将以前12小时生产1吨棒铁提高到15吨，效率提高了15倍。在1791年生产1吨生铁需要8吨煤炭，在1830年则只需3.5吨。随着革命性的坩埚炼钢法的广泛采用，英国迅速由一个钢铁进口国崛起成为全球最大的钢铁出口国。

1720年英国铁产量仅为2万吨，1770年达到5万吨，1800年13万吨，1806年上升到25万吨，到1850年英国每年可产250万吨，1861年更增长到380万吨。铸铁和锻铁的产量都有增长。产量增加的同时，价格大幅下跌。1801年每吨熟铁22英镑，到1815年只有13英镑。

英国铁产量的迅速增长和价格下降，使铁已丰富和便宜到足以用于一般的建设。铁很快就占领了木器主宰的传统领域，从桥梁、车辆、船舶到建筑。廉价的钢铁全面替代了已经枯竭的木材，建立在煤与铁之上的工业时代全面来临。

如果说钢铁是工业革命的一个重要起点，那么这个起点可以追溯到1709年。这一年，亚伯拉罕·达比已经用焦炭冶铁。在此之前，他为自己的铸铁法申请了专利。达比用焦炭可以使液态铁达到更高的温度和更好的流动性，这样铸造出来的铁锅更薄更节省。达比的工厂源源不断地生产出价廉物美的铁锅，在很短的时间就改变了英国普通家庭的生活状态。对于那时的英国人来说，能够煮一锅热气腾腾的食

门采尔油画《轧钢厂》。这幅画作于 1875 年，最早题名为《当代巨人》，以表现产业工人在社会发展中的智慧与力量。

物，不仅是家庭富裕的象征，甚至还被视为投票权的前提。因此英国人将达比这位铸铁大师称为“新铁器之父”。

在欧洲，对人们日常生活影响最大的或许是铁制餐具。铁器时代的到来，使廉价的刀叉餐具很快“飞入寻常百姓家”，一改长久以来“手抓饭”的传统。

对于今天生活在钢铁丛林的城市人来说，或许无法想象 200 多年前人们对铁器的疯狂和迷恋。

作为第一代钢铁大王，约翰·威尔金森在 1776 年建造了世界第一座铁桥，这座跨度达 100 英尺的拱桥共有 3 条铸铁拱肋，甚至连桥面都是铁板铺就的，但结构上完全仿造木制大桥。当他造出第一艘铁船时，人们真的相信他是一个“铁疯子”——因为没有任何正常人会相信铁可以浮在水上。在1786年7月的赛文河上，人们却没有看到这个疯子制造的21米的“严厉号”铁船沉入水中。木材因其强度和自然长度，用它造船往往限制了船的大小，使用钢铁可以造出大得多的船，而船越大，则意味着运输成本越低。

威尔金森的世界完全是一个铁的世界：铁船、铁路、铁车、铁桥、铁房子、铁门、铁窗户、铁床。他为自己打造了一把铁椅子，还为自己制造了一口铁棺材。如今，我们已经生活在威尔金森的后铁器时代，汽车、钢桥和钢构建筑。

在钢铁的所有用途中，机器的位置是不言而喻的。具有非凡硬度和延展性的钢铁，天生就是制造机器的最佳材料，它是石材和木材根本无法与之相提并论的；甚至可以说，没有钢铁就没有机器，这就如同没有纸就没有印刷书，机器时代到来的前提就是钢铁的普及化。铁和钢既具有无与伦比的拉力和抗压力的特点，又具有形成各种形态并且无限期地保持该形态的性能，因而成为现代工业的基础原料。

“铁疯子”威尔金森作为终结传统木器时代的标志性人物，将人们引向一个真正的机器时代。

很少有人注意到，威尔金森真正算得上是瓦特蒸汽机的催生婆。1775年，威尔金森发明了能精密加工炮筒的镗床。瓦特蒸汽机对汽缸和活塞的加工要求甚高，而镗床的出现恰逢其时。威尔金森的镗床以水车驱动汽缸材料旋转，让刀具从材料的纵方向上前进，对汽缸内部进行切削。用这种镗床加工直径1.8米的汽缸，误差只有一枚硬币那么厚，这在当时属于极高的精度。镗床加工技术使汽缸内壁与活塞配合更加严密，大大减少了漏气，自然提高了蒸汽机的效率，而这常常被视为瓦特主要的贡献之一。

如果没有威尔金森的镗床，那么瓦特就无法制造出他的高效率蒸汽机。这说明了一个有趣的历史细节，钢铁工业和机械工业这两件发生在同一时代的技术革命必然要互相依赖。实际上，威尔金森也是瓦特蒸汽机的最早使用者，他用蒸汽机来驱动高炉鼓风装置。

随着钢铁机器对木器的替代，先行一步的棉纺织业也越来越依靠金属机械行业。1803年，霍洛克斯制造出了第一架铁制织布机，从此纺织机械终于走出了漫长的木器时代。此前不久，查尔斯·斯坦霍普恰好制成第一台全金属的印刷机，从而结束了自谷登堡以来墨守成规的木制印刷机时代。在这一时期，铁制机器在世界各处都在不可逆转地取代木制机器。

与木制的棉纺织机不同，蒸汽机从一开始就迫切要求冶金和机械制造等相关行业进行相应的技术革新。有人曾断言瓦特造不出他的蒸汽机，因为它超出了当时的加工精度水平。

在现代经济体系中，机械被认为是工业发展的重要基础。在工业革命历史中，机床作为“制造机器的机器”，它的出现具有划时代的意义。刨床、铣床、车床、镗床等机床，能根据事先设计，将金属加工成非常精确的几何形状。正因为有了精加工的机床，钢与铁作为制造机器的理想材料才变得前途无量。从这段历史来说，英国机床工业是现代“大规模生产”的真正先驱。1797年，亨利·莫兹里发明了一种螺纹车床，用来生产高精度螺丝钉，螺丝钉从此成为廉价的普通之物。

一切才刚刚开始

英国神童贝塞麦在他 18 岁时就发明了邮票印刷机，1855 年，他发明了划时代的转炉炼钢法。转炉炼钢法进一步将人类从铁时代带进了钢时代。

以前要几个星期才能炼成 10 吨钢，如今只需要十几分钟时间。在费用上，大批量生产的优质钢与铸铁和锻铁一样廉价，而此前钢的费用几乎是锻铁费用的 5 倍。短短数年之间，钢的价格下降了一半，而产量翻了几番，大量且廉价的钢材被用来制造各种工业机器、运输机器和战争机器。从 1865 年到 1898 年，英国钢轨价格从每吨 165 美元下降到 18 美元，同期的铁轨价格则从 99 美元降到 46 美元，而钢轨的使用寿命是铁轨的 6 倍。在 1870 年至 1900 年的 30 年间，世界铁产量增加了 16.6 倍，而钢产量增加了 120 倍。

1865 年，英国铁产量为 481.9 万吨，遥居世界第一。一位英国爵士感慨地说："钢铁的气质已经把我们英格兰变成了一个带铁面具的人。"极盛时期的联合王国成为第一个钢铁王国，它生产了全世界 53% 的钢铁、50% 的煤，消耗了全球一半原棉产量，全世界 1/3 的商船挂着英国的旗帜。联合王国的人口占全世界人口的 2%，占欧洲人口的 10%，却拥有 50% 左右的世界现代工业能力。

"全世界都必须到英国购买铁轨，英国人生产得又快又好，假装能在这方面和他们竞争只不过是白费劲。"在 1838 年内史密斯蒸汽锤开始普遍使用以后，英国的钢材加工技术已经非常完善。1863 年，随着第一艘钢壳船和第一辆钢铁机车拉响汽笛，一个无所不能的钢铁机器时代开始了。

正如报纸是印刷机的产物，铁路也是钢铁的产物，只有钢铁廉价到足够被用来铺路时，铁路才会出现。早在火车诞生之前，就已经有“铁路”，不过铺的是木制轨道。因为木材比铁更廉价，且更易加工。铁轨比木轨结实耐用得多，但每一英里铁路就需要约 700 吨铁。铁轨取代木轨，完全取决于是否经济。1738 年，英国怀特黑文煤矿出现了最早的铁轨；1767 年，理查德·雷诺兹用铁轨代替木轨，把科尔布鲁克戴尔的矿山与高炉联系起来。当达比在煤溪谷建立铁轨铸造厂之后，铁轨的使用开始普及；当时，连接南威尔士佩尼达兰制铁厂和格拉摩根运河的铁路长达 16 公里。

从经济角度来说，推动和支撑火车运转的并不是蒸汽机，而是钢铁。在 19 世纪后期的美国铁路建设高峰期，铁路消耗了美国钢铁产量的一半以上。一个英国宪章派织工的儿子来到美国 30 年后，成为美国钢铁业的缔造者——“钢铁大王”卡内基。他说过一段无可非议的大话：

> 从苏必利尔湖开采 2 磅铁石，并运到相距 900 英里的匹兹堡；开采 1 磅半煤，制成焦炭并运到匹兹堡；开采半磅石灰，运至匹兹堡；在弗吉尼亚开采少量锰矿，运至匹兹堡——这 4 磅原料制成 1 磅钢；对这磅钢，消费者只需支付 1 分钱。

从拿破仑战争开始，钢铁彻底改变了欧洲的面貌。滑铁卢战役胜利后，惠灵顿公爵很应景地被人们称为“铁公爵”。

1851 年，如日中天的大英帝国在海德公园建起了一座“水晶宫”，在此举办“万国工业成就大博览会”，即首届世博会。从印刷机、铁路机车、液压机到联合收割机和左轮手枪，这次“世界博览会”上展出的 10 多万件工业展品，吸引了来自全世界的 1.4 万名参展者和 600 多万参观者，他们目睹了工业革命带来的“英国奇迹”。“我们什么都能做。”——维多利亚女王写在 1851 年 4 月 29 日日记中的一句话。

由 3300 根铁柱、2300 条铁梁和 84000 平方米的玻璃，用 9 个月时间建造的水晶宫，创造了一种崭新的建筑秩序。设计者帕克斯顿因此从“无知的花匠”摇身一变成为“现代建筑之父”。钢铁与玻璃彻底将建筑从传统的沉重的土木结构中解脱出来。

水晶宫成为工业革命时代的重要象征物；在接下来的铁路时代，水晶宫几乎成为每个火车站设计的灵感来源。人们禁不住地畅想，莫尔的“乌托邦”是否即将变成现实。水晶宫如同一座现代的“巴别塔”，它所体现的现代文明展示了理性与科学所代表的未来——“水晶宫博览会是一个新的工业时代的庆典，是英国毋庸置疑的首要工业国地位的庆典。它还可以被视为一个作为维多利亚时代理想的进步、启蒙和现代性的庆典，借助于机器征服自然的庆典，欧洲一种新的社会秩序的胜利庆典。非凡的宫殿为机器和商品，而非侍臣和镀金装饰而造，这一事实生动地象征了基于上帝和国王的权力的旧时代，向基于蒸汽机械和企业家权力的新时代的转变。”[7]

在水晶宫之后，1889 年的博览会诞生了埃菲尔铁塔。钢铁对于埃菲尔，就如同石头对于罗丹。纪念美国革命 100 周年的自由女神像和纪念法国革命 100 周年的埃菲尔铁塔一起，成为钢铁时代到来的丰碑。埃菲尔的这两个钢铁作品代表着未来，它们不仅展示着一种关于美的全新理念，而且开启了一种钢铁时代的全新建筑风格——摩天大楼。

92 米高的自由女神像以 120 吨的钢铁为骨架，用 30 万只铆钉装配固定在支架上，总重量达 225 吨，组装安装完毕后，她便成为美国的象征。如果说钢铁对自由女神像还只是手段，那么钢铁对埃菲尔铁塔就是目的。300 米高的埃菲尔铁塔刺破了现代的天空，7200 吨锻铁构成的 1500 多根巨型预制钢梁和 18038 个部件，被 250 万个铆钉紧紧地凝固在一起，精确度达到毫米级。整个铁塔完全按照现代工厂方式生产安装。

1851 年，英国在水晶宫开创了世界博览会，从此，现代世界有了一个展示最新技术和不同文化的舞台。

尽管人类对天空充满无限的向往，但人类还是站在坚实的大地上。据说埃菲尔铁塔对地面的压强跟一个人坐在椅子上差不多。埃菲尔铁塔向世人展示了史诗般的物质时代和钢铁对人类文明的巨大推动作用。这座顶天立地的 A 字形“镂空雕塑”在 1889 年 3 月 31 日落成后，不仅成为当时世界最高的建筑，也成为工业成就的凯歌和科技进步的“铁证”。如果说巴黎圣母院是古代巴黎的象征，那么埃菲尔铁塔就是现代巴黎的标志。

“一切始于世博会”，在世博会上诞生的水晶宫和埃菲尔铁塔树立了钢铁时代的图腾。如果说钟楼是古代城市的标志，那么从埃菲尔以后，铁塔就成为现代大都市的标志。对人这种直立动物来说，高度代表着权力。钢铁堆砌的电视塔、观光塔、旅游塔，作为每个城市制高点和现代地标，愈演愈烈地演变为一种宗教狂热般的权力美学。尼采说：“建筑是一种权力的雄辩术。在建筑中，人对万有引力的胜利和追求权力的意志都能成形可见。”本雅明的话像是一种补充：“随着钢铁在建筑中的应用，建筑学便开始超越艺术。”

值得一提的是，在水晶宫这场“所有展品都是由人的创造力设计出来的展览会”中，有一块 24 吨重、未经任何人雕琢和设计的煤，它带给人们的深刻印象和象征意义，或许超过了其他所有展品。

第4章

拉响工业革命的汽笛

蒸汽机作为一个典型的象征物，为钢铁机器装上一个强健有力的引擎。工业革命从英国发轫，席卷整个西方世界。蒸汽取代人力，工业取代农业，民主取代专制，城市取代乡村，依靠技术创新和观念创新，西方先贤筚路蓝缕，为人类开辟出一条现代之路。

在很长的时间里，无论东方还是西方，侍奉神灵的寺院都如同机器一般刻板而严肃。在一定程度上，犹如世外桃源的教会为机器的出现创造了条件。11世纪的西多会修士曾经制造和发明了许多机器。他们的修道院就像小型工厂，里面装备有纺织机、碾磨和锯木机等各种机械。他们还拦河筑坝，引水驱动修道院的水车，给各种机器提供动力。

正如鲜花植根于泥土，正是中世纪孕育了所谓的“现代”，它创造了城市、民族、国家、大学、磨坊和机器、钟点和时钟、书籍、餐叉、内衣、人格、意识以及革命。在前机器时代，人们按照大自然的样子制造机器，早期机器实际只是大自然的仿制品。科学革命和启蒙运动之后，理性主义使时间和技术从大自然中分离出来。作为功用和效率的工具，机器革命就这样开始了：蒸汽机代替了马，钢铁代替了木材，水泥代替了石头。

“伴随着哥伦布和哥白尼的脚步，出现了望远镜、显微镜、化学元素，最后就出现了巴洛克时期大规模的工艺大全。然而此后，与理性主义同时，出现了蒸汽机的发明，它推翻了一切，使经济生活从根本上改变了面貌。”斯宾格勒把西方文明命名为“浮士德文明”，汤因比则强调现代西方文明的机械与技术取向。

人类发明机器，既是对自然和动物的模仿，也是对人自身的模仿，直到最后以机器取代自然、动物和人类本身。1829 年，托马斯·卡莱尔以“机器时代”命名这个轰轰烈烈的机械化运动。

追根溯源，机器时代之所以滥觞于欧洲，应当说是其来有自。早在很久之前，罗杰·培根就预言说：“人们将制造出这样的仪器，巨大的船只需一个人就能驾驶，其速度之高，即使水手成群都难以达到；建造出来的战车不用动物来拉，但可以达到惊人的速度；建造的飞行器像鸟一样以其人造翅膀拍打空气，乘客可以舒适地坐在其中思考任何问题……机器还可以在海底或河底行走，而无须船舶。”以画家著名的达·芬奇曾经留下了一长串发明清单，几乎就是现代机器时代的一个提纲。作为业余机械师，他构思了水下呼吸装置、拉动装置、发条传动装置、滚珠装置、反向螺旋、差动螺旋、风速计和陀螺仪等；他设计了数不清的机器，如机关枪、降落伞、自行车、照相机、坦克、挖掘机、潜水艇、直升机等，他甚至还设计了第一个可程序化行动的机器人。

这一前机器时代，也算得上是手工业的黄金时代。当时，西欧已经普遍出现了简单的旋床、钻床、磨床，以及拔丝机、轧延机、起重机，甚至还有2吨的重力锤。应当承认，当时的机械制造已经达到一个相当高的水平。但当机械效率达到一定程度，动力源却成为一种无法逾越的制约。

在传统经济中，人即使不是唯一的动力来源，也是主要的动力来源。人体肌肉的力量构成古代社会的主要动力。特别是在中国，因为人力资源的丰富且廉价，使人力成本远低于畜力成本，甚至水力和风力。

人是一种很脆弱的动物，与很多动物相比，人类的身体并不强壮。一个人可以产生的持续动力大约只有0.1匹马力左右；在极短的时间内，或许可以达到1匹马力。可以说，古代社会的主要推动力，永远是人类那微不足道的0.1匹马力。古埃及法老修建胡夫金字塔，用了10万人20年之力；秦始皇为自己造陵用了39年，李白写诗“刑徒七十万，起土骊山隈”。

在自然条件下，古人尽管使用了很多提高效率的工具和机器，但动力源本身依然是非常有限的。在棉花革命的带动下，造纸、榨油、印刷、制铁等行业的机器革新迅速发展起来，但最后都遇到了动力瓶颈。工作机革命必然向动力机的革命迈进，一场动力和能源革命迫在眉睫。

相比古代中国而言，中世纪欧洲在动力技术上发展较快，风力、水力和畜力得到广泛使用；特别是风力和水力，为人们打开了制造动力机的思想源泉。这种动力远远大于人力和畜力；同时，这些原始的动力机，大大锻炼了人们制造机器的创造力和工艺水平。

现代社会有一个最大特征，就是在科学技术支持下的工业化。一个没有工业的农业社会只能是古代的。所谓工业，则起源于动力革命。机械自古就有，如双手操作的织布机。这些机械属于手臂的延

推石碾的女人。人类几千年来，可以利用的力量主要是肌肉力，包括人力和兽力，麦克尼尔称之为“肉体能源社会”。

伸，离开人的双手，机械就不能转动。风力和水力的利用出现了机械自动化的萌芽，因此布罗代尔认为这是最早的工业革命。

在中世纪，风力和水力驱动的磨坊几乎是众所周知的唯一一种工业机器。风力和水力属于自然动力，本身不需要成本，但缺点是自然环境的限制。棉花革命时期，水力机迫使工厂不得不设在水流量大的河流旁边，工业因此被禁锢在边远的局部地区，甚至交通极其不便。

一切机器的目的都是为了解放。如果说水力机解放了人力，那么蒸汽机就解放了地理限制，使工业获得了自由；换言之，蒸汽机将动力从自然状态解放了出来，因此成为动力革命。

一场煤炭革命

从历史来看，经验往往比理论更早地出现。在火器和蒸汽机出现很久之后，人们仍然无法对其运作原理予以准确的解释。事实上，枪炮与蒸汽机的原理非常接近。早期的加农炮就是一台单缸内燃机，它应是人类第一个有控制地将热能转变为动能的实例。发明钟摆的惠更斯就曾经试图制作一台火炮式的工作机。从原理上来说，蒸汽机几乎是火炮的变种；但与煤炭相比，控制火药的难度无疑要大得多。

正如大炮是火药的产物，蒸汽机完全是煤的产物。

1700 年前后，森林资源枯竭的英国不得不大量地使用煤炭做燃料。虽然中国也很早就以煤为燃料，但中国的煤矿多位于地下水位较低的西部山区，而英国煤矿大部分位于海岸及河流（天然河流及运河）附近，这使得煤矿的地下水位普遍较高。随着矿井越挖越深，排水就成为制约产煤的严重问题。最早人们用马力转动辘轳来排水，一个煤矿常常养着几百匹马。马要吃要喂，巨大的饲料耗费使排水费用居高不下，一些煤矿因此失去了开采价值。

为了解决矿井排水问题，英国人纽可门于 1705 年制成了实用的蒸汽机水泵。它利用水蒸气推动活塞做上下直线运动，每分钟往返 16 次；每往返一次，可将 45.5 升水提高到 46.6 米。从 1712 年起，英国大部分煤矿都安装了纽可门蒸汽机。

蒸汽机的出现，给矿主们带来了丰厚的利润，这使深层煤矿也得到开采。对许多已经被地下水淹没的煤矿来说，蒸汽机算得上是伟大的拯救者。

蒸汽机只需要水和煤，就可以提供巨大的动力。对于被水淹困扰的煤矿来说，水和煤几乎都是免费的东西；但对远离煤矿的工厂来说，仍然难以支付蒸汽机对煤的巨大消耗。即使在煤矿，虽然煤是免费的，但供应蒸汽机运转的煤炭却需要几十匹马来运送，马匹的饲料依然对矿主构成巨大压力，“蒸汽机燃料消耗之巨大，严重制约了我们采矿的利润，因为任何一台大型火力引擎每年都要消耗价值 3000 英镑的煤。这好比对生产课以重税，简直就是一道禁令”。

纽可门蒸汽机在诞生半个世纪之后，基本没有什么变化，直到瓦特的出现。

机械师瓦特在修理纽可门蒸汽机时，发现只有 25% 的蒸汽被用来做功，他对此开始进行改进。经过瓦特改进后重新设计的蒸汽机，需要高精度的汽缸、活塞和其他零配件，而要制造这些金属部件，必须有先进的金属加工设备、熟练的机械加工和装配工人。仅仅为试制一只冷凝器，瓦特就已经变卖了所有家当。关键时候，工业家罗巴克向瓦特伸出援手，条件是获得瓦特的专利权和 2/3 的利润。这一经济合同具有非凡的历史意义，它开辟了科学研究和工业生产相结合的道路，同时也开创了最早的工业研发（R&D）实验室模式。

虽然蒸汽机的原理早就已经为人所知，但将一种理论变成实用的机器，仍需要一个复杂的过程，比如活塞、轴承、螺旋线、联动齿轮及传动部件等，这些都离不开精密的科学计算、机械加工和装配。瓦特与发明飞梭的约翰·凯伊因此存在着明显的不同：凯伊只是一个木匠，而瓦特更像一个工程师或者科学家，他为此绘制了大量图纸。

现代人都知道，机床与机械制图是制造蒸汽机过程中不可或缺的技术；前者是精密制造的工具，后者是技术人员之间的沟通工具，而

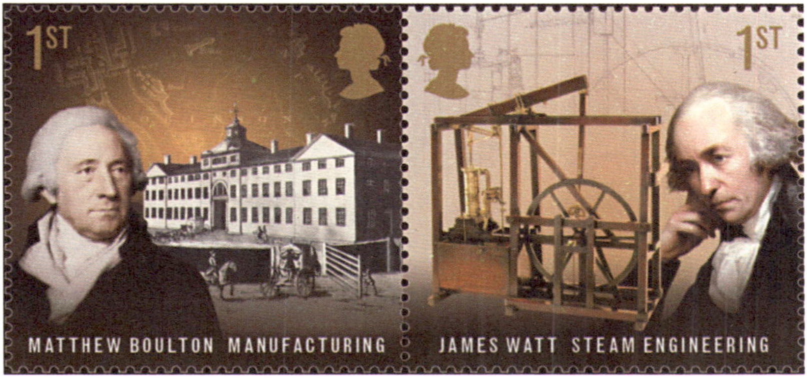

邮票上的瓦特和他的商业伙伴博尔顿。如果没有博尔顿的资助与合作，瓦特的蒸汽机就不可能成为现实。他俩的合作开创了一种典型的现代商业模式。

中国技术传统却缺乏这两项核心技术。这或许也是中国难以出现工业革命的技术原因之一。

1769 年，在新合伙人博尔顿的资助下，瓦特制造出装有分离冷凝器的新式蒸汽机，这比纽可门蒸汽机的热效率高 2 倍。1781 年，瓦特研制出了被称为“太阳和星”的齿轮联动装置，把活塞的往返直线运动转变为轮轴的旋转运动。旋转的轮轴可以通过齿轮或链条带动任何工作机。次年，瓦特又研制成功双向高压蒸汽机，功效又提高了 1 倍。在蒸汽机效率相同的情况下，瓦特将每年的耗煤量从 1.9 吨减少到 0.6 吨。它可以为矿主们节约 2/3 的燃料消耗，这使得不少之前因燃煤费用高昂而废弃生产的煤矿又重新开始运营。

瓦特蒸汽机改变了英国。1750 年英国煤产量不到 48 万吨，1790 年增至 762 万吨，1795 年超过 1000 万吨。事实上，瓦特蒸汽机与纽可门蒸汽机已经不是一回事：如果说纽可门蒸汽机只是一台煤矿专用的抽水机的话，那么瓦特蒸汽机就是一台万能的动力机，虽然它同样离不开煤。

从焦炭炼铁到蒸汽机出现，煤炭成为工业革命的基础因素，从这个意义上说，这也是一场煤炭革命——“煤炭革命释放了来自动植物化石遗体中的能量，改变了19世纪全球的物质能源文化，并且成了一个分界点，将世界分成了现代世界和现代之前的世界。”[8]

1776年，当瓦特和新伙伴博尔顿开始销售他们的“力量（Power）”时，蒸汽机已经出现了整整70年，当时已经有600多台纽可门蒸汽机在运行。瓦特的贡献在于，他将蒸汽机的效率提高了4倍，并实现了圆周运动，这使建立在轮子之上的现代工业有了一个伟大的起点。虽然瓦特的第一台蒸汽机只有4.4千瓦的功率，但与传统的纽可门蒸汽机相比，它体积更小，耗煤量更低。20年后，瓦特蒸汽机的功率已经提高到140千瓦。到1800年，已有500台瓦特蒸汽机在使用，其中38%的蒸汽机用于抽水，其余的为纺织厂、炼铁炉、面粉厂和其他工业提供旋转式动力。著名陶瓷商韦奇伍德率先使用蒸汽机进行原料研磨和搅拌。

瓦特不仅极具发明创造的天赋，而且善于精打细算。这种对经济价值的追求充分体现了现代的技术理性。他在以第三人称口吻撰写的“自传”中说：“他的脑海中始终萦绕着如何才能制造一台既便宜又优良的发动机。”1790年，瓦特—博尔顿公司获得了蒸汽造币机的专利。在很短的时间内，蒸汽机就在世界范围内迅速改写了货币的定义。1785年，英国出现了第一家以蒸汽为动力的棉纺厂；50年后，钢铁的蒸汽机全面取代了木制水车。1813年，英国有2400台动力织布机，1820年有1.4万台，到了1833年，增长为10万台。蒸汽机的出现将纺织机催生的工业革命带向更完美的境界，纺织业成为第一个因蒸汽机而走向商业化和工业化的产业。1800 年，一台由蒸汽机驱动的走锭纺纱机的效率与 300 个工人相当。到 1844 年，一台 100 匹马力的蒸汽机带动 5 万个日产 62500 英里的细棉线的纱锭；在这种工厂中，1000 个工人纺出的棉线，相当于不使用机器的 25 万个工人所纺出的棉线。

从绝对意义来说，一台风车的功率最大不过 5 马力，水车的功率更只有区区 2 马力；相比之下，蒸汽机的功率要大得多，而且不断增长。瓦特蒸汽机最具革命意义的是其经济性。一台瓦特—博尔顿公司制造的 60 匹马力的蒸汽机，每天工作 8 小时，一年的花费仅为 1565 英镑，约为同一时间内养一匹马的费用的 1/5；也就是说，同样成本下，蒸汽机效率是马匹的 300 倍。有人对当时英国采煤业做过计算，一磅优质烟煤蕴含 3500 大卡的热量，一个矿工如果摄入 3500 大卡的食物热量，用手工工具一天可以挖出 500 磅煤；一部纽可门蒸汽机如果只把 1% 的热能转化为机械能，500 磅煤就可以做 27 马力时的功，而一个矿工一天只能做 1 马力时。也就是说，一个人可以借助蒸汽机将自己功率放大 27 倍。而且，蒸汽机永远不需要休息，而一个人或一匹马在 24 小时内，真正的工作时间往往不超过 8 小时。

瓦特蒸汽机一经问世，不仅使煤炭成本进一步降低，也让使用蒸汽机作为动力的工厂大大降低了燃料支出，导致产品成本大减；这一方面增强了英国产品的国际竞争力，另一方面也使工人工资有了进一步提高的空间。毫无疑问，蒸汽机是英国送给 18 世纪人类世界的最伟大献礼。

1818 年，美国国务卿丹尼尔·韦伯斯特在波士顿力学研究中心发表演讲时，这样称赞伟大的蒸汽机——

它可以开船、抽水、挖掘、载物、拖曳、举物、锤打、织布、印刷。它仿佛一个人，至少属于工匠阶级："停止你的体力劳动，终止你的肉体苦力，把你的技能与理智用来引导我拉动力，我将承担这所有辛劳。不再有任何人的肌肉感到疲惫，不再有任何人需要休息，不再有任何人会感到上气不接下气。"[9]

1836年，一本普及蒸汽机知识的小册子写道：

在克伦威尔士诞生了一台蒸汽机，据说这台蒸汽机只需要燃烧1蒲式耳（约合36.37升）煤……便可以把56.7吨的重物举高30厘米。埃及金字塔重580万吨，修建它耗费了10万劳力整整20年时间，而现在只需要燃烧497吨煤，竟然就可以把它举起来。[10]

真正的盗火者

18世纪末19世纪初，历史来到一个重要的节点。从这里开始，人类摆脱长期来自人口数量、食物供给、长途迁移和劳动产量等方面的限制，蒸汽机成为第一个革命性的突破口。数千年来，人类文明从未出现过如此剧烈的转折和提速，就好像突然间得到了阿拉丁神灯。机器不知疲倦地轰鸣，汽笛划破长空，数不清的工厂和烟囱拔地而起，布和铁源源不断地流向世界。英国人掘开了一个亘古未有的财富源泉。

瓦特蒸汽机的非凡意义在于，第一次通过人造机器，热能被转换为机械能。从此以后，来自木材和煤炭的火，不仅可以用于加热和照明，也可以用于抽水、提升重物、移动物体或驱动机器。自 300 年前谷登堡掀起印刷革命以来，瓦特蒸汽机无疑是最为重要的技术革新，也许只有蒸汽机的发明可以和火的使用相提并论。发明火是人类与自然的第一次互动。在古希腊神话中，普罗米修斯为人类偷来了“火种”，从现实意义上来说，瓦特才是真正的“盗火者”——蒸汽机将火变成“力”，从此根本改变了人类在自然界的地位。除了人力之外，人类第一次获得了一种比风力、水力和畜力更为强大也更加可控的动力。当人们不再靠着自身和家畜肌肉收缩的微薄力量从事生产活动，并且变得越来越“力大无穷”时，征服自然的雄心和创造财富的激情便与日俱增。

作为一种核心技术，瓦特蒸汽机成为工业革命的引擎。这种不可抗拒的力量进入煤矿、铁矿、纺织、冶金、机械等各种新兴行业，在蒸汽机的轰鸣声中，工业革命的大幕徐徐拉开。一切都那么惊世骇俗。

1851 年的伦敦首届世博会中，蒸汽机是当仁不让的第一主角。琳琅满目的蒸汽机与水晶宫相映生辉。8 个锅炉共 800 马力，通过地下管道将高压蒸汽送到机械展览区。最新式的蒸汽锤和水压机、起重机、纺织机、印刷机、脱粒机、信封机、车床、圆锯等，在蒸汽机的驱动下大显身手。齿轮的铿锵和皮带的节奏汇合成工业时代的交响乐。

在瓦特蒸汽机诞生 100 年后，1876 年的费城世博会几乎就是蒸汽机博览会。美国工程师考里斯制造了当时世界最大的蒸汽机，功率 1400 马力，重 56 吨，双汽缸高 14 米，巨型飞轮直径达 9.1 米。5 月

10 日，美国总统格兰特用手柄启动了这个庞然大物，宣告世博会开幕——刹那间，所有的机器一起“醒来”，它们的能量全部都来自这台蒸汽机。在 6 个月的世博会期间，考里斯蒸汽机成为机械馆的“心脏”和世博会的“火炬”，音乐家甚至专门谱写了《考里斯进行曲》。两年后的巴黎世博会上，法国施耐德钢铁公司制造了一台硕大无朋的蒸汽锤，高 20 米，仅铁砧就重达 320 吨。这是自古以来力气最大的“铁匠”，一锤砸下去有 100 吨。

蒸汽机横空出世，从此以后所有的“力气活”都可以交给蒸汽机来干。在朴次茅斯的造船厂，由 30 马力蒸汽机驱动的 43 台机器，每年可以为英国皇家海军制造 13 万套标准滑轮组。蒸汽机驱动的织布机、冶轧机、铁锤、抽水机可以不知疲倦地工作。纺织厂、钢铁厂、木材厂、造纸厂、印刷厂不再需要临河而建，吱呀作响的水车和风车从此仅仅作为一种田园风景存在。从新工厂传来的机器的嘈杂声，打破了几千年来乡村的宁静，整个英国的夜空都被锅炉里发出的火光映得通红。

从前，当人们看见教堂的尖顶时，就知道离城市不远了，而现在最先映入眼帘的是高大的烟囱，“没有其他任何东西，比熔炉顶端不断冒出的黄色火焰更壮丽，更惊人”。在 1850 年的美国，风力提供了 14 亿马力，水力提供了 9 亿马力，烧煤的蒸汽机只提供了 4 亿马力；而到了 1890 年，这个能量比例发生逆转，蒸汽机占据了 90% 的绝对比例。40 年时间，蒸汽机迅速取代了水车和风车，瓦特成为摧毁风车的真正的堂吉诃德。

1807 年，英国议会通过了废除奴隶贸易法案；与此同时，全世界最大的工厂建筑群也在曼彻斯特的安科茨落成，这些工厂都靠蒸汽机提供动力，并用煤气照明。从历史角度看，奴隶获得解放与蒸汽机诞生，这二者之间无疑存在某种内在联系。

瓦特蒸汽机的出现，导致当时西欧和北美洲每人可以得到的能量超过世界其他地区数十倍。从1850年到1870年，世界蒸汽动力从400万马力猛增到1850万马力。随着能量成兆上亿地剧增，英美等国的人口数量也迅速激增，其幅度之大是从前任何一个时代都认为不可能的。1483年，英国只有500万人，经过将近3个世纪的发展，总人口才达到900万；但仅仅19世纪的上半叶，英国人口就翻了一番，达到2400万，而且60%的人都生活在城市。

根据历史学家霍布斯鲍姆估计，1870年，英国人口是3100万，但却燃烧了整整1亿吨煤；这相当于800万亿大卡的热量，足以供养8.5亿成年男子；全英国的蒸汽机的动力约为400万马力，这相当于4000万名成年男子所能产生的力。这样多的人一年会吃掉3.2亿蒲式耳的小麦，这比整个英国粮食年产量的3倍还要多。法国人卡诺断言："如果今天把英国的蒸汽机拿走，就相当于抢走了英国的钢铁和煤炭，枯竭了它的财富源泉，毁灭它实现繁荣的手段和力量。"

在滑铁卢打败拿破仑的威灵顿被称为"世界征服者的征服者"，屡屡击败法国海军的纳尔逊堪称英国海军之魂。而1835年的一位英国作家赞扬道："英国之所以能够称霸世界，阿克莱特和瓦特的功劳比纳尔逊和威灵顿更大。"关于蒸汽机对英国的历史意义，房龙有过这样的对比——

> 一个几乎寸草不生、依赖有限耕地的国家，一个从未有过足够布匹、不能给自己的国民提供一件外衣和一条马裤的国家，一个没有足够的咖啡壶和平底锅，且不能让每个男

人、女人、孩子用上自己刀叉和盘子吃饭的国家——一个如此贫困的国家却迅速地进入了一个繁荣的时代。[11]

蒸汽机这种无生命的动力源，使工业完全突破人类生物学的限制，惊人地提高生产力和增加财富；从而使人类彻底摆脱了马尔萨斯陷阱，再也用不着屈服于迅速增长的人口压力。到1888年，英国拥有的蒸汽机动力翻了一番，达到920万马力，而美国更是达到1440万马力。在传统时代的欧亚大陆，北方游牧民族因为拥有巨大的马力，常常能够以少胜多，凌驾于缺少马力的南方农耕民族。进入蒸汽

莫奈油画《圣拉扎尔火车站》。作为印象派大师，莫奈用他的画笔谱写了一首工业文明的赞美诗，蒸汽机喷出的白雾缭绕，瑰丽而又朦胧，神龙见首不见尾。

机时代后，西方工业国家对其他农业民族产生了类似的力量优势，只不过从马力变成了蒸汽力。面对现代蒸汽机，那些传统的游牧民族也显得脆弱不堪。斯塔夫里阿诺说："19 世纪欧洲对世界的支配，与其说是以其他任何一种手段或力量为基础，不如说是以蒸汽机为基础。"

对蒸汽机的运行来说，煤炭和资本是两项主要成本。随着高压蒸汽机的问世，耗煤量大大降低，而且结构更加轻便，造价更低廉。从此以后，就连没有煤炭资源的地方也可以用得起蒸汽机。不仅如此，蒸汽机的生命力也远比人们想象的更长久。进入电力时代之后，蒸汽机逐渐退出历史舞台，但作为电力主要来源的火力发电，其实仍然使用的是蒸汽机原理，即汽轮机。即使更先进的核能发电也是如此。它以核反应堆产生的热能加热水来产生蒸汽，从而推动汽轮发电机。

现代文明的火车头

蒸汽机诞生之后，煤和铁成为这个时代最显赫的商品；接下来，铁路将这两种商品整合在一起，从而产生了不可思议的奇迹。马克思称之为"世界的加冕式"——"英国发明了蒸汽机，英国修筑了铁路，而这两件东西，我们认为，却抵得上一大堆思想。可是英国发明这些东西，是为了自己，还是为了全世界呢？"

前面说过，早期的铁路基本都是用马拉动的。蒸汽机对马的替代、钢铁对木材的替代，最终演变为火车和铁路。

瓦特发明蒸汽机之后，便迷上了"公路蒸汽机车"，设想用蒸汽代替畜力来驱动车辆行驶。1801 年圣诞夜，英国人特拉维斯科的"喷气怪物”标志着火车的诞生。这台用来驱动轧钢机的蒸汽机被装上了轮子，然后牵引着5节车厢，装载着70名乘客和10吨铁，以每小时8公里的速度行驶在普通路面上……1829年10月，史蒂文森因为行驶在铁道上的“火箭号”的成功而成为“现代火车之父”。在钢铁轨道上运行的钢铁车轮由蒸汽动力机车牵引，车辆的承载量比马车高10倍，乘客数量比马车多几十倍。这种对距离与成本公式的重新演算，直接改变了人们的生活方式，以及经济和社会格局。

火车一下子把从伦敦到爱丁堡的旅行时间从2个星期缩短到2天。在火车出现之前，人类可以移动的最快速度为马的奔跑速度，即每小时60公里左右，火车的出现将这个速度提高了一倍以上。

蒸汽火车的出现，几乎是人类对于现代文明印象最为深刻的初体验，时间、空间、力量被技术改变了。

为了将利物浦码头的棉花尽快运往曼彻斯特的棉纺厂，一条31公里的铁路很快就铺好了；在第一年里，除了货物，它还运送了50万人次的旅客。从1830年铁路运行开始，英国运河运费便从每吨货物15英镑下降为10英镑；与运河相比，铁路更加准确、迅速、可靠。到1840年，蒸汽火车已经将英国的主要城市连接起来，每英里年运送货物的能力超过运河55倍。与此同时，陆运费用也大幅骤降。火车的运费只有马车的1/8，而且速度要快好几倍。

自从火车发明以后，旅行就成了现代生活的象征和符号。随着廉价车票的出现，仅仅1845年一年，就有4800万乘客搭乘了英国铁路。在火车出现之前，人们一般不会离开自己的家和村子太远，如果说世界是一本书，那么不旅行的人只能看到其中一页。有记者说，"英国人对自己的国家就像对月球一样一无所知"，很多人甚至没有见过大海，火车带来的旅行潮流改变了这一切。

火车带来的旅行和城市化，增强了人们在更大范围内的流动性，创造了一个充斥着陌生人的社会。现代法治与官僚体系因之出现，以支持远方的陌生人之间的经济、社会和政治关系，英国成为第一个现代社会。

1855年，英国的铁路里程已经达到12800公里，火车票价下降到从前的1/10，人们的出行成本大大降低。铁路一旦达到一定的规模，就会发生决定性的改变，其革命性的价值才得以体现。如果说商业是工业化英国的血液，那么铁路就是英国的动脉和静脉。

1845年，英国政府颁布法令，规定铁路的标准轨距为4英尺8.5英寸，即1435毫米，这个英国标准后来成为世界标准。火车像钟表一样准确运行，它比钟表更有力地实现了时间的统一，同时也使时间变成现代生活的大纲。随着铁路网的延伸，格林尼治标准时间也无远弗届地成为世界标准时间。英国通过铁路这种媒介建立了一种全新的世界秩序，这就是现代文明的“火车头”。

铁路与火车成为人类命运的象征，历史如同火车这个钢铁巨兽身下冰冷的铁轨，伸向无穷的远方。铁路引发了技术和组织的重大变革，铁路建设不仅刺激了经济的发展，也完全改写了陆地的面貌。

与英国相比，火车对美国、德国、西班牙和俄罗斯等大陆国家显得更具革命性，它们不约而同地将铁路视为国家整合的手段——“铁路是工会、社会和国家统一的黏合剂”。铁路推动的长途贸易，迫使各个城邦不得不降低关税，德意志联邦走向统一。到1871年，39个联邦被铁路连为一体。铁路带来的廉价运输也使德国放弃了传统的木炭炼铁，转用煤炭。普鲁士国王威廉四世在柏林—波茨坦铁路通车典礼上说：“人的臂膀再也无法阻挡这个驶向全世界的列车。”

美国第一条铁路于1830年5月24日建成通车，此后一发不可收；不到20年时间，便达到15000公里，超过了英国铁路总里程，1870年达到48000公里。此前一年，横穿美国大陆的太平洋铁路建成。从纽约到芝加哥的旅途时间从3周减少到3天。美国原有的300多个时区在铁路时代变成4个时区。“铁路是工业的北方与农耕的南方之间巨大差距的最好象征。”铁路刚刚诞生，就决定了美国内战的结局，北方拥有21000英里的铁路，而南方只有7000英里。

铁路促进了军队的快速部署，在更短的时间内可以集结更多的军队，战争的规模突然间被放大了，战火蔓延到更广阔的地方。富勒就说，真正“全国皆兵”制的始祖不是拿破仑或克劳塞维茨，而是史蒂文森。在铁路的主导下，一场局部战争往往会很快失控，变成一场全面战争，甚至是世界大战。可以说，是铁路为两次世界大战铺平了道路。“第一次世界大战的爆发，起因是递交到欧洲政治家们手里的列车时刻表。在铁路时代，谁都没有料到它会成为重中之重。”最讽刺的是，第一次世界大战的结束和第二次世界大战的开始，竟然都发生在同一节列车车厢（即“福煦车厢”）。

随着现代极权主义的兴起，铁路也使国家镇压和大屠杀更易组织和实施；在马克思和恩格斯发表《共产党宣言》的 1848 年，普鲁士利用铁路在各城市间运送军队，成功镇压了反抗者的起义。也可以说，如果没有铁路，也就不会有后来的奥斯维辛和古拉格。

在提高战争效率的同时，火车也减缓了饥荒的灾难，特别是对灾难深重的现代中国。与水网密布的江南相比，华北的落后其实是交通的落后。对煤炭资源丰富的华北来说，火车的出现可谓是划时代的。与其说铁路推动了北方的现代化和城市化，不如说它在一个乡村社会创造了城市，哈尔滨、石家庄、郑州等新兴城市几乎就是“火车拉来的”。石家庄西倚太行山麓娘子关，扼守进出山西的咽喉，只是直隶省获鹿县下一个 93 户农民的小村庄，1905 年京汉铁路竣工，两年后正太铁路通车，石家庄作为华北两大铁路干线的交会点，从而迅速兴起，后来成为省会城市。

地球变小了

在蒸汽机被装上“马车”时，也同时被装在了帆船上。

1807 年，富尔顿驾驶着“克莱蒙特号”轮船在哈得孙河逆流而上，32 小时走完了 150 英里水路。富尔顿因此成为“轮船之父”。“克莱蒙特号”成为历史上第一艘真正的汽船：以铁为新型造船材料，以蒸汽机为新的动力系统，以螺旋桨为新的推进系统。1819 年，蒸汽帆船“萨凡纳号”从美国萨凡纳港出发，满载着棉花横渡大西洋，全程用了 29 天。欧洲人感叹道：“就是这些并没有发现过力学上任何一条一般定律的美国人，却将使世界面貌大为改观的蒸汽机引进了海上航行事业。”

蒸汽机的到来，彻底结束了一个悠久的帆船时代。拿破仑几乎征服了整个欧洲，但他却拒绝了富尔顿：船没有帆，就好像人没有腿一样，而用钢铁造船更是荒诞不经。在埃及，法国海军很快就被英国蒸汽机战舰打得一败涂地。

1839 年，著名画家透纳创作了一幅“英国最伟大的油画”——《被拖去解体的战舰无畏号》。在画面中，巨大的帆船“无畏号”被一艘体量小得多、吐着浓烟的小蒸汽船拖往海斯港，进行解体。装备着 98 门船炮的“无畏号”在 1805 年的“特拉法尔加海战”中为英国的胜利立下了汗马功劳。这幅油画历史性地记录了老式风帆战舰在蒸汽动力出现之后迅速没落的瞬间。

作为英国第一艘完全用铁制造的蒸汽炮舰，“复仇女神号”（Nemesis）以 120 马力的蒸汽机为动力，其吃水深度只有 1.5 米。鸦片战争爆发后，“复仇女神号”于 1840 年底到达中国，“它是普通中国战船的两倍大，当它把炮口转向它们时，它把它们的木质船体和桅杆变成了火柴棍”。到 1842 年，游弋在中国沿海的蒸汽船达到 14 艘。1842 年（道光二十二年）8 月 29 日，中英两国在南京城下的英国战舰“康华丽”号上签订了《南京条约》。

因为燃料限制，轮船运输在早期仅限于短途运输，它比帆船更加快捷和准时，但在跨海长途运输中，蒸汽船相对于帆船并没有优势。航行在内河上的汽船可以随时补充燃料，甚至用更普遍的木材作为燃料，但对远洋航运来说，过多的燃料会大量地挤占货运空间，燃料不足又会降低续航能力。1838 年，“天狼星号”蒸汽轮船成功横渡英吉利海峡，但在横渡大西洋时，因为燃料耗尽，不得不烧掉船上的家具和门窗，甚至还将一根桅杆扔进了锅炉。

因为燃料补给问题，美国曾多次与“闭关锁国”的日本谈判。在遭到拒绝后，被称为“蒸汽战舰之父”的佩里率美国东印度舰队于 1853 年（日本嘉永六年）来到日本。日本人从未见过这种冒着浓浓黑烟的蒸汽船，因而惊恐地称之为“黑船”。在“黑船”面前，德川幕府不得不签署了《日美亲善条约》，其中第二条和第八条都是关于

早期的蒸汽船为明轮驱动，蒸汽机效率较低，在内河航行可以随时补充燃料，但在跨越大洋时往往受到所载燃料的限制。

美国轮船燃料补给的规定，“日本政府准许美国船停泊，以便补给柴薪、饮水、食物、煤炭以及其他需用物品”。“黑船来航”成为日本历史的分水岭，由此引发了工业化和现代化的“明治维新”。

技术总是不断进步的。随着蒸汽机效率的提高，续航能力与货运能力之间的僵局很快被打破。“不久以前，一艘排水量为 3000 吨的汽船做一次远距离航行需要 2200 吨煤，只能有限地运载 800 吨货物。如今，一艘现代汽船做同样的一次航行只需要 800 吨煤，可以运载 2200 吨货物。随着煤的节约，人类劳动也减少了。1870 年，汽船上每 1000 吨运力需要 47 个人手，而现在只需要 28 个。”[12]

从 1851 年到 1871 年，世界蒸汽船的总排水量从 26.4 万吨猛增到 200 万吨。到 1880 年左右，从英国到美国的大西洋船队全部从帆船换装为轮船。这一时期的蒸汽机已经与早期的蒸汽机截然不同，这种三级膨胀式蒸汽机以 1 马力运行 1 小时的耗煤量还不足 1 磅；相比之下，瓦特蒸汽机是 13 磅，纽可门蒸汽机是 35 磅。

轮船在速度上的优势体现为时间的节约，如果将时间换算成空间，可以说，轮船的出现将海洋缩小了将近三分之二，地球突然变小了。蒸汽引擎使英国得以在史无前例的距离外有效地行使权力。在 1815~1865 年间，英帝国以每年 10 万英里的速度扩张。“大不列颠号”蒸汽船往返一次孟买只需要一年，而此前的风帆船至少需要 18 个月。19 世纪末，从英国到开普敦的航行时间从之前的 42 天减少到 19 天。欧美之间的航程从十几天几十天缩短到四五天。与此同时，每条船的平均载货量从 1840 年的 180 吨猛增到 1900 年的 5000 吨。

到 20 世纪初，一台船用蒸汽机的功率已经达到 25000 马力。从 1815 年到 1850 年，横跨大西洋的大部分货物，其海运运费下降了

80%。从1870年到1900年，又下降了70%，累计下降了95%。隔绝几个大陆的大西洋和太平洋，从艰险的屏障变成快速通道。蒸汽机驱动的挖掘机使人工运河工程变得轻而易举，亚历山大和拿破仑梦想的苏伊士运河变为现实。正如铁路网的扩张引发的“运输革命”，随着苏伊士运河（1869）和巴拿马运河（1914）的开通，蒸汽轮船在一个海洋时代引发了一场“贸易革命”，低价值的大宗商品得以全球流通。全世界第一次如此密切地被连为一体。从1720年到1900年，世界贸易总量增长了将近50倍，而1913年的世界贸易总值是1800年的25倍，如果考虑到原材料和生产成本大为降低，实际贸易增长要大得多。1900年之前的半个世纪里，从芝加哥运往伦敦的小麦运费下降了75%。1915年，美国出口到欧洲的小麦达到6亿蒲式耳，这是1850年的15倍。

如果说羊毛、棉花和水力纺织机开创了一个轻工业时代，那么蒸汽机、钢铁和煤引发的这场产业革命催生了一个前所未有的重工业时代，彻底改写了社会与国家的形态。在“炮舰外交”的旗帜下，船坚炮利成为国家力量的象征，四通八达成为社会进步的标志，就连火车司机和轮船船长也成为每个孩子长大后梦想的职业。虽然蒸汽机在初期的作用并没有人们想象的那么大，但随着动力技术的发展和其他相关发明的出现，欧洲与世界其他地区之间被掘开了一道明显的文化鸿沟，工业从此成为一个国家和社会的新支柱，传统的农业时代就这样坍塌了。

铁路尤其是轮船的出现，导致了自哥伦布发现新大陆以来最大规模的世界移民浪潮。19世纪20年代，有不到15万人离开欧洲；19世纪50年代，有大约260万人离开欧洲；而在1900年至1910年间，移民人数高达900万。从1820年到1840年，美国人口从900万增加到1700万，20年几乎翻了一番。“新大陆”成为欧洲永不沉没的诺亚方舟，海洋成为白人的世界，非洲人遍布整个美洲大陆。蒸汽机所到之地，社会达尔文主义及其适者生存成为帝国主义的新宗教。

道光二十年（1840），两广总督林则徐向道光皇帝报告：英军舰队中有三艘“车轮船”，“以火焰激动机轴，驾驶较捷”。林则徐见到蒸汽船的烟囱冒出来的烟和转动的轮子，认为推动轮子的是火，因此又称蒸汽船为“火轮船”。当时的中国人无法理解，除了人力、牛力、水力之外，蒸汽竟然也能够成为推动机械的动力。蒸汽机轮船对中国传统士大夫的刺激尤其强烈。湘军首领胡林翼目睹两艘洋轮不需人工拉纤，就能在长江中逆流而上，极为震惊，不久便忧病而死。

相对于人力桨帆船，蒸汽铁甲战舰的到来彻底颠覆了东方世界的传统格局。稍晚一些的时候，恩格斯在《暴力论》中写道：

> 克里木战争时，军舰只是2层或3层的木质舰船，装有60~100门火炮，这种舰船主要还是靠帆力航行……现在的军舰是一种巨大的装甲的螺旋推进式蒸汽舰，有8000~9000吨的排水量，有6000~8000匹马力……这种军舰是一部庞大的机器，唯有在这种军舰上，蒸汽不仅能推动它快速前进，而且还被用来掌舵、抛锚、起锚、转动炮塔、进行瞄准、装填弹药、抽水、升降小船（这些小船本身，一部分也是用蒸汽的力量推动的）等等。……现代的军舰不仅是现代大工业的产物，同时还是现代大工业的缩影，是一个浮在水上的工厂。

马是怎样消失的

或许瓦特并没有“发明”蒸汽机，但他无疑发明了“功率”。他通过测量得出，“马拉动33000磅并每分钟走1英尺所输出的功率”为1“马力”。据当时的估计，瓦特蒸汽机的每1马力能做15个人的工作。在1760~1910年的150年间，产生1马力的成本下降了将近90%。1882年，西门子提议将功率单位定为瓦特，1马力=735瓦特。值得一提的是，蒸汽机的研究和改进直接催生了现代热力学。所以有人说，与其说蒸汽机归功于科学，还不如说科学归功于蒸汽机。

早期的内燃机汽车与马车非常相似。但内燃机要比蒸汽机小得多，因此应用更加广泛，尤其是汽车很快就超越了火车对社会的影响。

蒸汽机横空出世，水车时代走向终结。相对而言，风力和水力是免费的，而煤却不是免费的；与风车和水车相比，蒸汽机更是一种昂贵得多的机器；它不是人人都买得起，而只能是少数有钱人的玩具。蒸汽机使资本走向集中化的同时，也使工厂越来越趋于大型化，垄断和资本主义就这样诞生了。所以马克思在《资本论》中这样说：“手推磨产生的是封建主为首的社会，蒸汽磨产生的是工业资本家为首的社会。”

很多年后，人们常常发问：为什么古代中国没有产生资本主义？或许是因为没有蒸汽机。虽然中国早在汉魏时期就已经大规模采煤，中国焦炭冶铁也比英国要早600年，但煤在中国一直仅限于作为燃料，而没有变成力量。煤炭和煤矿对英国工业革命意义重大，它直接导致了蒸汽机的出现。相比之下，中国的煤矿大多在北方山区丘陵地带，水淹的情况似乎并不普遍。这一方面因局限于表层开采，使抽水机（蒸汽机）失去意义；另一方面因远离河道，而导致运输困难，煤炭难以到达手工业发达的南方。南方虽然有繁荣的手工纺织业，但没有强大的能源，轻工业难以向重工业发展，机器和工厂更无从谈起。

蒸汽机是第一个真正的国际发明。马克思说：“只要你把机器应用到一个有煤有铁的国家的交通上，你就无法阻止这个国家自己去制造这些机器了。”[13] 在英国之后，法国、德国和美国等西方国家从进口到仿制，很快就进入蒸汽机时代，甚至青出于蓝而胜于蓝，对蒸汽机进行了大量改进和超越。

尽管在19世纪末期，用高压蒸汽直接推动叶轮旋转的蒸汽轮机已经被广泛使用，但作为一种热损失较高的“外燃机”，蒸汽机的效率仍然受到诸多限制。从1794年到1840年，蒸汽机效率不过是从

3% 提高到 8%；直到 20 世纪，蒸汽机的效率才超过 20%。

在瓦特蒸汽机投入商用 100 年之后，即 1876 年，奥托成功地制造了第一台四冲程内燃机，直接利用煤气（通过对煤蒸馏提取）燃烧后的烟气推动活塞运动，把锅炉和汽缸合并起来，这就是内燃机——作为工作介质的蒸汽消失了。在此之前，美国的宾夕法尼亚州已经打出了世界上第一口油井，而比利时机修工埃蒂安勒内已经发明了燃油发动机。接下来，汽油内燃机、柴油发动机以其巨大的优越性逐渐取代了蒸汽机。内燃机的历史从此开始。

与煤炭相比，石油的能量密度要高出 50% 左右。与内燃机相比，蒸汽机不但要携带大量的煤，还需要两倍以上的水；一台 100 马力的蒸汽机运行一小时，需要 200 公斤煤，以及 500 公斤水，还得加上几公斤润滑油。内燃机基本不需要水，润滑油消耗也非常小；同样 100 马力的内燃机，即使最耗油的汽油机，运行一小时，也只需要 25 公斤汽油。内燃机除过低噪音的优点，它还可以在短时间内启动或停止，这是与蒸汽机的最大不同。正如一位早期的石油商所说："内燃机是世界上最伟大的发明，它将代替蒸汽，速度之快，让蒸汽机顿时黯然失色。"

就在奥托内燃机问世的同时，卡尔·本茨制造了世界上第一辆以内燃机为动力的汽车。实际上，汽车要比内燃机出现得更早，早在 1759 年，法国人居纽就把蒸汽机装在马车的底盘上，造出一辆以蒸汽动力驱动的"汽车"；直到 1905 年，斯坦利蒸汽车的销量还领先于汽油内燃机车，只是这些蒸汽机汽车是以煤油（而不是煤炭）为燃料。

如果说 19 世纪是煤炭与蒸汽机时代，那么 20 世纪就是石油与内燃机时代。与火车和轮船相比，飞机和汽车的出现更具革命性意义；

前者代表着蒸汽机时代，后者代表着内燃机时代。这也常常被看作近代与现代的标志，而汽车则成为现代城市扩张的加速器。

机械时代并不是一下子就出现的，一个新机器的传播需要成熟的社会土壤，尤其离不开无数机械师的技术支持，而这往往需要一代甚至几代人的时间才能成长起来。正因为如此，内燃机的发展速度要比蒸汽机当初快得多。1800 年时，英国只有 300 多台瓦特蒸汽机在运行；1900 年时，全世界已经有 10 万台奥托内燃机。内燃机不仅效率更高，而且种类更多，适用性更强。第一台奥托内燃机的每马力的重量达 200 公斤，不到 30 年时间，这一数字骤降了 97% 以上。这意味着人类终于可以飞上天空了。美国人兰利设计制造了一架 12 公斤重的飞机，并在 30 米高的空中飞行了 3 公里，速度约为每小时 40 公里；他使用的是以汽油为燃料的单缸内燃机，重 3.2 公斤，功率为 1 马力。

科学技术是如此神奇，比水重的铁船取代了木船，比空气重的飞机取代了热气球和氢气飞艇。飞机不仅缩短了时空距离，也打破了人类与自然界之间的最后屏障，人类不仅占领了陆地和海洋，也占领了天空。借助机器，人类获得了鸟类才有的自由。1914 年，一位美国商人以乘客身份登上一架飞机，他为这趟 23 分钟的史上第一趟商业航班支付了 9000 多美元。

1819 年 8 月 25 日，瓦特辞世。人们在他的讣告中，赞颂蒸汽机“武装了人类，使虚弱无力的双手变得力大无穷，健全了人类的大脑，以处理一切难题”。在后瓦特时代，内燃机成为动力机的又一次新革命。延续数千年的农耕时代彻底终结，一个机械化的农业已经成为食品工业的一部分。

1700年，全世界煤炭的开采量只有300万吨，1800年达到1300万吨，1900年的产量超过7亿吨；同一时期，石油产量从0达到2.06亿吨。1900年时，全世界还有300万匹马，50年后只剩下不到35万匹，减少了将近九成；同一时期，全世界的汽车数量从不足1万辆暴增到1000万辆；拖拉机从无到有，其数量达到600万台。如果说蒸汽机和火车曾经威胁到马的使用的话，那么内燃机的出现使汽车与拖拉机直接就取代了马。喂饱一匹马大约需要2公顷的土地，相当于8个人的口粮。在1900年平均每两个人拥有一匹马的澳大利亚，国内大部分谷物都用来喂马，1920年美国有1/4农地种植燕麦这种马力运输的能量来源。同时，马匹每天排放在街道上的粪便就多达数千吨，一个城市一年要清理上万具马尸，苍蝇乱飞，马粪刺鼻，相比之下，汽车要干净得多。人类的历史就是一部奴役史，从奴役人到奴役马，再到奴役机器，现代文明在机器时代全面起步。机器完成的工作不仅代替了马力，也代替了千百万人的肌肉。从蒸汽机到内燃机，这场力量革命前所未有地使人体肌肉基本从此退出生产领域。男人相对于女人的力量优势变得无足轻重，女性与男性第一次平等地站在机器面前；长期以来遭受压抑的女权意识逐渐觉醒，由此引发了一场巨大的社会变革。

如果说木器与棉花构成的棉纺工业是工业革命的第一阶段，那么煤炭与钢铁构成的蒸汽机就是工业革命的第二阶段。从轻工业到重工业，工业革命完成了人类史上一场革命性的“大跃进”。相对而言，中国直到晚清之前，其原始工业始终没有完成从轻工业到重工业的跨越；或者说是，没有实现从手工制作到机器大生产的进化。

从眼镜说起

“冰冻三尺，非一日之寒。”当代主流的历史学家大多认为，发生在欧洲——特别是英国的这场技术革命，并不是突然或偶然出现的，而是长期发展和积累的结果。

“从前一个婴儿在马槽里降生，令人奇怪的是，如此重大的事件竟没有引起什么轰动。”这是哲学家怀特海介绍伽利略和望远镜出现在“现代世界”舞台时所说的话。作为一种被人忽略的标志性历史事件，如果说基督的出生代表着古代的终结，那么眼镜的诞生则标志着现代的开始。正如美国传媒学家波兹曼所说：人类创造的每一件工具都蕴含着超越其自身的意义，“12世纪眼镜的发明不仅使矫正视力成为可能，而且还暗示了人类可以不必把天赋或缺陷视为最终的命运。眼镜的出现告诉我们，可以不必迷信天命，身体和大脑都是可以完善的”。

从历史影响来说，眼镜的发明与“四大发明”几乎可以相提并论。但如果说眼镜是印刷的副产品，或许会让很多人感到惊奇，这就如同说显微镜和望远镜是眼镜的副产品一样不可思议。

眼镜虽然出现得很早，但只有在谷登堡发明印刷书之后才得到重视。当时情况下，印刷模糊再加之照明欠缺，印刷书在扩大阅读群体的同时，也造成常见的视力疲劳和近视眼，眼镜便很快成为读书人的日常用品。最早的眼镜片是为了解决老花眼，主要是矫正远视的凸透镜，后来出现了矫正近视的凹透镜。眼镜制造业的兴旺带动了玻璃光学技术的发展，随之产生了各种各样的凸透镜、凹透镜，以及多镜片组合的放大镜、显微镜和望远镜；而显微镜和望远镜又引发了医学、

16 世纪的欧洲眼镜商店。从制作玻璃容器到制作眼镜和光学镜片，这种转变貌似平常，但从科学上却堪称伟大。中国瓷器就一直没有跳出容器的范畴，也没有这种可能。

生物学和天文学等新学科的革命。甚至可以说，没有显微镜就没有微生物学。这一切其实都是顺理成章的事情。

据说望远镜是荷兰眼镜制造商汉斯·利珀希发明的，时间是1608 年。伽利略把望远镜改良到能将物体放大 1000 倍，将此镜转向天空，他惊讶地发现一个新的星辰世界，比以往目录所列多 10 倍。伽利略将他的发现写成《星界的报告》出版，人们惊呼“哥伦布发现了新大陆，伽利略发现了宇宙”。

技术是和理性、知识相关联的创造性行为。如果说是层出不穷的新工具或新机器催生了工业革命，那么催生这些新工具新机器的，却是看似不起眼的仪器，比如眼镜、放大镜、望远镜、气压计、温度计、真空泵，甚至钟表。如果说眼镜（老花镜）大大延长了钟表匠的职业寿命，那么放大镜则使钟表的小型化成为可能，更加小巧的怀表和手表使时间得到彻底的解放。在这些历史的细节中，可以说钟表改变了人们的时间观念，望远镜和显微镜改变了人们的空间观念。维克多·雨果问道："望远镜看不到的地方，显微镜却可以看到，两者之间，哪一种视野更大呢？"

从文艺复兴开始，许多新工具、新流程、新材料、新产品和新技术就不断地涌现出来，这些我们今天所说的"科技"一出现，就很快地传播开来；其速度之快，就是与现代发明相比也毫不逊色。以眼镜为例，其发明可以追溯到1270年左右英国圣方济各会修士罗杰·培根的光学实验。当时眼镜仅是作为老年人阅读之用。眼镜于1290年传到法国，1310年就已经通过海路传到远东的中国。但直到几百年后的光绪年间，用玻璃制成的西洋眼镜仍是中国人眼中的珍稀之物，只有富人才买得起。

除了螺丝钉，或许玻璃是西方在物理领域另一项超前于中国的重要技术。中国虽是瓷器大国，并有古老的琉璃技术，但却没有实用的玻璃。明清时期，中国眼镜大都是水晶磨成的平光镜，当时的镜子也是磨光的铜镜，都价格不菲。一件有趣的事情是，马戛尔尼来访时，带来了很多代表当时最新科技水平的礼物，如牛顿发明的反射望远镜，"其望远能力是前人做梦也想不到的"。但得知望远镜（中国称

"千里眼")和透镜是玻璃而不是玉石制作后，乾隆皇帝很不屑地说："这些东西只配给儿童玩。"

玻璃是西方文明的典型创造物之一。早在哥伦布和麦哲伦时代，欧洲人就常常用玻璃珠子和小镜子从原始部落那里换取食物和黄金。玻璃远不及玉石珍贵，但如果没有玻璃，钟表就无法在海上使用，也不会有温度计和放大镜；玻璃不仅催生了光学和现代化学，甚至可以说，没有玻璃就没有现代科学。明清时代的中国拥有庞大的天文观象台，但却有一个致命的缺陷，就是没有玻璃透镜。古代中国在纸、木材、陶瓷和金属领域几乎都是专家，却独独忽略了玻璃。仅仅从玻璃来说，古代中国就缺乏工业革命的物质基础。

在传统时代，技术本身并不必然能改变历史逻辑；反过来，技术逻辑常常要服从于社会和历史逻辑。按照一种普遍的说法，中国创造了改变世界的"四大发明"，但却没有创造一个系统的机器体系，比如完整持续的知识、技能、技巧，以及工具、仪器、设备、设施等。在过去几百年间，欧洲人将物理科学与精密加工技术结合在一起，用一个完整的机器体系重新改写了西方文明的物质基础和文化形式。

在16世纪的西欧，封建制度已经土崩瓦解，文艺复兴运动开辟了天文、物理、化学、数学、哲学等广阔的思想天地。发明机器和使用机器都必须有足够的科学知识，哥白尼、开普勒、伽利略、牛顿和培根等对自然科学的探索，为机器的复杂化奠定了理论基础。弗兰西斯·培根堪称机器时代的精神领袖，他所倡导的科学实验方法揭示了机械的因果规律。对机器来说，一切都是可控的、可重复的、可验证的；机器世界就像钟表一样独立运行，不受外界影响。客观思想不仅促成了人们对机器的信心，也改变了人类的传统观念，科学与启蒙因此而发扬光大，“现代社会这出大戏已经向世界拉开了帷幕”。

机器很早就有，比如弓箭、轮子、帆船、风车和水车，但现代机器已经完全不同于古代机器，这些新机器是有目的、有计划的发明创造。现代发明家发明了“发明的方法”，技术进步不再是偶然的、碰巧的，发明与专利构成前所未有的创新体系。所谓“工业主义”，不仅是扩大了工具的生产，更重要的是将工具变为机器，把简单的机器变成复杂的机器。工业革命引发了英国持续一个世纪的机器发明热，彻底结束了传统手工时代的技术私传性，发明不再是某个人的妙手偶得，而是许多素不相识者精诚合作的结果。这是现代社会与古代社会之最大不同。

从水力时代持续到蒸汽机时代的棉花革命，完全得益于机器的不断革新；机器的高效率为英国带来巨大的利润，经过积累最终启动了工业革命的引擎。用电报和蒸汽机连接起来的大英帝国，远远超过了从前用马镫连接起来的任何古代帝国。

从文艺复兴开始，欧洲就体现出善于学习和吸收的特性。与亚洲不同，欧洲在本质上是一个技术共同体；在这样一个共同体中，任何一国的创造和进步都会迅速传播到其余国家，从钟表、印刷机、纺织机到蒸汽机，都是如此，最终成为整个欧洲的共同文化。只要有了现代化和工业化的火苗，整个欧洲就会被点燃。因此，人们常常把“现代文明”与“西方文明”当作同一件事。

18 世纪的欧洲最早迎来了现代世界的黎明，人类进入一个伟大的启蒙时代。其时，天才般的人物如过江之鲫，各种科学创新和技术发明层出不穷：拉瓦锡创立了化学，伏特创立了电学，赫胥黎提出了地理学的原理，达尔文的《物种起源》揭示了生物演化的秘密，莫扎特发展了古典音乐的形式，柏克和汉密尔顿、麦迪逊定义了英美政治理论，布莱克·斯通的《英格兰法律解释》发展了法理学，爱德华·吉本用《罗马帝国衰亡史》重新诠释了历史的智能与审美……这其中，詹姆斯·瓦特和亚当·斯密无疑是最为耀眼的明星。

作为人类现代史最华彩的篇章，现代政治文明开创了一个前途无量的可持续发展之路。英国创立了议会内阁制政府，美国创立了联邦总统制政府，法国革命提出了人道主义原则。从科学到民主，思想解放与技术进步相辅相成，精确计时器、动力纺织机械、专用机床、大型飞艇、化学反应、冶金、电解和制冷等新技术，引发出一场接一场的产业革命。

中产阶级的工业革命

工业革命的技术变革，意味着人类自发明轮子以来又一次对过往历史的大幅度跨越。到 19 世纪 20 年代，操纵动力织机的人，其产量是一个手工工人的 20 倍；而一台动力驱动的“骡机”相当于 200 台手纺车的能力；一个火车头能运输需要数百匹马才能运输的货物，而且速度要快得多。发明不仅改变了生产效率，更重要的是改变了生产方式，随之改变了人们的生活方式，促进了人口增长。从 1800 年到 1850 年，英国人口翻了一番，而且大都生活在城市中。转眼之间，现代生活就彻底颠覆了一个古老的乡土田园时代。

城市的生活水平常常是乡村的四五倍。绝大多数城市居民都识字，而大多数农民则是文盲。城市的经济活动和经济机会与乡村相比，简直不可胜数。城市的文化是开放的、现代的和世俗的，而乡村文化依然是封闭的、传统的、宗教的。城乡区别也是现代与传统的区别。[14]

就人类历史而言，工业革命的技术变化是自轮子发明以来最重要的突破。这场肇始于18世纪英国，从农业和手工业劳动向以工业和机器制造为主的经济转变，以不同方式向欧洲大陆和海外一些地方扩散，从而彻底改变了西方人的生活、西方社会本质以及西方与世界的关系。

工业革命极大地提高了生产力，使资本主义制度取得优越感，领先一步的西方国家实力大增，少量欧洲人就敢于去征服人数众多的亚洲和非洲。1800年，欧洲人占领和控制了世界土地面积的35%；到1878年，这个数字上升到67%；到1914年，达到84%以上。全世界除了中国和日本以外，几乎都变成白人的殖民地。

工业革命无疑构成人类现代史的重要入口。经济史学家克拉克甚至提出一个大胆的观点，他认为，人类历史上只发生过一件大事，其他都是无足轻重的细节，这件事就是18世纪中后期在英国首先发生的工业革命。在他看来，整个人类的历史不管是多少年，只有工业革命前的人类社会和工业革命后的人类社会的差别，其他细节都不重要；工业革命和大洪水一样，是最根本的分水岭。在工业革命之前，不管是600年还是6年，人们的生活水平一直变化不大；工业革命的出现，一下子打破了困扰人类世界数千年的马尔萨斯陷阱，人均收入大幅度地整体上升，这是史无前例的。

1842 年的恩格斯。当时恩格斯只有 22 岁，刚刚从德国来到英国曼彻斯特，继承了父亲的棉纺工厂。

1842 年，恩格斯来到曼彻斯特，继承了父亲的棉纺工厂，并娶了一位纺织女工为妻。在后来的日子里，恩格斯白天是资本家，晚上是革命家，他用经营工厂的利润资助马克思写作。1848 年，马克思和恩格斯在《共产党宣言》中有一段对资本主义的经典描述，或者说歌颂——

资产阶级在它的不到 100 年的阶级统治中所创造的生产力，比过去一切世代创造的全部生产力还要多，还要大。自然力的征服，机器的采用，化学在工业和农业中的应用，轮船的行驶，铁路的通行，电报的使用，整个大陆的开垦，河川的通航，仿佛用法术从地下呼唤出来的大量人口——过去哪一个世纪能够料想到有这样的生产力潜伏在社会劳动里呢？

纵观人类历史，过去1万年中人类经历的两次最大变革，一次是农业革命（或新石器革命），一次就是工业革命。前者大约开始于公元前8000年，迎来了人类文明的曙光；后者则开创了过去两个世纪至今的全球现代文明。如果说从石器时代制造工具开始了农业革命的话，那么钢铁时代制造机器则拉开了工业革命的历史大幕。机器取代人的技能，无机能源取代人力和畜力，手工劳动向机器生产转变，由此产生了现代经济。

可以这样说，从人类历史开始直到200多年前，全世界的劳动产品基本都是用手工工具完成的，主要依靠人畜的肌肉力量，辅以水力和风力，木制的杠杆和滑轮是仅有的人工机械。但从此以后，人类就进入机器时代，机器越来越复杂，几乎所有的产品都是机器制造的，而且根本不再需要人体肌肉力量，全部力量都来自其他能源。这场工业革命从蒸汽机时代开始，一直延续到英国成为一个成熟的工业强国。

人们一般将工业革命的发生时间放在1760~1830年间，并将英国视为发源地，但其实从中世纪起，欧洲就走上这条通往工业革命的"漫长跑道"，直到后来的"腾飞"，时间革命、文艺复兴、宗教改革、科学革命等，都是工业革命重要的铺垫。打个比方，工业革命从起始、积累、发展到腾飞的过程，就像是水壶里烧开水，水经过长时间的累积加热，最后突然沸腾，水变成了蒸汽，冲开水壶盖子。同时应当承认，英国只是这条“跑道”中的一节，大部分新技术都是在欧洲其他国家和后来的美国产生巨大效应的；也就是说，工业革命的成果是逐渐显现的。借用英国历史学家雷蒙德·威廉斯的话说，这是一场“漫长的革命”，甚至直到今天仍没有结束。更准确一点来说，工业革命既不是棉花革命，也不是蒸汽机革命，而是观念革命——技术从此被视为进步的阶梯。

历史往往是后人的推测和演绎。工业革命为人类打开了现代之门，但 18 世纪的英国人却根本没有意识到他们生活在这样一个现代化进程中。亚当·斯密在 1776 年完成《国富论》时，根本没有注意到在自己眼皮底下出现的“工业革命”，就连李嘉图和马尔萨斯这些生活在工业革命时期的“古典经济学家”，也未能认识到发生在他们身边的历史巨变。

从英国兴起的这场机械化浪潮，不知不觉间，便迅速席卷了整个欧洲和美国。1776 年（乾隆四十一年）的欧洲，仅在非洲和亚洲有一些沿海据点；然而到 1911 年时，欧洲和美国已经成为现代世界的主宰者。工业革命赋予欧洲以不可阻挡的推动力和影响力。虽然在此之前，欧洲也有相当规模的手工业，也有过无数次技术革新，但那时的产品主要都是奢侈品，只与少数人有关；工业革命以机器和工厂推动了大量生产，这些大众消费品改变了绝大多数人的生活，一个现代中产阶级就这样诞生了。

过去的文明也曾经积累起巨大的财富，但整个人类历史上几乎没有一个社会能够把如此多的财富进行如此广泛的分配。我们可以从一件小事来认识“工业革命”的意义——

工业革命时期，新技术的主要代表产品是廉价的可洗棉布，随之，从植物油提炼出来的肥皂得以大批量生产。普通民众第一次买得起内衣裤——它由可洗纤维做成，富人常贴身而穿，故称“贴身衣裤”。人们可以用肥皂洗衣，甚至洗澡……所以，19世纪末20世纪初的普通民众常常比一个世纪前的国王、王后的生活更清洁卫生。[15]

工业革命以机器代替人力、大规模工厂生产代替工场个体手工劳动为标志，从一开始就充满理想主义色彩，机器所传递的理性主义成为几代人心目中的智慧和美学典范。伏尔泰学习英国经验后，在法国发起理性启蒙运动，使近代科学精神广泛传播，引发了法国大革命，推动了民主和科学进步。

发生在英国的工业革命和发生在法国的民主革命被霍布斯鲍姆合称为“双元革命”，这是“从远古创造农业、冶金术、书写文字、城市和国家以来人类史上最巨大的转变，这个革命已经改变了并继续改变着整个世界”。这场“双元革命”不仅改变了世界，而且塑造了一个前所未有的现代社会。它不仅仅是工业本身的胜利，也是资本主义的胜利；不仅是自由平等的胜利，也是中产阶级社会的胜利，更是现代经济和现代国家的彻底胜利。

第 5 章

革命遇到资本主义

> 工业革命不仅是一场技术革命和财富革命，也是一场组织革命和社会革命，旧世界被打碎，新世界重新构建。在这一历史巨变过程中，个人、国家和社会面临着严峻挑战，富于理性和创造精神的英国，摆脱革命的诅咒，实现华丽转身。

从经济史角度来说，商业革命是工业革命的前提；市场的扩大必然会导致生产的专业化，从而使生产效率得到提高，很多机器就这样被发明出来。

新技术引发的工业革命改变了一条最基本的经济原则——边际报酬递减规律。在前工业时代，任何商品的生产成本都会随着产品数量的增加而增加；但工业时代的到来，使一切商品的生产成本都随着产量的增加而直线下降。随着全球市场的形成，交易成本也持续下降，工业技术的扩散更是彻底改变了世界经济的传统特征。

从根本上来说，工业革命是一次工业大分工。陌生人之间的分工和协作成为现代财富创生的根本基石。分工结束了传统的自给自足，使每个人都必须为他人工作，即所谓的“我为人人，人人为我”。

人类发展的历程本身就是分工的历史。《淮南子》中说：“射者非矢不中也，学射者不治矢；御者非辔不行，学御者不为辔也。”人类最初的分工，或许就是男女之间为了生育子女而发生的分工。进入农耕时代，男耕女织，分工继续向前推进。第一次社会大分工将畜牧业从农业中分离出来，第二次社会大分工将手工业从农业中分离出来。手工业的出现促进了传统经济，并在世界范围内逐步孕育出资本主义萌芽。

在资本时代，竞争和利润的压力使手工业被迫再次进行更为细致的专业分工。在很小的尺度下，真理会变得更加完美。分工使复杂的操作被分解成很多简单的步骤，从而实现了专业化。分工不仅提高了劳动效率，也促进了机器的发明和生产力的发展；反过来，机器的发明和生产力的发展又促进了社会分工。亚当·斯密发现，一生中不做别的事情而只制钉的学徒工，在制钉的速度上，能比只是偶尔制钉的老铁匠快两倍。他举例说，分工使扣针的制造成为一种专门职业，也使发明制造扣针的机器成为可能。恩格斯总结说：“分工，水力，特别是蒸汽力的利用，机器的应用，这就是从 18 世纪中叶起工业用来摇撼旧世界基础的三个伟大的杠杆。”

专业化鼓励创新，发明来自于需要，而机器则来自于分工，因为机器可以提高效率。分工使人们的注意力专注于某一种简单的工作，就会使工具逐渐专业化和复杂化，最终成为机器。正因为这样，早期的机器有很大部分都是普通工人发明的，他们发明机器完全是一种工作需要。因为采用了大规模分工模式，新兴工厂与传统手工工场发生了质的变化，机器全面取代了工具。

如果说手工业分工导致了工具诞生的话，那么工业分工则导致了机器的出现。因为人类的劳作一旦简单化，就会被机器模仿和替代。使用锉刀和钻头的工人的技能被刨床、切槽床和钻床所代替，而切削金属的车工的技能被机械车床所代替。在机器趋向复杂化的同时，分工又使工人的工作技能趋于简单化和机械化，最终结果，人不是被机器代替，就是把人变成了另一种机器。现代工业所导致的这种现象是前所未有的，马克思为此痛心疾首。

专用机器与专业人员不仅是分工的结果，也是其原因。随着专业分工越来越细，工作严重割裂，一个人只能完成其中一部分，因此他必须与其他人合作，这导致个体越来越难以离开社会。规则的时间、发达的生产力、丰富的商品、对时空的超越、标准化的产品、自动化的机器、强大的集权控制和集体依赖，这些构成机器时代的典型社会特征。这多少抹杀了人类文明的多样性和复杂性。地域差别与历史差别也被机器一概抹平。工业革命使世界变得更小了，比以往任何时候都更加趋于同质化。但与此同时，工业革命也使地球走向分裂，胜利者与失败者彼此疏远和对立。

好的一面，自由竞争下社会分工提高了生产效率，从而增加了社会财富总量，军事的专业化以及商业力量的崛起，打破了传统社会以暴力主导的旧格局，社会更加自由和多元。专业化在改变工作性质的同时，也改变了工作的意义，职业赋予现代人一个全新的社会身份——公民。在一个复杂的现代社会，公共事务被提升到前所未有的高度，平等协商成为一种共识，传统专制主义被迫退场，民主政治开始登上历史舞台。

“国家是一种极其严肃的东西，要它扮演某种滑稽剧是办不到的。”马克思极其欣赏马戛尔尼的这句话。对那些落后停滞，甚至处于原始状态的古老帝国来说，英国的殖民化也有现代化启蒙的作用，尽管是用带血的锤头。在《共产党宣言》中，马克思和恩格斯一方面严厉谴责殖民主义的罪恶动机，另一方面又欣赏这种行为打开了古老东方紧闭的大门——

> 工业革命催化了国际分工，资本以其魔力无穷的巨掌将全世界卷入商品流通的大潮中，使一切国家的生产与消费成为世界性的，过去那种地方和民族的自给自足的闭关自守状态，被各民族的各方面的互相往来和各方面的互相依赖所代替了。……资产阶级由于一切生产工具的迅速改进，由于交通的极其便利，把一切民族甚至最野蛮的民族，都卷入到文明中来了。它的商品的低廉价格，是它用来摧毁一切万里长城、征服野蛮人最顽强的仇外心理的重炮。

可怕的机器

亚里士多德曾经说：如果梭子自动编织，如果乐器自动演奏，工头将不再需要助手，主人也不再需要奴隶了。亚里士多德认为，那将是一个美满的局面——人不再被奴役。如果这真的变成现实，人们却发现，亚里士多德所想象的竟是一场灾难。

棉花革命始终伴随着一系列发明，这些伟大的发明将手工生产带入机器大生产，这场革命让人们首次认识到机器的“可怕”。在工厂主为这些高效机器而欣喜若狂时，传统的手工业者却因为这些机器而陷入困境。飞梭使织布机的生产效率大大提高了，但同时也使无数纺织工匠失业。“在各个方面，有血有肉的工匠都被赶出他的作坊，让位给一个速度更快的、没有生命的工匠。梭子从织工的手指间掉落，落入到穿梭更快的铁指当中。”

在焦虑与愤怒中，这些机器的始作俑者成为众矢之的。发明飞梭的约翰·凯伊成为全民公敌，遭到全社会的疯狂追杀；他只好藏在一个羊毛袋子里，从曼彻斯特逃亡海外，之后悄无声息地死在法国。发明织袜机的威廉·李也是如此结局。哈格里夫斯发明珍妮纺纱机后，纺织工们控告他剥夺了他们的生计：“如果这种机械多了，我们就都得失业。”他们愤怒地冲进哈格里夫斯的家里，捣毁机器，进行报复。在哈格里夫斯之前，曾有人造过一架不错的纺纱机，但据说刚造好就被他毁掉了，因为他不忍心剥夺穷人的谋生手段。

进入手工工场时代以后，对大多数工人来说，他们最大的资本就是劳动力和职业技能。“工具过渡到机器，工人操作工具的技能也一起过渡到了机器身上……在手工业时代，工人使用工具；在工厂里，则是机器使用工人”。可想而知，对于工人，凡是降低工人劳动价值和技能价值的东西，就是对他财产的剥夺。机器不仅实现了用熟练程度较低的劳动代替熟练程度较高的劳动，而且能节约劳动力——一台机器可以实现数人乃至数十人的工作效率。对工厂主来说，添置机器与增加人手没有太大区别。既然机器比工人的代价低，那他就不需要去增加工人，甚至用更少的工人，只要有机器，同样可以生产更多的产品。但对工人来说，机器对工厂主的“节约”则严重损害了他们的利益。

实际上，新发明的机器不仅是工人与资本家斗争的原因，也是其结果。最著名的案例如罗伯兹发明的自动骡机，它明确地消除了曼彻斯特工厂主的困扰——他们深受普通骡机的熟练操作工罢工的折磨。自动骡机对操作工人没有任何技术要求，熟练工就被抛弃了。类似的发明还有滚筒印花机、精梳毛纺机和自动冲床。

从人与工具的传统关系来说，机器的出现并不是取代了人，而是赋予工具（机器）以人才有的技能，人变成机器的一部分；虽然机器还需要人来操作，但却不再需要人的技能，工人的技能已经转移到了机器身上；工人与工具从此被彻底隔离，离开机器，工人将一无是处。从这个角度可以清晰地发现，机器何以成为工业革命的标志。

一般而言，对于机器革命的传统答案是，机器增加了效率，降低了产品价格，低价刺激消费，需求的增加要求更大的产量，从而促进工业的规模化发展；另一方面，机器仍然需要人来操作，劳动力不但没有被淘汰，反而增加了就业机会。事实上，这种推论即使在现在，也是一个充满争议的话题，更不用说当人类第一次遭遇到机器的时候，工人对机器的愤怒和恐惧完全是可以理解的。

早在工业革命之前机械发明就遭到传统工匠和行会的抵制。行会类似现代工会，它为了保护手工业者的利益，非常反对技术创新。

当初谷登堡发明印刷机就曾引发欧洲各地抄工行会的抗议和阻击。1518 年，荷兰手工业协会对机械竞争带来的失业提出抗议；1555 年，英国行会通过议会发布了禁令，禁止使用起绒机；1598 年，工人激烈反对织袜机，这与两个世纪之后人们反对选矿机并没有什么区别。一个著名的案例是，1707 年，德国的船夫行会袭击了发明蒸汽船的法国人丹尼斯·帕斯，将他制造的蒸汽船捣毁；这或许是世界上第一艘蒸汽船，不幸就这样胎死腹中。

纺织机器的发明改进是渐进的，工人有一个较长的适应时间。如果说机器对纺织工人的影响多少是间接的，那它对剪羊毛工人和梳羊毛工人的影响就非常直接。他们一是从业者为数不多，二是可选择的相关职业不多。

梳羊毛工人很早就成为一种高傲的技术职业。卡特赖特的发明很快就结束了他们的自命不凡。他们的工资不久前还比纺织工高出一半以上，现在却降到相同的水平。可笑的是，梳毛机的普遍使用其实还是后来的事情，但仅仅宣称要使用这种可怕的机器，就成为老板手中一张战无不胜的底牌。剪毛机的发明对于剪呢绒上长毛的技工同样产生了立竿见影的结果。

对处于生存底线的工人们来说，既然机器有剥夺他们生计的危险，那他们就认定机器是他们的敌人，必须破坏机器。

剪羊毛机出现以后，英格兰北部的剪羊毛工人马上坐卧不安，担心自己会沦落到那些没有技术的普通工人的悲惨境地，成为机器的奴隶和助手，因此将所有的愤怒都撒向机器。他们不仅破坏机器，极度的焦虑还促使他们参加了 1811 年至 1812 年的流血暴动。

从根源上说，不平等才是人类最大的愤怒。机器的使用是区别现代机器工厂和传统手工工场的主要标志。机器奠定了资本主义崛起的基础。复杂的机器代替了比较简单的工具之后，大大地增加了企业的固定资本。同时，由于生产加速，机器也使流动资本进一步增大。以前家庭手工业可以独立经营，进入机器时代，没有资本的普通工人根本不可能去经营现代工业，因此造就了现代资本主义社会制度中最不平等的一面；甚至可以说，这也成为其他所有不平等的根源。

当时纺织业虽然取得了长足的发展，但劳动者的地位却不断下滑，因为机器的使用，大量地代替了工人的手艺；甚至有些机器是专门为没有技术特长的人设计的，这样就可以让他们取代那些工资较高且不听摆布的专业工匠。虽然所有的机器都有一定的操作规程，但这些东西不是秘密，谁都可以从说明书上学到，而不会像古老技艺一样被师傅个人独家私藏。机器减轻了工人的劳动强度，也降低了对工人的技术要求，从而降低了工人的劳动价值。机器的广泛使用，使技术工人的地位一落千丈。以前只有那些没有技术专长的工人是辅助工，如今有技术专长的工人也成了辅助工，有些人甚至因为自尊而失去工作。

反对机器的卢德运动漫画。失业压力下的工人将怒火发泄到机器上，这在当时获得了社会一定的同情，尤其是许多知识分子的支持。

随着工业革命的到来，机器工业使工人不得不臣服于资本与机器。机器逻辑和大工厂构成资本家“权力的化身”，彻底征服了身无长物的工人。这是一场社会巨变，在机器越来越受欢迎时，许多传统手工业者却陷入失业、贫困和绝望的深渊而不能自拔。蒸汽锻锤会让铁匠失业，锯木机让锯木工失业。这种灾难导致在工业革命早期，机器被普遍地视为工人的天敌，而对失业的恐惧，也使工人运动常常以反机器运动的面目出现。当社会精英和资本家们对机器充满无限崇拜和狂热的时候，社会底层的劳动者和大量手工业者为了自己的生存，被迫发起一场席卷整个欧洲的圣战——向机器宣战。

1769 年，愤怒的人群冲进莱姆斯豪斯的机器锯木厂，将所有的锯木机捣毁。几乎与此同时，布莱克本的纺织工人把哈格里夫斯的多轴纺纱机砸烂，并将他赶到诺丁汉。罗伯特·皮尔在阿尔萨姆开设的印花织品厂遭到了猛攻，机器被打碎并被扔到河里。

人与机器的战争才刚刚开始。

人与机器的战争

在古希腊神话中，有两个著名的人物。一个是强盗普罗克鲁斯特，他有一只大铁床，每次他捉到俘虏，总要将其绑在铁床上。如果这个俘虏的身体比铁床长，就要被剁掉超出的部分，比如双脚和双腿；如果这个俘虏比铁床短，就要被活活地拉伸到与铁床一般长。另一个是格林多之王西西弗斯，他因为触怒了天神，被惩罚将巨大的石头推上山顶；当石头好不容易推到山顶时，石头又从山的另一边滚落下去；西西弗斯就这样一次又一次地向山上推石头，推上去，然后滚下去，再推上去，日复一日，年复一年，没有尽头。

工业时代的人类无疑是从西西弗斯惩罚开始的。任何人一进入机器化的工厂，就如同进入了兵营，甚至监狱。对工人来说，工厂就是普罗克鲁斯特的大铁床。工厂主完全把工人们改变成血肉机器，这种机器要同那些木制和铁制的机器在行动上保持一致，在动作上一样准确，在功能上精确配合。在唯利润的资本家眼中，你只是一台机器，而不是一个人。他付给你工资，你就必须干活；如同他购买机器，机器必须运转一样。

机器大工厂与传统手工作坊最大的区别，是以非人力的动力驱动，无论是水车还是蒸汽机，对动力的依赖使得生产和生产者必须集中在一起，而工厂的生产也需要严格的秩序。“工厂是一种新的监狱，而时钟则成为新的狱卒。”从手工工场到机器大工厂，传统的自由放任被极其严格的规则所代替：工人进厂、出厂和饮食都按照钟表的安排，有条不紊地进行；每个人在工厂都有严格的位置限定和任务指标；工头通过监视、罚款或解雇，甚至更残酷的强制措施管理工人。

在18世纪的英国大工业家中，阿克莱特无疑是一个典型。这个理发匠出身的老板冷酷而又勤奋，他唯一的仁慈之处，就是将工人每天工作时间定为12小时；而在其他工厂里，平均工作时间都在14小时以上。陶器制造商韦奇伍德的座右铭是“不能闲下来”，他最爱说的话是“一切都让位于实验”，他最大的目标就是将他的工人训练成完完全全的“不犯错误的机器”，而将工人们集中在工厂非常有助于实现这一伟大理想。

工业化包括机器化和工厂化。即使无法使用机器，工厂也实行严格的分工原则，以保证产品的质量和产量。这种重复单调的分工又为机器取代人做好了铺垫。这一时期的工厂在很多方面类似于传统的修道院、军事要塞或中世纪城堡。工厂的出现，构成一个单一专制的权力社会：管理一个工厂，实际上就是行使统治权，资本家如同一个暴君或者一个明君，甚至像是一个无所不能的上帝。阿克莱特曾经抱怨说："训练人类放弃散漫的工作习惯，让他们与复杂机器的固定节奏协调起来很困难。要让机器有效地运转，就必须有人看管。但这些农民都不愿意一天十几个小时地看管机器。"虽然博尔顿看不惯"暴发户"阿克莱特，"在这个国家里，光是凭借着专制独裁和滥权是行不通的"，但在伯明翰的索霍工厂，博尔顿同样将他的工人们训练得整齐划一，以致当齿轮和铁锤的声音不一致时，他马上命令停工检修。有人将博尔顿称作"一个在自己队伍中间的铁将军"。另一位"将军"韦奇伍德则毫不留情地镇压了工人们的反抗，然后按着自己的计划实行了严格精确的分工；他在工厂建立了一整套惩罚体系，用来维持纪律和保证工作时间。

工业革命彻底颠覆了人类传统的劳动模式，劳动者被赶出他们的家庭和村庄，被编入工厂。这种情况必然也波及传统地主阶层，他们对新兴工厂主的嫉恨使情况更为复杂，他们把机器说成贫穷的根源，鼓动工人对抗。这是人类第一次面对传统到现代的历史巨变，大多数人从思想观念上都属于保守派，厚古薄今，认为以前的都是好的。马克思说："这些被暴力剥夺了土地、被驱逐出来而变成流浪者的农民，在古怪恐怖的法律下，面对鞭打、烙印和酷刑，不得不习惯于工厂制度的纪律。"欧文在《论工业体系的影响》一书中不无忧虑地批评道：

> 工业体系的影响业已遍及大英帝国全境，导致人民群众的性格发生了根本改变。这种改变仍在快速进行中，不久以后，农民那种相对快乐淳朴的性格将会荡然无存……雇工与雇主之间的一切联系都被撕成碎片，只剩下一种考虑，即一方能从另一方得到什么直接利益。雇主把雇工仅仅看作牟利的工具，而雇工则养成了一种粗野凶暴的性格。

工业时代的理性其实极其功利，机器时代的成功者大都是社会达尔文主义的信奉者；按照利润原则，他们重视机器更胜过尊重人，他们支配别人就像使用一件工具或者机器。正是在这种背景下，1779 年兰开夏的反机器运动几乎成为一场真正的战争或者说起义。当时英国最大的工厂——阿克莱特的伯卡克尔工厂遭到毁灭性的打击，损失高达 4400 英镑。当时，阿克莱特从伊诺克和泰勒的工厂订购一批剪布机，在运输途中遭到拦截，卢德派分子用铁锤将剪布机砸成一堆废铁。颇为讽刺的是，伊诺克和泰勒的机器制造厂不仅生产剪布机，也生产了大量的铁锤。尽管阿克莱特将工厂修建得如同要塞般固若金汤，甚至还设有一座榴弹炮，但结果仍未能幸免于难。

持续的骚乱使政府、资本家与艰难求生的劳动大军都陷入一种无法遏制的暴怒之中，冰冷的机器和监狱般的工厂催生了各种莫名的暴力情绪，整个社会都被焦虑控制。法不责众。在层出不穷的群体性破坏事件后，大多数人均免于任何惩罚。社会舆论对于他们虽不能说是

工人与资本家的较量。在财大气粗装甲机车样的垄断资本家面前，身无长物的工人如同堂吉诃德般无助。这场现代经济生活中最常见的博弈直到现在还在继续。

同情，但至少也表现出一定的宽容。

1779 年，在莱斯特一个地方工厂，工人卢德一怒之下用铁锤砸碎了机器。这成为一个标志性事件。这场骚乱之后，为了平息众怒和社会危机，英国政府一度打算改变对机器的保护，试图通过立法来禁止部分机器的使用，釜底抽薪，以此来杜绝破坏行为。这其实是有先例可循的。1552 年的一项法律，就禁止使用“刺果起绒”；1623 年，查理一世也曾颁布法令，禁止采用造针的机器；1684 年，法国政府为了保护手工编织者免于失业，棉织袜机被禁止使用。但在实际效果上，这些禁令如同 12 世纪的教皇禁止十字弓一样，最后都化为泡影。

面对巨大的社会压力，富于冒险精神的企业家们紧紧抓住一点，即工业最高利益与国家利益本身是一致的。在纺织业逐渐成为英国支柱产业的情况下，禁止机器无疑是危险的，因而遭到了新兴资产阶级的强烈反对。“机器的发明是国家的幸福。在一个郡里消灭机器，仅仅是使机器转移到另一个郡里去。如在大不列颠全境内颁布一项反对机器的一般禁令，那就只会有利于加速它在外国被人采用，而大大损害英国的工业。”一些工厂主在议会展开游说：“机器所造成的任何工业进步，刚开始都会给一些人带来一些麻烦。10 年前，多轴纺纱机刚出现，老人、儿童和所有不易学会操纵新机器的人都痛苦了一段时间。印刷机发明后，最初不也是破坏抄写者的职业吗？这些向议会请求取消机器或对机器课税的请愿，无疑是请人把我们的手砍掉，把我们的咽喉割断。”

毫无疑问，在这场人与机器的战争中，以广大工人为主的反对派最终落败。作为一个巨大的既得利益群体，实力雄厚的工厂老板们稳操胜券。1780 年，兰开夏地方法院做出了历史性的判决，支持新机器的使用——

> 用于梳棉、粗纺、精纺和捻纱的机器的发明和推广是对这个国家最有价值的事情，它扩大和改善了棉纺工业，并且给从事工业的穷人提供了工作和收入……要限制这些从事工业进步的天才的力量是不可能的。[16]

从无产阶级到中产阶级

正像那些英国老板们所说，机器的发明确实是国家的福音；但另一方面，机器所引发的社会变革也远远超乎人们的想象。

在英国，工业革命使整个社会都受到彻底的冲击和改造。人类传统的生产和生活方式，从动摇到一步步走向崩溃，乡村没落，城市兴起，农民变成了工人，一个新兴的工人阶级横空出世，他们虽然没钱没势，但他们人数众多，而且他们不是奴隶。“我们竭尽自由人之义务，就应当享受自由人之权利”。对自由人来说，对他们认为不义和不公正的东西予以反抗是一种天然权利。

1811 年，英国爆发席卷全国的工人运动，工厂和机器都沦为人们的泄愤对象。诺丁汉、兰开夏和约克等数郡，作为工业革命的发源地，在反抗浪潮中首当其冲，成为这场风暴的中心。1817 年，彭特里奇镇的织袜工布兰德雷思率领附近的两三百名失业者浩浩荡荡地向诺丁汉进军。诺丁汉郡的工人运动引起当局极大震动，导致大规模的军事镇压。次年，英国通过更为严厉的保护机器法令，宣称任何破坏机器的行为都将以死刑论处。拜伦勋爵在英国议会抨击该法案说：“民不畏死，奈何以死惧之。”

恩格斯在《1844 年英国工人阶级的现状》开头写道：“英国无产阶级的历史开始于蒸汽机和棉纺织机的发明。”换句话说，工人阶级是在使用机器之后才出现的。由于蒸汽机和纺织机器的广泛使用，纱厂工作不仅很容易学会，而且只需要很少的体力，于是工场主大批雇用妇女，尤其是儿童，因为他们的工资只有成年人的几分之一，而且更驯服。自古以来，人类社会几乎就是一个男人社会，父权和男权

（夫权）赋予一个男人理所当然的傲慢与偏见。机器的出现，突然之间就将这种传统权力连根拔起，一个妇女甚至一个孩子都比一个壮年男人更受欢迎。这种挫败与愤怒很快便成为一种社会普遍情绪，最终演变成一种集体暴力运动；或许只有在政治和战争中，男人才能享有无可置疑和不可取代的话语权。

从 1780 年到 1830 年的半个世纪中，英国工业革命日新月异，新技术层出不穷，平均每个劳动力的产量都有了大幅增加，但劳工工资增长并不明显。究其原因，或许是因为劳动力增长过快。英国人口在这 50 年中增加了一倍，达到 1400 万，新增加的人口几乎都流入城市，进入工厂。在自由放任的状态下，经济领域的无政府主义导致残酷的弱肉强食和贫富悬殊。从 1840 年开始，英国经济出现下滑，失业率居高不下，许多失业者贫困潦倒。在这个“饥饿的 40 年代”，不仅英国如此，当时整个西欧都如同一座随时会喷发的火山。1848 年的革命从意大利蔓延到法国、德国和奥地利。年轻的马克思和恩格斯发表了《共产党宣言》——“一个幽灵，共产主义的幽灵，在欧洲游荡……”

历史就怕对比。实际上，比起这些城市工厂里的“无产阶级”，那些生活在乡村的农民更加艰辛。就连恩格斯也认为最糟糕的情形发生在乡村而不是在城市。在富人眼中，城市似乎又脏又挤，但在劳动者眼中，城市却是自由和财富的天堂。人口增长本身也是因为人们的生存条件改善导致死亡率大大降低。虽然工人的工资增长缓慢，但“运输革命”使得食品价格和大多数消费品价格持续下跌，普通人的生活水平实际上在不断提高，来自中国的茶叶和来自美洲的白糖从珍馐美味变成了家常便饭，甚至以前用来剪羊毛的绵羊现在只是为了吃羊肉。最直接的证明是，当时英国储蓄银行的3000万存款中，绝大多数都来自工人阶级。

1848年之后，以首届世博会为标志，英国进入繁荣的“维多利亚时期”。1850年至1860年的10年间，英国棉纺业的增长幅度甚至超过此前30年的增长。1851年，英国人口有2100万，纺织工人就达210万。铁路的迅速发展也为经济提供了巨大的动力，大量投资带动了钢铁、机械制造、建筑工程等诸多产业，创造了前所未有的就业机会。正在工业化的德国颁布了涵盖劳工阶层的医疗和养老“保险法”，拉开了现代社会福利制度的序幕。

与此同时，火车和蒸汽船的迅速发展，大量人口移民美洲和澳洲，劳动力出现紧缺，这导致工人工资开始大幅增长。在1815~1850年间，英国的平均工资仅增长了15%~25%，而在接下来的50年中，工资水平一下子提高了80%。工人并没有越来越穷，而是越来越富；当无产阶级变成了中产阶级，暴力运动便失去根基，从而使《共产党宣言》里所说的革命无以发生。马克思认为，在现代社会中，中产阶级将成为一个少数特权群体。事实上，成熟的资本主义制度催生的是中产阶级，而不是无产阶级。1858年，恩格斯在写给马克思的信中承认，“英国的无产阶级确是愈加资产阶级化了”，“节约、谨慎、合作和勤奋的观念取代了挥霍、暴力、冲动和享乐的思想，逐渐深入人心”。

传统经济下，中国农业劳动力向来过剩。在现代化史过程中，工人阶级很快就扮演起“中产阶级”——而非一无所有的无产阶级——的角色。与占绝大多数的普通农民（尤其是贫雇农）相比，居住在城市的工人阶级无论是物质文化、精神生活还是社会地位，都要好得多。这种“中产”身份几乎保持了一个多世纪，特别是在“工业学大庆”时期，进城当工人无比荣耀。对农民流动稍一放松，便会出现大量的“民工潮”。从后来的发展看，城市工薪阶层也是中国最早步入“中产”的主流。

从经济上来说，资本主义的最大特点不是剥削，而是创造（财富）。相对于拥有财富和权力的资产阶级，工人阶级逐渐形成一种社会主流力量。常识和良知告诉人们，一个社会不可能永远把他们排除在政治之外。长期的反机器运动也使工人们认识到，他们的对手不是机器，而是机器的主人。经历理性启蒙的工人群体提出一条走出困境的新途径——“没有普选权，便是死路一条”。宪章运动的领导人之一欧康纳在 1838 年说：“全民选举权会立刻改变社会的整个特征，把社会从一种充满警觉和怀疑的状态改变为一种充满友爱、互利和普遍信任的状态。”

对一个好的工业社会来说，民主是重要的，而争取民主更加重要。“你们的贫穷是没有代表权的结果，而不是原因。”历史常常是一种纠正。在工人争取政治权利的同时，新兴的工业资产阶级也要求在政府中获得更大的发言权。在社会压力下，英国议会终于于 1832 年通过了《改革法案》。宪章运动虽然在即将成功之际解散了，但宪章运动纲领中的几乎所有条款后来都被写入英国法律。经过不屈不挠的长期抗争，劳工阶层最终获得了政治话语权，领导工人斗争的工会转化为代表工人利益的工党，依靠对话、和解，一个文明理性的新社会制度，使全体民众共同分享了这一机器革命所带来的丰硕果实，这是马克思所没有想到的。

1850 年，全世界 90% 以上的人都是农民，他们根本不知道什么

宪章运动漫画。英国宪章运动发生于十九世纪三四十年代，目的是工人们要求取得普选权，以便有机会参与国家的管理。

蒸汽机和铁路。当时很少有人意识到工业革命已不可阻挡，马克思敏锐地洞察到这一历史趋势。仅从这一点来说，马克思就不失其伟大。1883 年 3 月 14 日，马克思在伦敦去世。一年后，恩格斯出版《家庭、私有制和国家的起源》，书中写道：“有产阶级是直接通过普选制来统治的。……普选制是测量工人阶级成熟性的标尺。在现今的国家中，普选制不能而且永远不会提供更多的东西；不过，这也就足够了。”

在现代社会中，普选权几乎已经成为民主的代名词。民主的原则是指全体人民，而不是一个统治者或一个权力集团，去决定他们的命运和公共事务。1800 年，英国有选举权的公民只占总人口的 3.1%，选举权本质上是一种拥有财富的资格象征，而且仅限于男性。1867年的议会改革将选民人数增加到成年居民15%，而所有男子都拥有普选权要等到1885年。1929年，女权运动推动了妇女选举权进步。在此后的一个世纪里，在几乎所有文明民主国家里，男人和女人都获得了选举权。这成为现代社会的一个显著标志。

真正的改革非常少见，改革往往出于少数统治者善意的推动。革命作为一种集体暴力行动，成本极其高昂，而且是个人承担成本，社会最终受益。理性是革命的“大敌”。一种耐人寻味的历史巧合是，工业革命与启蒙运动几乎发生在同一时间和同一地域;从物质到精神，所谓现代文明就这样诞生了，科学化、工业化和民主化，从此成为一个全球化时代的“历史大势”和“世界文化”。

历史不能假设，假如18世纪的英国就已经实现了民主和普选，那么工业革命多半是不可能的。因为占人口大多数的“无产阶级”绝对会禁止一切技术革新和机器。资本主义需要国家权力的支持，反之亦然；无论是早期的英国还是后来的苏联，所有的工业革命都离不开一个“专制”的政府。这不能不说是一种历史的悖论。

虽然人类在现代的历程上发明无数，但选票无疑是最伟大的发明；就其文明性而言，似乎还没有任何一种发明可以与之相提并论。正因为如此，选票也往往成为一个国家是否进入现代的标志。英国以象征公平正义和文明的选举权，通过议会政治的途径，彻底摆脱了革命和罪恶的历史诅咒。这种民主历程是和平的、渐进的，并没有发生剧烈的暴力革命，这与血流成河的法国革命形成鲜明的对比。

1859年，狄更斯出版了《双城记》——“双城”即巴黎和伦敦；他以法国大革命与英国工业革命为背景，在批判的同时提醒人们，暴力革命并不能解决所有问题，只有理性和宽容才能带来社会进步。一个世纪之后，经济学家熊彼得将机器引发的这一历史变局称之为“创造性破坏”；他继而指出，这一“破坏”的最大受益者其实是普通劳动阶层，或者说是“无产阶级”——

> 无疑有一些现代工厂可以得到的物品是路易十四本人极欲得到但无法得到的东西——比如现代牙科技术。从总体上说，那种高收入水平的人从资本主义成就中得到真正想要得到的东西是极少的，甚至快速旅行对于一个高贵的绅士来说也不是很值得重视的事情。电灯对于有钱买足够蜡烛和雇人照料蜡烛的任何人来说，不是巨大的恩惠。便宜的衣服、便宜的棉织品和人造丝织品、皮靴、汽车等，是资本主义生产的典型成就，但一般来说，这些并不是对富人生活有多么了不起的改进。伊丽莎白女王有丝袜。资本主义的典型成就，并不在于为女王们提供更多的丝袜，而在于使丝袜的价格低到工厂女工也买得起，作为稳步减少劳动量的回报。[17]

日不落帝国的崛起

文艺复兴时期，达·芬奇以绘画名垂千古，其实他作为机械师的才华同样出色。他在 1496 年 1 月 2 日的日记中写道：

> 明天一早我就制造皮带传送带，并开始试运行。……每次运行能够生产400枚缝衣针，一小时运行100次就能够生产4万枚缝衣针，12小时就能够生产48万枚。如果按照1000根卖5个金币的话，那么40万枚就可以卖2000个金币。一天的工资是1000里拉；如果每个月工作20天，那么一月就可以挣到6万达克特。

达·芬奇的这段话足可以证明，一个成功的机器怎样成为一个可怕的经济倍增器。从这里也可以理解，美国经济学家乔尔·莫基尔何以将技术创新称为“富裕的杠杆”，他认为西方崛起的真正根源就是技术创新。对英国来说，工业革命的关键不在于生产本身，而在于社会和政治自由，不在于人有没有创造能力和知识，而在于社会能否容许这些能力和知识得到应用。自由鼓励创造，个人创造一旦与社会需求相结合，就必然焕发出巨大的生产力。

光荣革命之后，多元化的英国社会充满活力，因为它比其他国家有更多的自由和机会。在《国富论》中，亚当·斯密将1660~1760年间称为“最幸福、最幸运的时期”，七场战争、三次叛乱以及伦敦的大火灾和鼠疫，都没有阻止“英国走向富裕”。英国很早便解除了人口流动的限制，这导致城镇开始兴起，以雇佣和工资为主的劳资关系随之普遍起来。在棉花革命之前，圈地运动产生的英国毛纺工业孕育了近代工业。如果仔细研究那些早期的资本家，就会发现他们大多来自社会普通阶层，特别是“非国教徒”，这一群体“构成受过良好教育的中产阶级”。

在工业革命以前和工业革命期间，英国独特的社会环境非常有利于人力资本的形成。到1750年，英国已经拥有一个由各色人等组成的“中产阶级”，他们有良好的文化素养，营养充足，具有商业或技工背景。这个阶层为英国提供了许多工业创始人，而很多有创造性的发明家和企业家也往往来自这个阶层。如哈里森、纽可门、瓦特、阿克莱特、哈格里夫斯、克朗普顿、卡特赖特、达比、科特、韦奇伍德和斯密顿，等等。这些人大多都是工匠出身，没有上过大学，阿克莱特只是个理发师，韦奇伍德是个陶工，但这些人往往既是理想主义者，又是实践主义者，勇于创造。韦奇伍德发明了测温计，可以测量1000摄氏度以上的高温。这些天才般的“巨匠”分别在钟表、蒸汽机、棉纺织机械、冶铁技术、陶瓷烧制和民用工程等领域取得了关键性的技术突破，英国经济正是凭借这些革命性的技术优势而成为现代世界的开拓者。

在这一过程中，英国的经济思路也从传统的重商主义转向自由贸易，这是英国得以超越西班牙和荷兰等老牌帝国主义的重要原因。早在1776年，斯密就在《国富论》中首次提出“自由贸易”原则——贸易导致国家财富的增长。1825年，英国废除了禁止机器出口的法令；依靠生产机器的机器，英国开始向世界工厂迈进。1846年废除谷物条例，标志着英国工业界已经取得支配性地位。1849年，英国废除航海条例，世界由此开始了一个自由贸易时代。

在过往的人类史上，所有帝国都依靠战争而崛起，奉行的是暴力征服与奴役掠夺；自由贸易改写了这段野蛮史。所谓文明，就是平等自由地进行商品交换，取长补短，共同走向富裕。对很多西方思想家来说，自由贸易是一种文明力量，正是自由贸易的期许，才让西方文明的甘露撒向全世界。从19世纪开始，英国传统的斗鸡斗牛、游街示众、公开认罪、公开处决和暴尸的野蛮暴行都从法律上遭到禁绝。“200 多年来，维护和完善个人自由，成了英国占主导地位的理想，它的制度和传统成了整个文明世界的典范。”[18]

三十年河东，三十年河西。对人类历史来说，200 年弹指一挥，但它常常带来沧海桑田的巨变。作为一个传统手工业大国，印度在英国工业革命的冲击下，却陷入长时间的停滞甚至倒退。17 世纪的英国还是印度纺织品的净进口国；到 19 世纪中期，曾经向英国出口棉纺织品的印度，已经变成了兰开夏郡工厂的棉花原材料供应者；英国反过来将棉纺织品出口到印度。1833 年，英国历史学家托马斯·麦考莱在议会发言中，对印度殖民政策提出批评：“把欧洲文明传播到庞大的东方人口中去，我们从中获得的好处不计其数。从利己的角度看，一个独立自主且治理有方的印度，远比一个隶属于英国但治理糟糕的印度对我们更有利。和文明人做贸易远比管理野蛮人更加有利可图。后者会让印度变成一个无用但花费巨大的附属国，上亿的印度人口最终不再是我们的顾客，而是我们的奴隶。由于资源有限，我们不可能自己完成教育整个印度国民的大任。因此必须赶快在英国和印度人之间建立一个中间阶级，一个流着印度人的血有着印度人肤色却有着英国人的品味、观念、道德观和思维能力的阶级。”

经过工业革命的洗礼，英国工业资本异军突起，成为世界经济的旗舰。法国、美国和德国紧随其后，西欧为世界经济装上了发动机。到 1830 年，英国实际垄断了世界钢铁、蒸汽机及纺织机的工业生产，并用天下无敌的武力将自己的产品销往世界各地，建立起一个日不落的世界帝国——从英伦三岛到冈比亚、纽芬兰、加拿大、新西兰、澳大利亚、马来西亚、新加坡、缅甸、印度、乌干达、肯尼亚、南非、尼日利亚、马耳他以及无数岛屿，地球上的 24 个时区均有大英帝国的领土。英国皇家海军的军舰驶遍五大洋的每一个角落，全世界 1/3 的商船挂着英国的“米”字旗帜。英镑成为全球通行的世界货币。

从哥伦布时代开始，直到瓦特时代，全球化走过了一个筚路蓝缕的历史过程，工业革命将生产力提升到一个新的水平线上。大工业的出现，使商品交换迅速扩大；当商品交换扩展到世界范围时，就形成一个世界市场。全球化的世界市场使各个国家和民族连为一体；这种

“日不落帝国”。英国作为第一个工业化国家，在 19 世纪达到全盛时，其属国及殖民地遍布世界各地。

国家与民族之间的剧烈碰撞，形成近代以来的世界历史。到 20 世纪初，世界领土被西方列强瓜分完毕，英国占有最大份额，它拥有的领地超过英国本土面积的 100 倍，统治着全世界 1/4 人口。

霍布斯鲍姆将 18 世纪称为“革命的年代”，将 19 世纪称为“帝国的年代”。按照列宁的说法，帝国主义是资本主义的最高形式，帝国主义是垄断的资本主义，它的特点是市场垄断化、政治寡头化；帝国政府的目的为了维持自身的统治，而不是为了公民的自由；少数富人剥削多数穷人。确实，1688 年至 1815 年间，英国政府实际收入增长了 14 倍，而英国国民收入只增长了 3 倍。进入 19 世纪以后，先发的西方资本主义列强不遗余力地在全球范围内建立殖民地，而大英帝国则是 19 世纪全球政治的象征。

人类的历史就是不平等的历史。客观一点来说，少数人的富有与多数人的贫困并不是工业革命的发明。就资本主义本身而言，它虽有冷酷的一面，但它最大的特点并不是强制和剥削，而是自由和交换。大英帝国的建立，既是殖民化的过程，也是全球化的过程。

资本主义的关键之处，不仅仅在于人们是否从事了商品和服务的交换，而在于这种交换行为是否符合严格的市场交换逻辑；换言之，交换行为是否像机器一样运行。资本主义树立了一种新道德标准：利润应该投入再生产，进行扩建工厂或技术研发，以增加产量，获得更多利润。资本是用来投入生产的钱，而不是用来挥霍或埋入地下的财富。如果抛开道德因素，那么资本主义并不是一种政治制度，而只是一种现代的经济生活方式。经济目的是最大规则，积累资本是最大目标。每个人都为获得利润而工作，赚钱不是为了满足生活和消费，而是为了作为资本进行投资。用资本获得更大的利润，周而复始，使资本不断增加。资本主义的核心价值是勤俭，而不是消费，积累资本的原则是现代工业制度获得成功的重要前提。让人们为一种自身需求之外的目的去殚精竭虑，这是西方资本主义崛起的秘密。

天下没有免费的午餐，革命必然会有代价。技术变革导致社会动乱，工业经济的发展带来乡村崩溃和城市失控，英国社会经过了一系列社会剧变、失序和重新整合，这些都是人类历史上前所未有的。相比之下，中国历代王朝重视秩序胜过一切。正是出于对稳定的过分追求，对许多技术变革和社会变革都采取压制和抵制的态度，从而导致相对的"停滞"和"落后"。

一个社会的发展如同一个人的成长。传统的乡村时代就像是人的童年，幼稚天真，人们仅满足于温饱。从传统到现代的历程就像一个人从儿童到成人的嬗变，必然要经过青春期的阵痛。无论是理性温和的改革，还是暴烈毁灭的革命，这种文化层面的整合与变革都是无法避免的;否则，无论物质多么丰裕，这个"人"只不过是一个"巨婴"罢了，心智、品德和尊严都无从谈起。

不应忽视的组织革命

历史只记录发生过的事情，而不记录未发生的事情，过去没有的，并不意味着将来没有，未来不是历史的再现。技术进步的本质正在于其不可预知性。

回顾工业革命以来的历史，就会发现革命来自创新，这种创新不仅包括技术发明，也包括制度创造。如果没有专利法，就不会有那么多发明；如果没有公司制度，这些发明也不会创造那么大的价值，当然工业也就无法诞生。

工业革命无疑是由个人技术创新引发的，但是将它们转化为产品并影响社会的却是公司。书写这段风云激荡的历史，我们不应忽视这场悄悄发生的组织革命，许多貌似宏大叙事的历史背后，都少不了这一重要背景。

作为一种最特别的“机器”，公司就像是技术的放大器，使技术创新变成真正的财富。工业革命固然离不开许多天才的工匠和科学家，但真正的缔造者无疑是那些没有受过多少正规教育，眼睛紧盯着利润的企业家。要是没有与博尔顿的合伙公司，瓦特可能与发明飞梭和骡机的那些发明家一样陷入困境。尽管瓦特时代的公司规模都不大，但已经不同于传统重商主义时代，大量生产性的工业公司逐步取代传统的商业贸易公司，成为现代经济的主导者。

从历史来说，公司这种现代机构最早可以追溯到古罗马时期。中世纪后期的教会企业，也可以被视为独立法人有限公司的原始雏形。1600 年，英国东印度公司成立；两年之后，荷兰东印度公司成立。这应是现代公司最早的起源。从商业结构来说，这两个“东印度公司”作为股份制法人公司，已经与传统的合伙企业大相径庭：它们都实行无记名制，也就是合伙人以陌生人为主；所有权与管理权分离。此外，公司作为永久存在的实体，具有独立于股东之外的法律地位。

公司是独立个体，不等于设立者、投资者和管理者。公司就是一个建立在章程之上的集体想象，它体现的是一种民主精神和契约精神。公司的所有权属于全体股东，股东大会拥有公司最高权力；在股东大会上，每个股东都有自己席位和投票权（表决权）；每个股份都代表等量（平等）的权力。管理和监督公司的董事会、监事会，都由股东大会选举产生。

值得玩味的是，荷兰东印度公司的成立与荷兰共和国的独立基本发生在同一时期；一个是公司，一个是国家，二者从组织、运营、管理等方面具有相似的同构性。马萨诸塞公司和弗吉尼亚公司作为北美殖民地的开拓者，直接孕育了后来的美国。亚当·斯密曾说，“法律和政府的形成是人类的审慎与智慧的最高成就”。其实公司也是如此，而且公司比国家名义更容易筹款。

伦敦的东印度公司总部大楼。东印度公司的成立对英国的崛起贡献极大，甚至一度成为大英帝国的殖民象征。

整个17世纪，荷兰东印度公司算得上是世界上最富有的公司，拥有超过150艘商船、40艘战舰、5万名员工和1万人的军队，股息高达40%。进入18世纪，英国东印度公司后来者居上。1715年（清康熙五十四年），英国东印度公司在中国粤海关设立商馆。从1760年到1800年，英国与中国的贸易额增加了10倍以上。在中国与西方贸易总量（主要是茶叶）中，英国占78%，基本被东印度公司垄断。1773年，东印度公司的茶叶专卖权引发美国独立运动。不久之后，东印度公司为了平衡贸易逆差，向中国输入鸦片，结果引发鸦片战争，中国由此进入近代史。

实际上，鸦片战争的根本原因并非鸦片，而是白银。当时中国虽然以白银为法定货币，但却没有真正的"银行"。

现代银行与现代公司一样，同样也由荷兰和英国首创，之后扩散到全球。从组织运作来说，银行可算是公司之一种。银行创造了"资本"这一概念，不仅财富可以自我增值，而且商品交换更加快捷简便。牛顿在担任皇家造币局局长期间，帮助英国建立了金本位制度，英镑因此成为第一个世界货币。货币体系和信贷制度的完善为现代公司的创建和运营铺平了道路，并使其走向跨国发展成为可能。

在工业革命早期，因为工厂投资较低，所以大多数企业仍然是合伙或家族性质。随着运河和铁路建设的兴起，具有资本和风险管理优势的股份公司迎来了真正的春天。

苏伊士运河完全是靠商民合凑股份的运河公司而开凿成功的。与苏伊士运河相比，巴拿马运河更具创造性和挑战性。没有什么比这两个运河更能体现现代文明的精髓，它依靠蒸汽挖泥船和国际资本，天堑变通途，梦想变成现实，让世界转眼间缩小了上万公里。

铁路不只是现代化企业的催生者，也是最早的现代化企业。铁路公司大量雇用职业经理人来进行管理，这在一定程度上代表了现代企业的最佳行为边界。在1824年至1825年创办铁路公司的高潮时期，英国先后成立了20家铁路公司，其资本总额高达1350万英镑。铁路热潮使股票市场在相当长一个时期一直呈井喷态势。清朝于1904年颁布《公司律》，铁路股票热火朝天，“倡优乞丐亦相率入股”，随后出台的铁路国有化方案引发股民抗议，结果在镇压与暴动中，清朝走向覆灭。

英国于1862年颁布了世界最早的《公司法》，它树立了一个重要原则，即创立股份公司从一项精英特权变成一种公民权利，不再需要政府的特许，而只需要7个人共同签一份组织章程。公司由特许变为自由注册，由特权变为平等的权利，与之相随的是由垄断到竞争，由封闭到市场开放。自由竞争与自由贸易大大解放了生产力，英国因此自信十足。

与早期家族公司不同，现代股份企业实现了财富的社会化。这在某种程度上改变了马克思的一个基本判断，即通过大量的股份化，财富已经从少数资本家的手中转移到广大中产阶级手中。从观念上，公司作为一种民间自由结合，打破了传统的乡土家族观念，带来更高精神层面的自由和平等。如果说公司塑造了现代社会，西方文明的成功多半应归功于科技上的强势和自由主义价值观；从这个意义上说，公司也是衡量一个国家政治文明程度的最好指标。

公民梭罗

文明的发展总免不了落差，有时更像是时差，所谓东边日出西边雨。

在曼彻斯特的机器革命风起云涌之际，西班牙的巴塞罗那依然保持着传统之美。直到 18 世纪末，这里所有的工作都是由手工完成，并且所有的工作场所都很小，很多工匠干脆就在街上干活，一个盲人甚至可以根据街道两边不同的声音和气味而来去自如，比如木匠的拉锯声、箍桶匠的敲打声，皮革的味道或铁匠铺的烟火气……

但到了 1835 年，巴塞罗那也有了纺织厂，同样也有了反机器运动；人们谴责机器是“魔鬼的发明”，纺织厂刚刚开张，很快便化为灰烬。在普鲁士的西里西亚，1844 年爆发的织工抗议最终演变成一场武装起义；工人们不仅捣毁工厂里的机器，还焚烧了仓库和工厂主的财物与账簿。诗人海涅为此写作了著名的《西里西亚织工之歌》。

工业化催生了消费主义，人的物质生活远远超越了基本生存所需，传统时代的温饱需求被追求享乐和舒适取代，消费变成社会生活的主题，物欲横扫一切。怀旧是人的一种普遍情感。随着机器时代的遽尔而至，人们才发现失去了什么。就在不久前，一切还都是手工的，日子过得那么悠远、缓慢、温情和确定。从中世纪以来，生活就是这个样子，历史总是显得如此古老。

在中国远古的传说时代，有许多诸如精卫填海、愚公移山这样的想象。“抱瓮灌畦”常常被视为典型的东方式智慧——

子贡南游于楚，反于晋，过汉阴，见一丈人方将为圃畦，凿隧而入井，抱瓮而出灌，搰然用力甚多而见功寡。子贡曰：“有械于此，一日浸百畦，用力甚寡而见功多，夫子不欲乎？”为圃者仰而视之曰：“奈何？”曰：“凿木为机，后重前轻，挈水若抽，数如泆汤，其名为槔。”为圃者忿然作色而笑曰：“吾闻之吾师，有机械者必有机事，有机事者必有机心。机心存于胸中则纯白不备。纯白不备则神生不定，神生不定者，道之所不载也。吾非不知，羞而不为也。”（《庄子·天地篇》）

在中国传统文化中，机器常被贬斥为“奇技淫巧”。对机器的反对不仅是对效率的拒绝，也是一种对进步的抗拒。这与中国道家的“守拙”思想一脉相承——“民多利器，国家滋昏；人多技巧，奇物滋起。”

作为一种典型的“器”，瓮是一种最简陋低效的汲水工具。桔槔作为农耕时代的典型机器，虽然功效甚高，“一日浸百畦，用力甚寡而见功多”，却在此遭到了严厉批判，“有机械者必有机事，有机事者必有机心”。“工人斫木而成器，然则器生于工人之伪，非故生于人之性也”，所以老子崇尚复古，“小国寡民，使有什伯之器而不用；使民重死而不远徙。虽有舟车，无所乘之；虽有甲兵，无所陈之。使民复结绳而用之”；“不尚贤，使民不争；不贵难得之货，使民不为盗；不见可欲，使心不乱”。在农耕文化非常发达的中国，人口过剩常常构成对效率的挤压效应，勤劳比机智更接近于中国美德；反过来，懒惰是比愚蠢更不可饶恕的罪过。

如果对比英国18世纪纺织工人的处境，或许人们更有理由重新

桔槔是中国一种古老的木制机器，利用杠杆原理，可以很省力地进行汲水灌溉。类似的还有水排和辘轳。

看待东方“守拙”的智慧。但这种智慧即使在古典时代也并不见得为人所接受，老子不由发出如此感慨：“吾言甚易知，甚易行。天下莫能知，莫能行。言有宗，事有君。夫唯无知，是以不我知。知我者希，则我者贵。是以圣人被褐而怀玉。”如果老子活到现代，真不知他会做何感想。媒介学先驱麦克卢汉曾说：“所谓‘神生不定’，也许正是我们现代危机中人们的精神状态，而技术和机器在全世界广泛的程度，却是中国圣贤远远无法想象的。”

启蒙运动的哲学家康德认为，虽然工作是使生活得到快乐的最好方法，但每个人都应该是目标而不是工具。从更大意义上来说，启蒙运动是一场反机器反奴役的人文思潮。卢梭宣扬农民的自由智慧与朴素健康的田园生活，开创了 19 世纪浪漫主义先河。他在《爱弥儿》（1762）中写道：“出自自然造物主之手的东西都是好的，而一到了人的手里，就全变坏了。”勇敢的新教分子从机器时代的欧洲涌向蛮荒时代的美洲，刀耕火种，砍柴、牧马、读书。

很多年以后，机器已经征服了所有的土地，一个叫梭罗的青年逃到了瓦尔登湖，他在那里居住了两年零两个月又两天，劳动、思考、晒太阳。

“许多人钓了一辈子的鱼，却不知道他们钓鱼的目的并不是为了鱼。”梭罗在尝试一种简单的、没有机器的新生活方式。他相信自己既不懒惰，也不任性，应当做些与他性情相近的体力劳动来谋生，比如造一只小船，或是一道篱笆，种植、测量，或是其他短期工作，而不必忍受长期枯燥的机器奴役。梭罗认为，他在世界上任何地方都可以生存，因为他需要的并不多。他只用很少的时间去劳动，以供养自己的生活，然后留下大量的闲暇时间来读书、思考、旅行、享受自然。“最富有的人并不是拥有最多物质财富的人，而是拥有最多自由时间的人。”

对一个伟大的灵魂来说，它的最大特征就是独立和个性。梭罗将自己在瓦尔登湖森林中的生活和思考写成著名的《瓦尔登湖》：

> 1845 年 3 月末，我借来一柄斧子，走进瓦尔登湖的森林里，开始砍伐一些箭似的白松，准备造一所房子。那是愉快的春月，人们感到难挨的冬日正跟冻土一般地消融，而蛰居的生命开始舒展起来……

梭罗指出，舒适和奢侈正成为现代人的负担，机器正在使“生活变得越来越复杂，最终会导致生命的衰落”。“我们接通了越洋的电缆，却用它询问阿德莱德王妃是否得了咳喘，并未用它交流人类的思想；我们建成了铁路，却坐着它去城里消磨时光。”

梭罗在少年时就曾说，他要将圣经中关于一周工作六天、休息一天的教义，改为工作一天、休息六天。他在瓦尔登湖实践了这种生活方式：仅花了 28 美元就建起栖身的小木屋，花 27 美分就足以维持一个星期的生活，只需工作 6 个星期，就足以维持一年这样简朴的生活，一年中，他可以用 46 个星期去做自己喜欢做的事情。

“一个人一生只能看到一个世界。”梭罗最重要的贡献是他对“国家机器”的批判，他以《论公民的不服从权利》提醒人们警惕国家主义的扩张和政府权力的机器化，“当镇压和抢劫成为它的内容时，我说，让我们再也不要这样的机器了”。梭罗认为每个公民都有反抗的权利，但他与潘恩不同，他反对一切暴力。后来的甘地和路德·金都证明了梭罗标榜的“非暴力反抗”是可行和有效的。

虽然远隔 2000 多年，梭罗的思想与孟子具有惊人的相似性。孟子尝言，“民为上，社稷次之，君为轻”。同时，孟子也崇尚节制、简朴，甚至苦修的生活。

> 孟子曰：说大人，则藐之，勿视其巍巍然。堂高数仞，榱题数尺，我得志，弗为也;食前方丈，侍妾数百人，我得志，弗为也;般乐饮酒，驱骋田猎，后车千乘，我得志，弗为也。在彼者，皆我所不为也;在我者，皆古之制也，吾何畏彼哉?

第6章

美利坚，一个现代神话

> 就现代史而言，一个国家的崛起离不开技术创新和政治正确。英国因工业革命和自由贸易而成为现代经济体系的开创者；美国以管理革命、科技革命和民主自由后来者居上，成为现代世界的领导者。

1936年11月30日，水晶宫在一场意外大火中化为灰烬，一个英国主导的蒸汽机时代和帝国时代宣告结束。作为大英帝国的遗产，除了英语，还包括民主制度，以及前途无限的现代世界。在澳大利亚的国旗上，在印度人的语言中，现代社会的一切制度、文化都起源于此，英国价值观传遍整个地球。

作为英国前殖民地，美国一直是英国人的移民首选；1851～1890年，500万英国移民中，绝大多数选择了美国。经历过两次世界大战后，英国衰落了，但英国的长子——美国，已经成长为现代世界新霸主。一部现代史，几乎可以分为两个时代，即英国时代和美国时代；如果说之前的全球化是全世界英国化的过程，那么之后的全球化就是全世界美国化的过程。

斯密说："一个国家从最低级的原始状态发展到最高等级的富裕阶段，所需甚少，仅仅是和平安定、宽松的税收和宽容的司法管理。其余之事，顺其自然即可。"美国的工业化过程几乎完全沿袭了英国模式，只是规模更大，持续时间更加长久。如果说英国的革新是一种生产方式的变革，那美国的革新则更多的是新产品的出现。英国的机器大工业生产以大众必需品为主，而美国的生产线则改变了生产方式，不断推出新产品，使人类生活方式发生了革命性的改变。

对工业革命来说，英国发明了最重要的蒸汽机，但内燃机、柴油机、发电机和电动机等的发明和改进却被德国拔得头筹。在一种平民精神的激励下，美国不仅发明了环锭纺织机、缝纫机、打字机、白炽灯和电话，还发明了各种各样的"方法"：从惠特尼的互换技术，福特的大量生产，到泰勒的现代管理。正是依靠这些革命性的"软件"技术，美国由一个后起之秀迅速成长为世界工业第一强国。

有人说过：美国是由千千万万不爱自己祖国的人组成的国家，但他们都很爱美国。美国人或许不勤劳，或许不勇敢，或许不智慧，但是，全世界最勤劳、最勇敢、最智慧的人都在向这里聚集。他们来自不同的地方，属于不同的种族，有着不同的文化和信仰，仅仅基于对自由和民主的认同，美国就诞生并且成功了。

美国不像古老的欧洲，美国没有保守传统和历史包袱，权力和财富并不垄断在一个保守封闭的特权贵族阶级手里。这是一个比当时世界上其他任何地方都更开放、更优越的社会。一个拥有一技之长的平民子弟，只要足够勤奋和聪明，就可能随时随地跨越阶级间的巨大障

美国是一个由移民（主要是英国人和欧洲人）建立起来的新国家。多元文化形成宽容和自由的传统，对现代文明的认同是美国成功的基础。

碍，成为“靠自己的努力而获得成功的人”，他甚至不用像阿克莱特那样去赢得贵族的认可，封个什么爵士头衔。

有人说，美国不是被发现的，而是被发明出来的。美国的名字是发明的，美国的民主是发明的，美国的机器是发明的，美国的生活方式也是发明的。对美国人来说，想出一个创富的点子，造出一台节省劳力、削减成本、制造幸福的机器，是人类智力努力的最高目标。一位欧洲评论家说：“除美国人外，有谁发明过挤奶机、搅蛋机或擦皮靴、磨刀、削苹果和能做一百件事情的机器？而这些事情自远古以来，其他人一直是用十个指头做的。”赫鲁晓夫看到美国榨汁机后对尼克松说：一个头脑正常的人是不会想到弄出这样一个“怪物”的。

1959年，冷战中的美苏两国共同举办一次工业博览会，苏联展示的是火箭，美国展示的是厨房。美国的电冰箱更像是一件超级武器。赫鲁晓夫说：这不是厨房设备的问题，而是资本主义与社会主义的不同。美国还展览了最新款的计算机IBM-RAMAC305，有1万名苏联人接受了电脑调查：何谓美国梦？——所有人都可以自由地寻求更好的生活，信仰自由、思想自由、集会自由、表达自由、选举自由和教育自由。尼克松告诉赫鲁晓夫：我们不会把这种生活方式强加给你们，但你们的后代会看到这一点。不只是尼克松，几乎每一届美国总统都在重复这句话："我们需要的是，下一代人应该比我们过得更好。"

在历史的任何一个时期，要知道一个人喜欢哪个国家，只需看他希望自己的后代生活在哪里。因为人总是希望一代比一代生活得更好。当人不能用手投票时，会用脚投票。在普遍的文化意义上可以说，美国不是一个民族或者一个国家，它更多的是一种信仰。美国人关注的是未来，而不是过去。因此，有人将美国称为"未来共和国"。

为什么美国没有社会主义

虽然工业革命最早发生在英国，但真正获益的，或许是"青出于蓝而胜于蓝"的美国。

1776年，当13个州宣布脱离英国独立时，所谓美国，只不过是一个偏居大西洋沿岸的农业小国，而到了19世纪中期，美国就已经成为最先进的工业国家，而且美国产品比英国产品更便宜，更具竞争力。美国人口也超过了英国。美国之所以后来者居上，一是他们充分地学习和改进一切新技术，二是最大限度地扩大生产规模。因为美国劳动力比英国更加短缺，这使美国在机械化方面步伐更大，走得更远。正如马歇尔所说，用机器制造机械开辟了零件配换制度的新时代。

人类文明史其实也是一部技术进化史。从手工制作到机器生产，最大的变化就是利用通用部件进行大规模生产。通用部件和互换技术不仅是机器时代的最大特色，也是大量生产的前提。

18 世纪末，法国枪支制造商勃朗生产了 1000 支步枪，并把各部件用不同的箱子装起来，可以随机抽取部件组装成枪。其实早在 1720 年，很多法国制造商已经采用这种方法。勃朗每年为拿破仑生产的步枪达 1 万支。然而到了 1806 年，拿破仑的法兰西第一帝国政府却取缔了这一生产模式。因为通过这种无技能的劳动，枪支制造商将有可能摆脱帝国对武器的控制。以至于半个世纪后，当法国人听到“美国模式”的互换技术时，完全当作天方夜谭。

惠特尼称得上是一位天才的发明家，他 14 岁的时候，就已经懂得使用机器来大量生产钉子，后来他发明了改变世界的轧棉机。然而，惠特尼对美国社会最重要的贡献却是提出了大量生产替换零件的概念，这比他发明轧棉机有更加重要的意义；因为发明轧棉机的技术只限于单项产品，而一种创造性的思想远比单一用途的产品影响更加广泛。

1798 年，急于摆脱债务的惠特尼从美国联邦政府承接了 1 万支滑膛枪的制造任务。当时的枪支制造仍是全手工作业，依靠熟练的工匠对每一个部件进行定型、锉磨、抛光和全面修整，最后装配成一支完整的火枪。惠特尼完全打破传统工艺，将枪机分解成若干部分，用专门设计的模具或机器加工制作相同的部件，这就像用雕版印刷出的印刷品一样，最后只需少量人工，就可将这些部件组装到一起。不仅如此，惠特尼进一步发明制造了许多生产枪机部件的机器。他设计制作了用来切割金属的第一部铣床；此外，他还完成了许多模具和夹具，使制造和装配更加省时省力。利用这种制造模式，惠特尼生产的所有部件之间的误差非常小，足以保证任何滑膛枪的零件都能适用于其他任意滑膛枪。

1801 年，惠特尼带着 10 支滑膛枪来到华盛顿。当着杰斐逊总统的面，惠特尼将枪一一拆解；然后蒙上眼睛，将混杂在一起的部件重新组装成 10 支枪。杰斐逊对此赞叹不已，他认为惠特尼发明的不只是一种机器，而且是变革传统工序的新方法；只要机器按照统一的形状和规格生产，那么这些部件就可互相替换。标准化的互换原理颠覆了传统的“一个萝卜一个坑”限制，大大降低了生产成本和维修成本，甚至可以从 10 支无法使用的枪机中安装出 9 支好枪，且不需要多高的专业技术。

惠特尼生产的滑膛枪获得极大的成功。对于当时严重缺乏劳动力和技术工人的美国来说，惠特尼“标准化”生产理念无异于一把打开经济枷锁的钥匙。在接下来的几十年中，各行各业竞相采用惠特尼的互换技术和标准化制造方法。层出不穷的专用机床使制造业主可以用较低的成本大量生产工艺复杂的制造品；与此同时，零部件的标准化和高精度的制造机器大大提高了产品的质量。

可能因为轧棉机的教训，惠特尼放弃了所有的专利，也包括他发明的铣床；不仅如此，他还亲自向来访者演示他的机器和设备，耐心地讲解技术细节，这使得标准化生产模式迅速传遍美国。惠特尼的示范，被认为是美国制造体系诞生的标志，历史学家布尔斯廷把它尊称为“工艺革命”。惠特尼因此被誉为“美国规模生产之父”。

惠特尼发明的铣床经过改进，不仅能制造枪托，而且能制造轮辅、鞋楦、斧柄、木桨等各种形状的产品，并促使金属切割技术更加精确和快速。在同一时期，其他一些基础性的机械加工工艺和工序也得到改进。碾压、抛光机器的改进，大大减少了人工对金属制品的后加工时间；锻压工具的改进加强了对金属的冲压能力。到 19 世纪 60 年代，美国制造业主已经用机器取代了手工制造的各个基本生产环节；他们用这些机器（机床），可以以较低的成本大量生产工艺复杂的机器。

因为缺乏大规模高效率的生产方式，欧洲的滑膛枪长达 150 年都没有什么变化；有了自动化机器以后，只要做出新的模型，那么几十万支全新设计的枪就可以在一年内全部生产出来。从此以后，工业产品的更新换代速度明显加快。

萨缪尔·柯尔特与惠特尼非常相似。他在 21 岁（1835）时就发明了可以连续射击的转轮手枪，并获得专利。这位“转轮手枪之父”进一步完善了惠特尼的互换技术。在 1851 年的伦敦世博会上，柯尔特用他的左轮手枪进行了现场表演：他先把若干支手枪拆开，把部件随便混杂，再装配起来，每支枪照样能够使用。1850 年时，柯尔特的枪械厂拥有 400 台加工机器，每年生产 2.4 万支左轮手枪。在接下来的一个半世纪中，柯尔特的兵工厂总共生产了 3000 万支手枪和步枪。柯尔特为美国的武器平民化做了最卓越的贡献，对这些勇武的美国人来说，手枪几乎成为公民权和选举权的象征。左轮手枪在南北战

约翰牛与山姆大叔。美国继承了英国的现代精神，同时又摆脱了传统包袱，更大的国土和更多的人口使其更适合大量生产的现代工业体系。

争期间的广告文案中这样写道："林肯让所有人获得自由，柯尔特让所有人得到平等。"

随着机器的广泛采用，美国后来者居上，从英国手中接过工业革命火炬，成为世界工业的领跑者。美国内战前夕，惠特尼播下的种子已经结出丰硕的果实。英国人惊讶地发现，美国工人一天内能装配 50 支枪，而英国工人只能装配 2 支，相差甚远。在整个工业生产领域，美国的产品都比英国的更便宜。这些现代技术不仅提高了美国的军事装备水平，也被更广泛地应用在日用品生产上；被称为"波士顿疯子"的阿伦·丹尼森将惠特尼的通用互换技术引入制表业，实现了手表的大量生产；他抛弃了那些炫耀身份的珠宝装饰，售价降低

90%，将手表从奢侈品变成必需品。

从自行车到手表，从打字机到缝纫机，这些大量生产的廉价工业品大大提高了美国人的生活水平，使美国成为第一个跨入现代富裕社会的国家。

1881 年，詹姆斯·杜克组建了美国烟草公司，用机器实现了香烟的大规模生产，一台卷烟机一天可以制造出 12.5 万根香烟，这是手工生产的 40 多倍。1877 年买一部照相机需要 50 美元，要掌握照相技术还需花 5 美元去接受专门培训；1900 年，售价 1 美元的柯达自动相机大量面世，它的广告词说："你只需按快门，其余的我们来做。"

技术改变了经济，经济改变了社会和政治。经济学家桑巴特在《为什么美国没有社会主义》一书中写道："在一个到处都吃得到烤牛肉与苹果派的地方，任何一种社会主义乌托邦注定要失败。"

福特的摩登时代

南北战争深深刺激了美国的工业化进程。19 世纪 60 年代，美国制造业公司的数量增加了 80%。在此之后的数十年中，内燃机和电力等新技术的出现，大大推动了工厂的组织变革。

惠特尼历史性地开创了工业产品的大量生产：先制造标准的、可替换的零件，然后以最少量的手工劳动把这些零件装配成完整的单位。后来的麦考密克收割机公司、辛格缝纫机公司和柯尔特枪械公司都依靠类似的技术革新而获得成功。半个世纪后，卡内基率先开创了"流水线生产"，对机器与工人的作业流程进行细分和标准化。这大大提高了规模生产的效益。“制造100吨钢所花的时间与10吨一样多，生产规模越大，成本就越低”。1900年，一个12人的车间，一天可生产3000吨钢，这是50年前一家工厂一年的产量。

与卡内基相比，亨利·福特的“流水线”更具代表性。将汽车零件运送到装配工人所在地点的环形传送带，与部件互换技术构成现代工业“大量生产的两种主要方法”。相对而言，惠特尼面对的是一支结构简单的滑膛枪，卡内基面对的是品种单一的钢材，而福特面对的却是零部件极其复杂的汽车。如果将螺钉、螺帽以及其他所有零部件算在内，一辆福特车大约有5000多个零部件。有些零部件体积庞大，而有一些却几乎跟手表零件一般大小。

自从本茨和戴姆勒先后发明现代汽车后，短短20年时间，汽车作为一件完美的现代机器，迅速成为富豪新贵必不可少的座驾。如果说谷登堡开创了印刷时代、瓦特开创了蒸汽时代的话，那么福特则开创了一个“大规模生产时代”和“汽车时代”。当时的汽车属于少数富人才能拥有的奢侈品，汽车生产为私人定制的小批量生产。虽然福特并未发明流水线或者汽车，但他无疑是一个具有平民精神的倡导者，让汽车像丹尼森的手表一样普及，变成一个普通而普遍的交通工具。

1908年，福特汽车公司生产出世界上第一辆普及型汽车——T型车，世界汽车工业革命就此开始。

福特称T型车为“万能车”，后人称它为“老爷车”。这种汽车现在看起来极其简陋，但在当时几乎就是廉价可靠的运输工具的象征。正如福特所断言，95%的消费者不会选择。“如果你向这95%的人提供最佳的全面服务，以最优的质量、最低的价格出售产品，你将拥有相当广阔的市场需求”。福特T型车推出的第一年就成功售出近万辆，创造了一个销售神话。

福特的产业革新如同一场风暴，彻底摧毁了美国汽车业的“象牙塔”。在一片破产潮中，美国汽车公司从100多家迅速减少到十几家。好在这场革新在美国并没有遭到多少抵制，所有单件生产方式下的工匠都能在大量生产方式系统中重新找到工作，特别是总装流水线的出现，创造了许多不需要专门技术的新工种，从而吸收了大量工人。

在组装T型车的流水线上，福特使用复合的装配台，每个装配台都有不同的任务，工人在不同装配台间移动作业。这样的流程减少了装配时间，每个工人只需熟悉掌握一个装配任务；“放上零件的人不去固定它，放上螺栓的人不用装上螺帽，装上螺帽的人不用去拧紧它”。这使工人完成一个任务的时间大大降低。从1911年到1913年间，福特T型车的产量持续上升，但工人数量不仅没有增加，反而减少了一成多。移动转配线安装完毕后，海蓝公园工厂生产一部汽车所需时间只有24秒，数年后更是降至10秒；每天产量达到800多辆。与此同时，每辆汽车的价格由850美元降为不可思议的310美元，这使T型车比别人几乎便宜一半。在福特疯狂的设计下，现代批量生产由此诞生。一位参观过流水装配线的人曾形象地说：“我想到了一只孵化器孵出了一大批小鸡来。”

福特的贡献，不在于他制造了大量的汽车，而在于他创造了大量制造汽车的方法。流水线的首要贡献是解决了机械师不足的困境，机械师的工作不是直接制造汽车，而是让95%的非技术工人更容易地制造汽车。工人即使没有完全被机器取代，但任何工人几乎都可以很容易地被其他人替换——培养出一个合格的总装工人只需要5分钟。在福特强大的机器面前，罢工失去了力量，工会溃不成军。当大量生产方式的工厂采用了自动化机器以后，对工人的需求还在逐年减少。

不用头脑、简单重复的工作为机器全面代替人做好了铺垫。马克思担心无趣的重复性工作有悖于人性，“事实上，对有些人来说，思考才是最最可怕的。在他们眼中，理想的工作是不需要创造性才能的工作”。福特在无意中验证了马克·吐温的那句话，“只有 10% 的人思考，还有 10% 的人认为他们思考，其余 80% 的人宁死也不愿思考”。

技术源自创新，但创新并不一定是无中生有的创造，而大多都是对现有技术的改进，即把许多旧技术整合成一个新技术，从而产生“1+1 大于 2”的效果。对现代社会来说，最重要的发明不是哪一种机器，而是发明了一种观念，即以最节约的方式产生最大的收益。美国制造业系统就充分体现了这种观念，它将大规模生产的零部件组装成复杂的产品，从而实现了几乎所有商品的大规模生产。福特坦承，他根本没有发明什么新东西，他“只是把数百年来其他人的发明组装成了一辆车”。

如果说流动的装配线引起了一场工业变革，那么 5 美元的日薪及其蕴含的工业哲学则引发了一场社会变革。这也是马克思所不曾料到的——他认为随着资本主义的发展，机器使用越来越多，工人的工资只会继续下降。

1914 年，福特汽车公司宣布将工人的最低日工资从每天 2.34 元猛然上调为 5 美元，这是当时同业薪水的两倍。此举后来被称为“5 美元工作日”。在提高工资的同时，福特还将工人工作时间从 9 小时下调到 8 小时，开创了三班轮休工作制，人休息，但机器不休息。高工资与短工时大大提高了工人的积极性和工作效率。

福特此举震惊了全世界。他认为，既然已经能够大批量生产价格低廉的汽车，就应当让更多的人拥有它；如果员工们能够买得起的话，就可以卖出更多的车。在福特眼里，每一个员工不仅是生产者，同时也应当是消费者，“降低薪水就是降低顾客的数量”。福特“无意中”引发了“生产—获利—消费”的良性循环，这与凯恩斯的经济思想不谋而合。很早以前，福特就萌发了一个想法，那就是为每个人提供一辆买得起的汽车，从而使这个世界更加美好。这个当初看起来近乎荒诞的梦想在机器时代迅速变成现实。在这一过程中，福特简直成为一个给无数普通人带来高水平生活的民族英雄。

福特的这场机器革命，不仅减少了工人，也减少了生产一辆汽车所需的工时；生产的汽车越多，每辆汽车的成本降低得越多。到了20世纪20年代初期，福特的T型车产量达到最高峰的200万辆，而售价却降低了近2/3。到了1927年，福特汽车托拉斯的铁矿砂在早上8点从外地运进工厂，28小时后便已经变成汽车开出来。当年的福特T型车从500多美元降到290美元，几乎打了个五折，普通工人用两个月的工资就可以拥有一辆福特车。

福特汽车完全改变了人类自从驯化马以来几千年的传统生活。1879年，福特离开农村来到底特律时，美国每8个人中有5个住在乡村；1947年，83岁的福特去世时，美国每8个人中有5个住在城市，正好打了个颠倒。一切正像福特那句狂妄的名言：“年轻人，现代（Modern）是我创造的。”

1921年，喜剧大师卓别林兴冲冲地参观了海蓝公园的福特工厂，并与福特在总装流水线旁微笑合影。但后来在电影《摩登时代》（*Modern Times*）里，卓别林毫不客气地讽刺了他的这位资本家朋友和残酷的流水线。在小说《美丽新世界》中，赫胥黎把福特生产T型车的1908年定为“福帝（Ford）元年”，并把福特塑造成了一个“上

卓别林的《摩登时代》辛辣地嘲讽了福特的工业流水线。这部电影上映后，无疑遭到资本家们的集体反对。不能否认，这是黑白默片时代一部伟大的电影。

帝”；虽然颇有嘲讽之意，不过福特确实是美国的一个神话。

1950 年，美国的劳动人口为 5900 万，拥有驾照的人数同样为 5900 万；汽车不仅是成年人的象征，也是美国人的象征。

农民的解放

从 18 世纪下半叶到 19 世纪，工业化的狂飙席卷整个世界，从风力、水力、煤、电到石油，这些新能源的出现改变了传统的生产模式，生产所需的原料日趋多样化。化学工业的崛起，使原本意想不到的材料也被转化为可用的产品。工厂如雨后春笋般拔地而起，农村的青年人背井离乡，纷纷奔赴远方的城市。这就是现代这只“怪兽”刚刚到来时的情景。

福特的“汽车革命”足以证明，与其说需要是发明之母，不如倒过来说发明是需要之母。没有汽车之前，人们只需要马车；汽车出现之后，人人都想要一辆汽车，而不是一辆马车。从技术角度，如果说汽车还是通用机器的话，那么收割机就是农业机械专业化的成果。

在独立战争前后，美国依然是一个传统的农民国家。

北美大平原广阔而坚硬，简陋的工具根本无法耕作，从落基山到密西西比河谷和大湖区是一片蛮荒，成群的野牛四处游荡。自古以来，这里的农业就难以开展，人口稀少的印第安人只能靠追捕野牛艰难维生。直到 1827 年，美国作家库柏写《大草原》时，一切都毫无希望，“幅员辽阔，却没有办法维系稠密人口的农业区”。

随着旧大陆的小麦和蚯蚓被引进到北美，这片荒原终于焕发生机，“北美大平原实验”成功创造了一个繁荣的农业时代。但在麦考密克收割机问世之前，美国农业生产一直都是沿用欧洲古老的耕作方式。

和惠特尼的父亲一样，麦考密克的父亲也是一个农场主，以种小麦为主。当时小麦种植面积一般都不是很大，因为小麦成熟后收割的时间非常有限，所以当时种植小麦的面积受到参加收割的劳动力限制。

麦考密特为了发明收割机，先把人工动作分解成几个步骤，每个步骤对应一种机械装置，这些机械装置共同组成一套完整的收割机器。他制作的第一台收割机由两匹马牵引，其工作效率竟然超过了 30 个工人，这是联合收割机研制的重大突破。此后，麦考密特致力于联合收割机的改进和制造。在 1851 年的首届世博会上，麦考密克的收割机一鸣惊人，此后 5 年，“麦考密克收割机”就售出 5000 台。有了收割机，一个人一天可以收割8英亩的小麦，这几乎是从前人工收割效率的10倍。

“锄禾日当午，汗滴禾下土，谁知盘中餐，粒粒皆辛苦。”无论中外，农民自古都是天底下最辛苦、最劳累的职业。只有那些从未干过艰苦农业劳动的人，才会小看农业机械的伟大意义。收割机只是一个开始，1855年出现的脱粒机比从前手工脱粒快100倍。接下来，耕地、割草、下种、施肥等也都有了机器，这些机器既便宜又实用，省时又省钱。在西部以及全美国被广泛采用后，每个美国农民的个人生产能力平均提高了12倍以上。

从1860年开始，一场由机械化推动的农业革命席卷美国。蒸汽机驱动的自走式联合收割机，一天最多可收割120多英亩小麦，其效率是人工收割的100多倍。随着内燃机时代到来，新式联合收割机成为大田作业不可或缺的农业机械。农业机械化突破了劳动力因素的制约，在19世纪的最后20年，美国新垦殖的土地面积就超过了英法德三国土地的总和。从1860年到1900年，美国小麦产量增加了3倍，占世界小麦总产量的23%，而美国人口还不到全球人口的5%。美国从此成为世界的粮仓。实际上，美国正是通过发展农业壮大经济并最终成为世界超级大国，而且其农业大国的地位至今也没有动摇。1900年7月份的《科学美国人》杂志上说：“确确实实，今天农场上几乎没有一件事不是由获得专利的机器来做的。”

联合收割机的普及和巨大影响出现在二战之后。1939年，芝加哥的外运小麦只有80蒲式耳，10年后这一数字变成了200万蒲式耳，飞速增长了25000倍。当时美国的人均农业产出是大多数亚洲国家的10倍，是大多数非洲国家的25倍。麦考密克收割机改变了美国农业，不仅大大提高了小麦的产量，解放了大量的农场工人，同时也拯救了战争与饥荒之下世界各地无数人的生命，其中也包括中国人。

最早的拖拉机于1912年问世；一年之后，世界上第一批由大生产方式生产出来的拖拉机，就以每天80辆的美妙速度流出工厂。从1919年到1922年，福特将拖拉机的价格从885美元降至395美元。在相同的时间内，拖拉机的工作量是马匹的6倍。如果说汽车将马从城市驱逐，那么拖拉机则将马从乡村驱逐。美国所有荒废的土地都得到开垦，农民和粮食一起，在历史上第一次出现过剩。

在约翰·迪尔发明钢犁的1837年，美国农业人口占到90%以上；不到一个世纪，美国农业劳动力从原先的75%下降为3%。这些被机器取代的农民进入城市，成为工厂中的工人。

在南北战争结束后，美国虽然名义上奴隶制被废除，黑奴获得了解放和自由，但“100年后，黑人依然没有获得自由”（马丁·路德·金语）。绝大多数美国黑人依然生活在南方，依靠白人的棉花种植园为生，他们只不过从农奴变成了佃农，每年将40%的收获交给白人土地所有者。惠特尼发明轧棉机以后，数以百万的黑人就被从非洲贩卖到这里；跟100年前一样，大多数黑人佃户依然种植棉花。虽然有了轧棉机，但摘棉花仍完全依靠纯粹的手工劳动，一个摘棉高手一天也不过能采摘200多磅棉花；摘棉花需要大量劳动力，这也是大多数黑人的主要工作。

但摘棉机的横空出世改变了这一切，它一小时可采摘1000磅棉花，这相当于50个人的工作量。几乎是一夜之间，所有种植园主都拥有了这种摘棉机，黑人佃户失业了。当年因为惠特尼的轧棉机，导致这些非洲人被贩运到美国，成为桎梏在棉花地里的奴隶，如今摘棉机终于将其彻底“解放”。短短30年间，超过500万黑人被迫离开南方农场，奔向北方工业区。

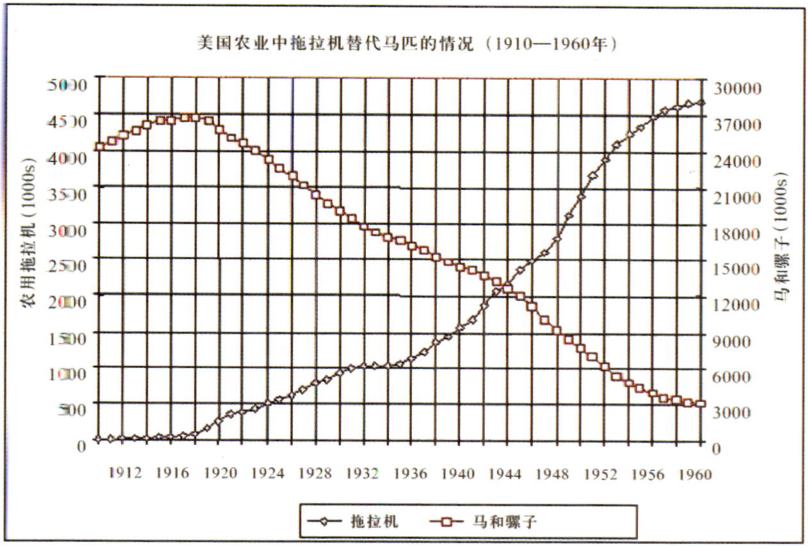

美国在 1910—1960 年期间，拖拉机的增长与马和骡子的减少形成鲜明的对比，由此可见现代机器对传统畜力的替代过程。（Economic History Association）

事实证明，把黑人从残酷的种植园经济中解放出来，机械摘棉机比林肯的《解放宣言》更加有效。这些在 100 多年前被贩卖到新大陆的黑人第一次不再被美国经济所“需要”，“随着自动化的来到，黑人从被压迫的历史境遇中变成一无用处的状态”。遗弃与愤怒引发的社会暴乱在 19 世纪 60 年代的美国此起彼伏。发生在同一时期的女权运动，其根源也是因为节省劳动力的电动机械将家庭主妇从厨房里解放了出来。这一切就是机器的力量。

在真实的历史中，一个小小的技术进步，常常胜过无数大人物的雄才大略。林肯曾说，我们不能逃避历史，历史对我们的影响要比我们所能想象的更为复杂。借用这句话，我们也可以说，技术对我们的影响要比我们所能想象的更大。

人人都有美国梦

亨利·福特曾经感慨，在手工制鞋的时代，只有非常富裕的人才穿得起鞋子，大多数农民和工人在夏天只能打赤脚。进入工业时代之后，即使最穷的人，也拥有不止一双鞋子，制鞋业成为重要的工业行业。

纺织革命激发了工业革命，但并没有带来服装革命。缝纫机的出现，将缝衣的效率提高了10倍。艾萨克·辛格用他的缝纫机改变了家庭主妇的命运，缝制一件衬衣的时间由14小时降低为1小时。缝纫机使得衣服不仅实现了大量生产，而且款式变得更加新潮与精致，穷人也可以穿得起以前富人才有的衣服。成衣价格的下降带动市场需求的大幅增长，服装制造业成为一个新兴行业。崇尚简单实用的工业资本家阶层大多以深色西装为工作服，随着服装工业的出现，风格简单的西装彻底取代了那种花哨炫耀的贵族服饰。古老的等级身份被小小的缝纫机抹平了。

辛格如同当年英国棉纺工业兴起时的阿克莱特，他敏锐地预见到，缝纫机不仅可应用于工厂，还可以用于家庭，从而开创了一个无可限量的家用机器市场。1910年，胜家缝纫机公司的月产量就已经超过2万台；它的经理人管理着一个西装革履、覆盖全美的庞大销售队伍，分支机构达到1700个；它创造的分期付款方式将缝纫机的市场扩大了数倍。

吉列发明的一次性刀片免除了人们剃须之前必须先磨刀的麻烦。1903年，他只卖出了51把剃须刀和168枚刀片，第二年就卖出了90884把剃须刀和123648枚刀片；10年之后，他的工厂已经遍及欧美各地，卖出了超过7000万枚刀片。吉列不仅结束了中世纪以来西方绅士的大胡子形象，同时也开创了一次性抛弃式消费的现代文化浪潮。

在杜克之前，所有卷烟都出自手工作坊，手工卷烟的高昂成本（人工占90%）使香烟一直是昂贵的奢侈品。杜克开卷烟机械化的先河，长度统一、直径一致的机制香烟每包只卖5美分。依靠不断改进、效率不断提高的卷烟机，廉价香烟源源不断地流向市场，流向世界，开创了一次性消费的现代理念，现代人因此而成为一种吸烟的动物。标准化生产的香烟不再仅仅是普通物品，而更具抽象意义；它包装精美、内容统一、用过即弃，香烟成为现代机器时代来临的典型标志，在相当一个时期，香烟还被认为是现代生活的象征。

杜克并没有发明卷烟机，他的伟大之处是把技术、管理、商业和市场等各方面的革新糅合在一起，描绘出即将到来的新消费时代。杜克一年花费80万美元向全球推销香烟。作为一种典型的"精神食品"，正是香烟催生了现代广告业，它将一种既不能解渴也不能果腹的东西吹嘘成"灵魂之草"。香烟与手杖、礼帽一起，被标榜为现代绅士的标志。在风起云涌的女权运动中，香烟甚至被视为"解放的象征，投票权的暂时替代品"。

消费需求刺激了商品产量，大量新机器被发明和生产出来。作为制造机器的机器，各种先进的机床保证了可重复的精确生产，制成品完全从个体工匠手中转移到更高效的生产线上。标准化的普及使生产误差越来越小，图纸上的设计与实际产品完全一致。"纸上谈兵"让技术进步更加容易。新技术不仅催生了应运而生的新兴企业，也为职业管理人员、工程师、会计师以及其他经理人员提供了用武之地。随着工厂与市场逐步走向统一的标准化、规模化和网络化，科层制的现代企业出现了。

现代生产技术与管理技术相结合，产生出不可思议的工业奇迹。1914年，巴拿马运河完工；1931年，103层的帝国大厦建成，前后仅用了410天。在此之前，319米的克莱斯勒大厦创下平均每周增建4层楼的速度，成为当时世界最高建筑。这座装饰建筑学的杰作开创了一个新的历史，从此以后，总部大厦成为公司力量的象征。

柯布西耶以机械美学倡导现代建筑应该走平民化、工业化、功能化的道路，即现代住宅应该是“居住机器”。1947年，莱维特用大规模生产的方法，在长岛的16平方公里的农场上，为退伍兵建造了17400座房屋。“它们基本是相同的，就像福特汽车一样”。这些大量生产的房屋以极其低廉的价格迅速推向市场，将美国带入郊区时代。

1902年，记者斯特德出版了一本书——《世界的美国化》，预言了一个“美国世纪”的到来。从福特的T型车、吉列的剃须刀、爱迪生的灯泡、莱维特的安居房、李维斯的牛仔裤、伊士曼的柯达相机、英萨尔的交流电网到乔布斯的个人电脑，无不张扬着独立、自由、平等的平民精神与理想主义。一个现代的美国，不仅重新塑造了自己，也改变了一个旧世界。美国的消费资本主义颠覆了古老的欧洲资产阶级文明。相对于欧洲的殖民军事主义传统，美国这种以不可抗拒的商品文化来征服世界的方式更高明，也更文明。

尽管技术变革充满戏剧性，但工业革命实际上仍是一场生产革命。生产推动消费，接下来，一场销售领域的商业革命彻底打通了从

1925年，纽约市的一个警察指挥汽车和人流停下，静静等候一只叼着猫咪宝宝的母猫从容穿过马路。

商品到消费者的任督二脉，一个繁荣的现代社会出现了。

如果说现代摩天大楼取代了古老的教堂，那么摩登的百货商店更胜过宫殿无数。伍尔沃斯开创了一个大众化的廉价商店时代。1924年，A&P公司的连锁商场已经从开始的200家发展到1万家。如今的沃尔玛已经成为世界上最大的连锁零售企业，它的1万家沃尔玛商场遍布全世界。作为这家商业帝国的创始人，山姆·沃尔顿出身贫寒，即使后来成为世界最富有的人，但始终保持简朴和勤奋的美德。他的衣服都是沃尔玛里出售的廉价服装，每天开着一辆旧卡车上下班。

在美国，对一个人的评价是基于其所作所为，而不是其出身。无论是哪个国家或哪个民族，几乎每一个现代人心里都会有一个“美国梦”。所谓“美国梦”，就是让一种更好的生活方式，让更多的人享有，而不只是少数贵族的禁脔。就现实层面而言，生活的民主化常常比政治的民主化更加重要，前者总是构成后者存在的基础。

冷战时期，苏联工人代表团访问美国福特公司，感到非常惊奇：“请问这个工厂属于谁？”“属于福特先生的。”苏联人指着停车场又问：“请问这些停着的汽车是谁的？”“是工人的。”后来美国工会代表团访问苏联，专门参观了国营莫斯科人汽车公司，他们也提出了两个类似的问题：“这是谁的工厂？”“它属于全体工人阶级。”美国人又问：“那些停车场的汽车是谁的？”“都是党代表的。”

枪杆子里出民主

人类历史常常被简单地看作政治史和权力史，政治从来离不开暴力与阴谋。从这种角度来说，美国以及美国民主都是火枪的产物。杰斐逊曾说：“自由之树应不断地用爱国志士和暴君的鲜血来灌溉。”

1633年，从“五月花”号帆船上下来的天路客建立的普利茅斯殖民地颁布法律，成年男子必须拥有一支火枪、一条子弹带、两磅火药和10磅子弹。在那个时代的北美大陆，无论是白人殖民者还是印第安人，枪械、火药和子弹都被视为硬通货，并且能够在交易中直接使用。很快，民间保有的枪支在后来的独立战争中显示出惊人的威力。

“不自由，毋宁死。”对这些勇敢的美洲公民而言，枪就是他们的选票。华盛顿发出号召：“为了保卫我们生命的一切息息相关的无限宝贵的天赋自由，我们每一个人都应义无反顾地拿起武器。”列克星敦的枪声震撼了全世界，它越过大西洋，炸开了不满于现状的欧洲人的火药库，引发了法国大革命，震动了从西班牙到彼得堡的整个欧洲，将腐朽的专制王权统治“埋葬在好几吨民主的砖块之下”。

在滑膛枪时代，因为枪管是平滑的，子弹的准确性差强人意，只能勉强击中100米以内的目标。为了提高杀伤力，火枪步兵只好以密集队形集中射击。但在独立战争期间，肯塔基的来复枪手改写了战争历程。这种在枪膛内刻上螺旋形膛线的火枪，射出的子弹高速旋转着前进，因此具有更远的射程，以及更理想的杀伤力和命中率。在1777年的萨拉托加之役中，美国狙击手用来复枪在300米外射杀英军西门·弗雷泽将军，导致6000英军投降。这场胜利导致观望中的法国成为美国同盟，独立战争从此改观。

来复枪极小的沟槽却极大地改变了战争规模和杀伤力。当时有人夸张地预言，有了来复枪，军人的杀人能力是如此完善，将会使他们自己绝种。实际上，来复枪只是一次枪械革命的预演。马克沁重机枪横空出世，几乎是宣告了一个时代的终结。

马克沁机枪是世界上第一种真正成功地以火药燃气为能源的自动武器。这种新式杀人武器利用射击时枪的后坐力，完成开锁、退壳、送弹、重新闭锁等一系列动作，从而实现了自动连续射击。每分钟可发射500余发子弹，火力相当于上百支来复枪。对于当时的军队来说，只要配备5挺马克沁机枪，几乎就所向无敌了。

被马克沁机枪杀死的欧洲人和非洲人不计其数，唯独没有美国人。机枪史上4位著名的发明家都是美国人——加特林、马克沁、勃朗宁和刘易斯。马克沁借鉴了加特林机枪，但他发明的马克沁机枪杀伤力更加强大。马克沁机枪的杀伤力是如此可怕，以至于被人们称作“死神的收割机”。第一次世界大战作为人类第一场机械化战争，马克沁机枪成为各参战国的标准装备。在1916年7月的索姆河战役中，德国人和英国人以马克沁机枪展开对射，结果两败俱伤，造成不可思议的126万多人伤亡。在整个现代史上，被马克沁机枪杀死的人高达数千万。

当年加特林发明机枪时，曾预言因为机枪的高效，将来只需要少量的士兵。但结果证明，机枪杀人如此高效，因此需要更多的士兵。因为马克沁机枪的出现，在战争中进攻一方要付出极其惨重的代价，这使得战争在壕堑战的僵持中变得遥遥无期。最终，工业生产对人力的无情消耗，使得士兵的补给能力远远跟不上机器的生产能力。战争不得不结束——准确地说，是暂停。

1920年，一位英国记者将这场人类历史上伤亡最为惨重的战争命名为“第一次世界大战”。如果说第一次世界大战的结束是因为马克沁机枪导致的僵局而难以破解，那么第二次世界大战的爆发则是因为发明了坦克，马克沁的僵局已不复存在。第二次世界大战完全是一场机械化战争，装甲师和摩托化步兵结束了一战时的僵持局面，机械化的闪击战使战争完全改观。坦克、汽车、摩托、轰炸机、航空母舰——武器装备成为战争胜败的主要决定因素。

二战之前，美国就拥有世界最大规模的经济体，工业产量占世界总产量的一半，其国力几乎是日本的10倍。1941年12月7日，日本偷袭美国珍珠港，但山本五十六不喜反忧：“我们只不过唤醒了一个沉睡的巨人。”对工业时代的美国来说，战争一旦启动，整个国家就变成一部轰鸣的机器。

作为当时世界上唯一一个车轮上的国家，从1942年到1945年，美国投入200亿美元为制造业升级；几乎所有的汽车制造厂都被改造成军工厂，用来生产坦克和飞机。对汽车巨头福特公司来说，福特汽车只有1.5万个零件，B-24轰炸机的零部件却达到10万个，但福特通过转变生产方式，在不到3年的时间中，共制造了8600架四引擎B-24轰炸机、5.7万台飞机发动机，以及超过25万辆坦克、驱逐舰及其他战争用的机器。

1944年，18岁的诺玛·简·莫泰森(Norma Jeane Mortenson)正在加州一家飞机厂安装螺旋桨。因为与一个摄影记者的偶遇，简的工作照被刊登在陆军杂志上，之后就一夜成名；从此她脱下工装，将名字改为“玛丽莲·梦露”。

从1903年莱特兄弟发明飞机到1940年，美国一共生产了7.5万架飞机。珍珠港事件之后，美国的飞机产量迅速达到1943年的85898架和1944年的96318架。一年的产量超过以前30年的总和。在生产最高峰的1944年5月，美国工厂不到5分钟就生产出1架飞机；只需16个小时，美国就可以完全弥补在珍珠港损失的所有飞机。

作为大规模生产的始作俑者，美国模式成为盟军赢得二战的重要保证。福特公司、克莱斯勒公司、雪佛莱公司以及其他许多公司，一起为美国赢得了"输出民主的兵工厂"的雅号。克劳塞维茨曾将经济与打仗的关系比作铸剑匠的技巧与击剑术。一把好剑虽不能保证获胜，但它却是获胜的保证；在双方剑术接近的情况下，击剑就变成剑匠之战，看谁的剑更好。日本人终于明白，他们之所以战败，并不是因为美国大兵更加勇敢和高明，而是因为美国的工业实力更加强大。

早在1942年，美国在武器生产上就超过了所有敌国的总和。从1941年到1943年，美国的武器产量暴增了8倍之多，而盟国在1943年的武器产量是敌人的3倍多。在大规模、高消耗的持久战中，最富有、生产力最强大的国家终将获胜。1942年，美国制造的船只总排水量为1100万吨，但同时被敌军潜艇击沉的船只总排水量为1200万吨；于是1943年，美国将船只生产标准提高到总排水量2000万吨，最后美国凭借伟大的工业精神而胜利了。在整个二战期间，美国庞大的工业体系一共生产出6500艘军舰，296429架飞机，102351辆坦克和自行火炮，8.2万艘登陆舰，3500万辆吉普、卡车及其他运输工具，总重达5300万吨的货船，1400万支步枪、卡宾枪以及机枪，4700万吨炮弹，重达数百万吨的制服、靴子、药品，此外还有其他1000种现代战争所需要的物资。作为海军大国，日本偷袭珍珠港时，已经拥有

25 艘航空母舰；但战争开始之后，美国迅速制造出了多达 150 艘航母。

二战之后，根据“马歇尔计划”，美国向劫后余生的欧洲提供了价值 130 亿美元的援助。在美国的推动下，联合国、国际货币基金组织、世界银行和关贸总协定应运而生。关税障碍的消除使美国企业获得了世界市场。很多历史学者都认为，我们当下这个世界完全是二战的产物，这是一个“美国世纪”。以美国为首的“五眼联盟”继承了大英帝国的统治，在这一过程中，诞生了我们所熟知的“现代世界”。

战争经济学

西方有一句谚语：“金钱是战争的肌肉。”战争需要大量金钱。就现代史而言，正是因为战争的需求和压力，才刺激了国家对发展经济的兴趣，从而导致资本主义成为现代世界的主流。

正统观点通常将“罗斯福新政”视为美国走出经济大萧条的主要原因。经济学家熊彼得指出，拯救美国的并不是罗斯福新政，而是第二次世界大战；是战争扩大了需求，使美国经济得以快速发展，进而战后成为世界霸主。其实早在 1933 年，罗斯福在当时的总统就职演说中就这样宣称：“我将要求国会授予我一件唯一足以应付目前危机的武器，这就是——让我拥有足以对紧急事态发动一场大战的广泛行政权；这种授权之大，要如同我们正遭到敌军侵犯时一样。”

希特勒与罗斯福都是在 1933 年上台，当时德国有 600 万失业者，依靠庞大的公共工程和军事工业，5 年之后，德国的失业率就降为 0。对纳粹德国来说，一方面政府大量印发钞票，另一方面人民收入极低，这种“成功”注定不可持续，战争便成为一条不归路。在一些历史学家看来，罗斯福与希特勒是相似的，他们都将战争视为振兴国家政治和经济的基本手段，区别是前者获得了战争的胜利。二战之前，美国失业人数达到 1300 万；战争高潮期，美国军队人数正好是 1300 万，这或许不是一种巧合。

国家基本都是战争的产物。美国的历史就是一部战争史，独立战争造就了独立于欧洲的美国人，南北战争造就了美国这个国家，二战完成了美国人与美国的统一。对美国来说，战争带来最直接的文化认同。二战期间，美国经济的年增长率达到空前绝后的 10%，政府财政预算翻了整整 10 倍，国家生产总值从 1939 年的 900 亿上升为 2130 亿美元；电子工业的就业人数增加了 4 倍，销售额更是增加 20 倍；从 1939 年到 1945 年，制造业工人的工资增长了 86%，人们的生活水平明显提高。

战争之前，美国军队人数仅有 25 万人，最低时只有 17.4 万人，1945 年时，美军人数达到 1300 万。随着大量青壮年男子走上战场，妇女的劳动地位迅速崛起。1900 万女性成为美国劳动力的核心。纽约证券交易所（NYSE）的 3600 名员工全部被征召入伍后，这里全部换成了女性。在肯塔基军工厂的招工广告上，画着一位身穿工装的美女，文案写道：“只要你会开汽车，你就会操作机器。”当时在军工企业工作的女工总共有 600 万之多；仅仅在 7 家主要飞机厂工作的女工就有 6.5 万人，而在 1941 年时还只有 147 名女工。

美国虽然在一战前就已经是世界最大的经济体，但在科学教育方面，只能算是德国的学生。从柏林大学的诞生直到二战前，德国一直是世界科学的中心。在二战中，纳粹极权对思想的专制和对犹太人的迫害制造了大量的“知识难民”，这些人大多落脚美国。以自由包容著称的美国因此而一步跃上了全球科学和文化的制高点。从欧洲流亡到美国的知识精英中，有相对论创立者爱因斯坦，计算机之父冯·诺伊曼，现代宇航之父冯·卡门，原子弹之父西拉德，氢弹之父特勒，物理学家玻尔、费米，数学家库朗，社会学家拉萨斯菲尔德，政治学家阿伦特，还有许多著名的建筑学家、音乐家和艺术家等。

如果说第一次世界大战是“化学家的战争”，那么第二次世界大战就是“物理学家的战争”。因为德国发明了革命性的硝酸炸药，一战被延长；因为美国发明革命性的原子弹，二战提前结束。纳粹的失败不仅在道义上，也在科学上，否则最先制造出原子弹的将是德国。一个手握原子弹的希特勒绝对会成为全人类的噩梦。

两次世界大战后，欧洲走向没落，美国成为超级大国，美苏争霸又将世界带入冷战。战争宣传借助现代传媒变成赤裸裸的武器美学。

思想家罗素批评说，自从工业革命以来，一个划时代的错误就是竞争，它无可避免地导致了当今世界一切邪恶的出现。一战期间，前线的火枪手只能焦急地等待马车将弹药运送过来。二战时期，德国坦克部队和摩托部队以每天 97 公里的速度向前推进，6 个月内，就从波兰边境打到莫斯科。自 1945 年以来，人类远距离大规模杀人的能力陡然倍增，传统观念中战士所需的勇敢彪悍失去用武之地。在军人被武器取代的同时，战术正越来越被技术取代。1972 年 3 月，美军用 15 枚激光制导炸弹炸毁了越南清化大桥；而在此之前，美军曾出动 700 余架飞机，投了约 1.5 万吨炸弹，都没将这座大桥炸毁。

在一个后工业时代，战争正成为一个与工业和贸易类似的系统工程——战争经济学。1960 年，福特汽车公司总裁麦克纳马拉被肯尼迪总统任命为美国国防部部长。这个哈佛商学院的高才生完全用统计表中的死亡人数来评估战争的进度。对美国来说，越南战争完全是工业对农业的征讨。为了跨越大半个地球，向战场运送海量的战争物资，集装箱第一次得到大规模使用。

事实上，早在 1921 年，集装箱就已经出现在了美国的铁路线上。标准化、模块化的集装箱对运输具有革命性的意义，要完成 5000 吨传统散装货物的装卸需要一周时间，而进行 3000 箱位的集装箱船的装卸不超过 6 个小时。商船运费通常要占货物价值的一半，而麦克莱恩的集装箱航运在世界上普及后，运输费降至 10%。

“没有集装箱，就没有全球化。”经济学家莱文森指出，作为经济全球化的基础，现代运输体系离不开高度自动化和标准化的集装箱。没有集装箱，就不可能有全球性的沃尔玛。集装箱的出现，使任何商品都可以以极低的运费参加全球范围内的竞争。小小的集装箱依靠对货物运输的标准化，大大降低了运输的成本，并因此改写了全球范围内的船舶、港口、航线、公路、中转站、桥梁、隧道等配套设施的形态，重塑了一个崭新的现代世界经济生态。

达尔文发现了自然界中的优胜劣汰、弱肉强食法则，人类社会或许比自然世界更加残酷。对人类历史来说，没有什么比战争更能促进技术革新。战争最能体现创新和效率的意义。为了计算炮弹弹道，计算机被发明出来；无可争议的是，互联网的最早发明者应是美国国防部。更快的飞机、更重的坦克、更精确的步枪、更远程的火炮，这些都被管理学家称为“连续性革命”的经典案例。在技术促进战争的同时，战争也促进了技术。战争比工业和贸易更能体现机器的优势，战争在充分释放人类原始杀戮本性的同时，将机器进一步神圣化；在现代战争中，人性的野蛮与机器的精确完美地结合在一起。

从罗马军团到蒙古骑兵，古代军事变革主要是在组织而不是科技，直到工业革命和资本主义登场，科学技术、工业生产才与军事进步紧密地联系在一起。很多经济史学家都承认，在资本主义崛起的过程中，战争普遍扮演着重要的角色，尤其是对工业化而言。不同程度的工业化取决于“国家受战争影响的强烈程度”。正如18世纪长期的激烈战争将英国推向了工业化，中国近代工业也发端于战争压力，或者说战争需要。

第III部分

全球时代

A BRIEF HISTORY OF MODERN TIMES

在现代世界里，充满了流线型汽车、有轨电车和飞机；这世界受到了来自传声筒的唱声的干扰，遭到了新闻标题以及电影和电视中的不断变化的镜头的攻击。现代世界是有史以来唯一的一种经济统治——工业文明的统治——的一部分；它不但为西欧诸民族所分享，也为俄国人、美国人和日本人所分享，甚至还在某种程度上为中国人和印度人所分享。

——（美）斯塔夫理阿诺斯

《全球通史：从史前史到21世纪》

第7章

千年变局，中国的现代化

> 在西方学者看来，中国一直是世界的例外。当西方世界已经全面进入工业化之时，中国还是一片不知魏晋的世外桃源。面对不可阻挡的现代大潮，中国走过百年历程，从传统到现代的巨变，至今仍是正在进行时。

现代很多历史学家都认为，在传统农业时代，尤其是两宋时期，中国基本上是地球上最为富裕发达的地方，这完全得益于得天独厚的农业基础。因为土壤和气候的差异，亚洲的农业生产率是欧洲的2倍。广泛的水稻种植产出较多的粮食，导致较多的人口，从而导致较低的人力成本；欧洲则恰好相反，较高的人力成本成为一种劣势。按照GDP推测，在相当长的历史时期内，中国一直执世界经济之牛耳。美国学者坦普尔对古代中国与世界发明进行了统计，还得出过这样的结论：现代世界赖以建立的基本发明创造，几乎有一半以上源于中国。

早在恺撒时代，来自东方中国的丝织品就是罗马贵族的标志，虽然它昂贵得胜过黄金。在哥伦布发现新大陆之前，中国商品对贫穷的欧洲人来说几乎可望而不可即；哥伦布之后，美洲的白银为欧洲提供了中国唯一可以接受的交换物，中国因此成为当时主要的商品出口地。有一种统计结果认为，在工业革命之前的18世纪中期，中国生产了世界33%的制造品，比美国和欧洲的总和还要多；即使在普遍认为是中国屈辱史开端的1840年，中国仍然是世界上首屈一指的经济大国。但最近一项研究则认为，中国从11世纪就已落后于欧洲，文艺复兴时期的意大利、全球贸易时期的荷兰和工业革命时期的英国先后超越中国，到1800年日本也超过了中国；尤其是清代中后期，中国人口剧增，人均财富大幅下降，大多数人连温饱都成问题。

距离现在越近，相关历史研究越细致。如今从发展速度而言，中国在数百年中则乏善可陈。按照安格斯·麦迪森的统计，中国在元大德四年（1301）的人均国内生产总值为600国际元，此后就陷入全面停滞，直到清康熙三十九年（1701），400年几乎没有增长。而在此期间，欧洲从576国际元增长到924国际元。主流观点认为，从14世纪到19世纪，中国并不是没有变化，也不是没有发展，只是这种变化和发展仍然没有跳出农业—家庭—手工时代；而同一时期欧洲却发生了天翻地覆的变化，从农业—手工时代跨入工业—工厂—机器时代。

明清时期，中国官营手工业工场仍然保持了相当的规模，如织造业、陶瓷业、钱币制造、船舶和火器制造等。但以现代的眼光看，当时的中国制造水平极其原始，生产所用的机器很少；工具也多以竹木为主，用牛筋、羊肠、麻绳捆扎连接，动力全靠人力，连畜力都不多。英国韦奇伍德瓷厂早已采用钟表和温度计，同一时期的景德镇仍在使用焚香计时和试片测温。此外还有一点，中国的手工业生产始终未完成向城市工厂的转移。

中国不同历史时期经济状况对比表

历史时期（公元年）		中国人口（万）	中国人均收入	中国 GDP	西欧人均收入	西欧 GDP	中国所占份额
秦朝	前 221	2000	319	64	599	111	
西汉	1	5959	319	190	599	111	7.5%
西晋	300	3379	319	108	547	205	2.7%
唐朝	755	5259	357	131	467	349	3.3%
宋初	1000	5500	357	196	425	425	5.0%
北宋	1100	8610	396	341	485	418	8.7%
南宋	1300	10000	682	682	635	402	17.3%
元朝	1300	5984	350	209	643	401	5.3%
明朝	1500	10300	350	360	798	384	9.2%
清朝	1650	12300	360	481	906	567	13.3%
	1750	26000	377	758	1028	707	14.3%
	1820	38100	325	1204	1234	1414	20.6%
	1870	35800	285	1020	2030	3377	10.0%
	1900	40000	293	1173	3067	6242	6.3%
现代	1913	43714	297	1298	3687	8405	5.0%
	1936	50796	321	1631	4525	11010	4.2%
	1950	54682	241	1317	5005	12866	2.4%
	1953	58796	297	1745	5664	14824	2.9%
	1960	66207	321	2125	7585	20837	2.6%
	1970	82992	424	3523	10925	32431	2.6%
	1980	98705	558	5506	14001	42899	2.8%
	1990	114333	968	11069	16797	52776	4.2%
	2000	126743	1976	25039	19993	65176	7.2%
	2010	134000	5291	70895	25479	78131	14.0%

【说明】人均收入和 GDP 均以 1990 年价格为基准，人均收入单位为美元，GDP 单位为亿美元。（by ANGUS MADDISCN）

按照一位美国历史学家的推算，1800 年，中国的生产能力大约是英国的 8 倍；1900 年，英国的生产能力约是中国的 3 倍。也就是说，发展机器工业完全是落后的西方为了追赶东方文明而努力的结果；机器的出现使欧洲得以迅速超越中国，就如同一个开车的人迅速超过一个步行者。现在很难说 1800 年的中国比 1900 年的中国富裕，但 1900 年的中国是当时世界工业化程度很低、很贫穷的国家，这一点或许是成立的。就中西文化交流史而言，从利玛窦到马礼逊，中国面对西方文明并无明显优势。哥伦布时代关于中国遍地是黄金的想象一直持续到伏尔泰时代，这只不过是一种道听途说的东方臆想。只有在中国突然遭遇西方工业文明这个不速之客时，一场从社会到观念的历史巨变才会真实发生。正面碰撞让东西方之间对彼此有了更清晰的认识，马可・波罗的东方情结变成严复的西方情结。用黑格尔的话说——文明的太阳从东方升起，在西方落下，升华成人类精神的万丈光芒。

中国进入近代——或者说现代——大概要晚于西方 400 年左右，因此形成的差距或者说落后，并不是“欧洲中心论”的产物，而是文明发展的客观标准所展现的。从经济规律来说，将中国近现代的衰落与贫穷完全归因于“西方列强的侵略”多少有些牵强。与其说工业革命是一种财富掠夺，不如说是一次财富扩大更准确。相对于西方的暴富，中国确实挣扎于贫穷，但前者并不必然导致后者。农耕经济下，中国两千多年来一直处于勉强糊口和饥馑的边缘。鸦片战争前的中国并不比鸦片战争后的中国富多少，或许还要更穷一些；再往前推，明代中国人也并不比清代中国人吃得更好，住得更好。

现代以来，关于中西对比始终是一个热点话题。作为一个地道的西方人，李约瑟（1900~1995）却终生致力于中国科技史的研究。据说“四大发明”就是他的“发明”。他曾经提出这样一个问题：“为什么近代科学和科学革命只产生在欧洲呢？为什么直到中世纪中国还比欧洲先进，后来却会让欧洲人着了先鞭呢？怎么会产生这样的转变呢？”

对于这个“李约瑟难题”，历来有各种各样的解答，涉及地理因素、文化因素、制度因素等，也有许多人将中国在科技方面落后于西方的原因指向中国传统的官吏专制和权力文化，如布罗代尔所言“中国障碍来自国家及其严密的官僚机构”。再延伸一步，马克思的“亚细亚生产方式”，魏特夫的“东方专制主义”，史华慈的“深层结构”，金观涛的“超稳定结构”，鲁迅的“铁屋”，柏杨的“酱缸”，说的其实都是同一回事儿。

虽然不断有学者试图从工商业繁荣的宋明时期寻找“资本主义萌芽”，但这种局部现代性与现代工业社会之间并没有内在的逻辑关系。因为传统的政治、经济、社会结构存在着根本性的制度缺陷，它不可能自主完成现代转型；换言之，如果没有外来刺激，即使中国社会中存在着“资本主义萌芽”，也无法出现资本主义，中国仍将处于前现代状态。

船坚炮利的世界

从明朝白银时代开始，中国其实就已经全面进入近代世界，尤其是利玛窦的到来，给中国带来一场关于现代文明的“洗礼”。在商品革命时代，中国依靠丝、瓷、茶，对西方仍拥有相当的话语权，西方贸易公司只能依靠掠夺美洲白银来支付。工业革命的到来，颠覆了以往的世界贸易秩序，最先走向工业化的西欧不仅需要中国的茶叶，更需要中国的原料和市场。与此同时，现代武器的工业化拉大了军事差距，战争成为解决贸易争端的利器。

从现代社会的发展历程来看，工业化与现代文明之间存在着千丝万缕的联系；可以说，没有工业化也就没有现代文明，工业化是现代文明的核心。许纪霖先生主编的《中国现代化史》将 1800 年作为叙述的起点，这时英国的工业化和现代化进程已经风生水起，而中国还是一个传统的农业社会。虽然经济全球化对中国的影响始于 18 世纪，但真正对中国经济和社会产生重大影响则是从 19 世纪开始。中国社会的根本性变革亦始于 19 世纪。

1800 年，英国的蒸汽机仅 321 台，共 5210 马力；1815 年达到 15000 台，共 375000 马力；到 1840 年为止，英国工业革命基本完成，实现了从农业到工业的嬗变，工业产品源源不断地从工厂流出。对这个当时世界的第一个也是唯一一个工业国家来说，如果说美洲和印度提供了原料基地的话，那么拥有 4 亿人口的“富足的”中国无疑是理想的市场。

如果说当年乾隆皇帝尚可轻易地将前来请求通商的马戛尔尼礼送出国的话，那么半个世纪后，拥有数千台蒸汽机动力的曼彻斯特工厂主们就成为天朝无法拒绝的不速之客。当蒸汽驱动的英国炮舰游弋到中国内河时，全球化就成为天朝的一场灾难。这场中西文明的遭遇正如李鸿章后来所言，“实为数千年来未有之变局。轮船电报之速，瞬息万里，军器机事之精，工力百倍，炮弹所到，无坚不摧，水陆关隘，不足限制，又为数千年来未有之强敌”。

对中国来说，所谓的自由贸易是从一场战争开始的。在哥伦布发现新大陆350年之后，东西两个世界最不友好的碰撞开始了。农业的天朝以桨帆木船对抗英国的蒸汽铁舰，以木器手工对抗钢铁工业，最后机器战胜了人，工业战胜了农业。1840年的这场中英战争与其说是为了鸦片，不如说是为了通商。曼彻斯特比东印度公司更支持这场撬开中国市场的战争。正如历史学家孟森所言，“通商非辱国也”，和约产生的方式固然“不平等”，但和约本身却谈不上“不平等”，代表“华夷秩序”的朝贡体制走到了尽头。从皇帝的尊严来说，“天朝大国”的门不是打开了，而是被砸掉了。

同样一场战争，在西方眼中是通商战争，在中国眼中却是鸦片战争。马克思感慨道：“在这场决斗中，陈腐世界的代表是激于道义原则，而最现代的社会的代表却是为了获得贱买贵卖的特权——这的确是一种悲剧，甚至诗人的幻想也永远不敢创造出这种离奇的悲剧题材。”[19]就战争本身而言，所谓鸦片战争其实规模很小。马克思没有

《南京条约》签字仪式。鸦片战争直接起因是贸易争端，包括鸦片走私和白银逆差，深层原因是传统帝国体制与现代文明的冲突。

想到的另一种悲剧是，直到战争进行了两年之后，中国当局才发现对交战对手一无所知。战争结束后，清政府也未对这场战争展开调查和反思，更没有派官员出国考察，制度没有丝毫改变，甚至拒绝了美国提供的制枪造炮的蓝图。从第一次鸦片战争的道光皇帝到第二次鸦片战争的咸丰皇帝，中国最高统治者没有任何长进，他们甚至不明白战争和失败的原因，仍然“对外部世界极端无知”。

那场为了通商而进行的“鸦片战争”已经过了20多年，西方各工业国在对华贸易上仍然打不开局面，天朝统治也没有丝毫损害，直到由矿工和流民组成的“太平天国”占领了作为天朝经济中心的江南，中央权力才从战争机器角度看到了工业革命的价值。恭亲王奕䜣一语道破天机：“发捻交乘，心腹之患也；俄国壤地相接，有蚕食上国之志，肘腋之忧也；英国志在通商，暴虐无人理，不为限制则无以自立，肢体之患也。故灭发捻为先，治俄次之，治英又次之。”

可以说，镇压与维稳成为部分接受现代技术的最大动因。“治国之道在乎自强，而审时度势，则自强以练兵为要，练兵又以制器为先”。率先实现火器化和机械化装备的淮军，使李鸿章迅速成为天朝的官场新秀；在未来的日子里，钢铁和机器重新塑造了天朝的暴力体系，这就是“仿立外国船厂，购求西人机器”的自强新政。很明显，“师夷长技以制夷”不及“攘外必先安内”，导致这场“武器革命”的主要压力并非来自西方列强，而是来自民间反抗。当时的太平军不仅成立了“洋枪队”，甚至还有小型舰队和兵器修配厂。

当年林则徐在写给英国维多利亚女王的信中颇为不屑地说：“外来之物，皆不过以供玩好。”仅过了10余年，“今西洋器械，借风力、水力、火力，夺造化，通神明，无非竭耳目心思之力，以利民用。因其所长而用之，即因其所长而制之。风气日开，智慧日出，方见东海之民，犹西海之民”。西洋机器的引进打开了古老铁屋的天窗。在权力与暴力的角逐中，在自卑与自负的交替中，在失落与疯狂的煎熬下，古老的中华帝国步履蹒跚，踏上一条并不那么心甘情愿的现代化之路。

准确地说，晚清时代的人们只将“西学”视为一门知识，而不是一种认知世界的方法。李鸿章宣称机器可使“人心由拙而巧，器用由朴而精，风尚由分而合”，机器工业“此天地自然之大势，非智力所能强遏也”；张之洞倡导“中学为体西学为用”，引进西方技术“以强我中华国力”，“夫不可变者，伦纪也，非法制也；圣道也，非器械也；心术也，非工艺也”。

道光二十一年（1841），中国人第一次见到英国的蒸汽机轮船，惊呼其是“火妖怪”。咸丰十年（1861），在曾国藩创办的安庆军械所，中国第一艘蒸汽轮船“黄鹄号”成功下水，上海的外文报纸《字林西报》称其“显示了中国人具有机器天才的惊人实例”。曾国藩在日记中这样记载：

> 中饭后，华蘅芳、徐寿所作火轮船之机来此试演。其法以火蒸水，气贯入筒，筒中三窍，闭前二窍，则气入前窍，其机自退，而烨行上弦；闭后二窍，则气入后窍，其机自进，而轮行下弦。火愈大，则气愈盛，机之进退如飞，轮行亦如飞。

同治四年（1865），时任江苏巡抚的李鸿章创办中国第一所现代化企业——“江南制造总局”。一个自古以暴力和权谋为本的老大帝国，第一次掀起一场“洋”机器的崇拜热潮，从南到北，各省都争先恐后地成立了机器局，基本都是军工企业。仅靠朝廷官银，军工厂经费难免左绌不支，最后才不得不发展民用工业以“求富”，所谓“必先富而后能强”。

当时，西方正在兴起以内燃机和电力为中心的第二次工业革命，以官方身份出使西方的薛福成惊叹道：“舟车则变而火轮矣，音信则变而电传矣，枪炮则变而后膛矣，战舰则变而为铁甲矣，水雷则变而为鱼雷矣，火药则变而为无烟矣，窥敌则变而用气球矣，照明则变而用电灯矣。”在此背景下，为求“自救”的中国现代化也开始迈出历史的第一步：第一家股份公司轮船招商局成立了，第一批留学生被派往美国，现代化的开平煤矿公司开工了，上海机器织布局开张了，电报成为官方公文的主要传递方式，“海军衙门”成为中国铁路的发起者……1864 年（同治三年），清廷总理衙门将美国传教士丁韪良翻译的《万国公法》刊印下发各级官府，以中国为中心的传统天下观悄然向现代全球化转变。

张之洞和他的洋枪洋炮

中国从自然地理上形成截然不同的南北分野，虽然北方在军事和政治方面占有优势，但在经济和文化上，南方则远胜北方。作为晚清改革派中唯一一个北方人，张之洞无疑是中国近代史上一个“异类”。

当时中国制造业仍处于手工阶段，尚不知机器生产的大工厂为何物。当西方的坚船利炮到来时，中国铁匠还在抡着锤子打造长矛。中国年产铁仅2万吨，不及英国的1/40，而且从质量上，中国的“土铁”亦远不及进口的“洋铁”。张之洞在给慈禧的奏章中，专门做了一次常识普及：

> 查洋铁畅销之故，以其向用机器，锻炼精良，工省价廉。察华民习用之物，按其长短大小厚薄，预制各种料件，如铁板、铁条、铁片、铁针之类，凡有所需，各适其用。若土铁则工本既重，熔铸欠精。生铁价值虽轻，一经炼为熟铁，反形昂贵。是以民间竞用洋铁，而土铁遂至滞销。

早在山西巡抚任上时，张之洞就发现“煤铁之利”，并制订了开办洋务局的计划。光绪十六年（1890），身为湖广总督的张之洞率先创办了著名的汉阳铁厂（即湖北铁政局）。这也是近代中国第一个实现大规模机器生产的钢铁企业。在张之洞离开湖北之前，汉阳兵工厂共造毛瑟步枪11万支，枪弹4000万余发，各种炮985尊，各种炮弹98万余发。这些全部仿造自德国克虏伯的现代化武器，大量装备新军后，使中国在很短的时间内就彻底告别了延续几千年的冷兵器时代。

光绪十九年（1893），张之洞在铁厂旁建“自强学堂”，这就是武汉大学的前身。

针对当时重军工轻民用，有识之士多有批评。当时的《申报》就发表《教民耕织机器说》，开宗明义地指出，“中国之效西法也，当自机器始；中国之制机器也，当自耕织始”。在铁厂之后，张之洞又兴办了南纱局，进口了一套4万多纱锭的机器。可惜后来人走茶凉，纱

1900 年，时任湖广总督的张之洞与英国军官合影。张之洞一身满人风格的宽大官服，与现代服装形成强烈的反差。作为洋务派的主要代表人物，张之洞对中国现代化进程影响巨大。

厂随着张之洞调任来回搬迁，并没有达到预期效果。同光时期，“各省机器局之设立，机器皆购自外洋，枪炮弹药全是仿造。而西方竞求进步，日新月异，变化多端，中国无重工业基础，事事追随其后，造成之物，不数年间即成旧式，机器无法改易，自身无从制造，购置新机，必动巨款，却又不胜负担，终至维持现状”。

中国虽然引进了大量机器，但对火车的引进却始终持抗拒态度。当时清廷担心铁路会为西方列强入侵提供方便。张之洞提议修建一条沟通中国南北的内陆铁路，“宜自京城外之卢沟桥起，经行河南，达于湖北之汉口镇，此则干路之枢纽，枝路之始基，而中国大利之所萃也。……若有铁路，则机器可入，笨货可出，本轻费省，土货旺销，则可大减出口厘税以鼓舞之。……销路畅则利商，制造繁则利工，山农、泽农之种植，牧竖、女红之所成，皆可行远，得价则利农。内开未尽之地宝，外收已亏之利权，是铁路之利首在利民。民之利既见，而国之利因之”。光绪十五年（1889），张之洞被任命为筹办卢汉铁路大臣；光绪二十二年（1896），督办粤汉铁路；光绪三十二年（1906），主持修筑川汉铁路；直到宣统元年（1909），他还担任着粤汉、川汉铁路钦派督办大臣。

作为一个传统士大夫，张之洞坚持铁路“必须官商合办”，“铁路为全国利权所关，不甘让利于商，更不肯让权于商”。从后来的历史来看，正是张之洞完成了铁路风潮和辛亥革命的铺垫。

晚清时代的中国与其说是一艘即将沉没的破船，不如说是一座即将爆发的火山。“中国寝处积薪，自以为安”，西式枪炮的大规模引进和制造为天朝当局大壮胆色。津浦铁路督办吕海寰强占土地，张之洞建议需善抚民意，“朝廷用人，如不顾舆情，恐怕要激起民变”。载沣傲慢地说：“有兵在，还怕什么民变。”张之洞长叹道：“国运尽矣！”此后不久，张之洞去世（谥号“文襄”）。仅过了两年，川汉铁路就成为导火索，在张之洞“久任疆奇”的武昌，新军手持国产的“汉阳造”打响了辛亥首义第一枪，颠覆了一个延续2000余年的皇权专制制度。

天朝既亡，那些丧家犬般的遗老无不咬牙切齿，“罪魁祸首则在张之洞”。时人欧阳萼对张之洞大张挞伐：“追原祸始，张文襄优容新进，骄纵军人，养痈十余年，糜帑数千万，兴学练兵，设厂制造，徒资逆用，以演成今日非常之惨剧，殊堪浩叹！”

“自咸丰以来，无年不办洋务，无日不讲自强；因洋务而进用者数百人，因洋务而糜耗者数千万。”洋务运动和自强运动有一个明确的目的，就是维护清朝统治集团，从曾国藩创办安庆军械所，到张之洞创办湖北枪炮厂，这场持续 30 多年的“自强运动”和“洋务运动”，最终以一场风靡北方的义和团运动终结。义和团以反现代的姿态，冲向轮船、铁路、电线、机器、洋学堂、洋装书、洋话和洋服——

神助拳，义和团，
只因鬼子闹中原。
……
仙出洞，神下山，
附着人体把拳传。
兵法艺，都学全，
要平鬼子不费难。
拆铁路，拔线杆，
紧急毁坏火轮船。
大法国，心胆寒，
英美德俄尽销然。
洋鬼子，尽除完，
大清一统靖江山。

19世纪末20世纪初，西方工业技术突飞猛进，制造品成本大幅降低，再加上远洋蒸汽船的普及和苏伊士运河的沟通，中国已经完全融入全球化的贸易体系，各种洋货大量流入，而廉价劳动力则以“苦力”的方式流出。一些传统士人开始担忧，“近来民间日用，无一不用洋货，只就极贱极繁者言之：洋火柴、缝衣针、洋皂、洋烛、洋线等，几乎无人不用”。比如中国缝衣针长期为铁匠手工制造，西方工厂化的机器制针光滑而坚硬，且价格要比中国“土针”便宜很多，洋针很快就在全国范围内取代了土针。中国每年进口洋针达数亿支，耗费官银数以百万。

据清朝海关报告，1880年时广东全省已有机械缫丝厂100余家，以蒸汽机为动力的丝车达2400架。这些蒸汽缫丝机进入中国南方后，使得大量传统手工作坊纷纷破产，愤怒的手工业者发起骚乱，一些新式工厂被捣毁。与当年欧洲的反机器运动略有不同的是，中国反对者憎恶机器的理由，更多是出于观念冲突：华夏子孙使用西洋奇技淫巧，是为不忠；蒸汽机易伤人性命，是为不仁；男女同工，有违道德；烟囱高耸，有伤风水，云云。

被铁路葬送的天朝

历史和时间都是单向的，犹如一支离弦之箭。开弓没有回头箭，历史似乎想告诉人们，现代的大门一旦打开，就无法再关上。科学技术的基本原理便是逻辑理性。一旦一种新技术出现，就会迅速扩散，同时还有更多的新技术相伴而来。这种技术逻辑是任何人都无法阻止的。

洋务运动以来，中国陆续引进了蒸汽船、钢铁制造、煤炭等现代工业，但对铁路和电报却坚决拒绝。“一闻修造铁路电报，痛心疾首，群起阻难”。技术逻辑很快便转变为历史逻辑，“有轮船即必多用煤，铸铁炮即必多用铁。煤铁不能常假诸外洋，故开矿之事又起。他日有以运煤铁工价之多、道路之难为病者，自然商及制造火车。此是事之相因而至，欲终拒之，亦不可得”。

康有为甚至以机器为由，提出“断发易服改元”，“今则万国交通，一切趋于尚同，而吾以一国衣服独异，则情意不亲，邦交不结矣。且物质修明，尤尚机器，辫发长重，行动则摇，误缠机器，可以立死。今为机器之世，多机器则强，少机器则弱。辫发与机器，不相容也”。

经历了义和团之乱和八国联军城下之盟后，改革法令、“罪己诏”与《辛丑条约》于光绪二十七年（1901）一起出台，此时距离谭嗣同遇害不到3年。这次由慈禧发起的改革远比光绪主持的“百日维新”走得更远。

从神农时代以来，中国第一次走出农业传统，开始了一个工业化时代，电报、铁路、矿产、工厂、机器、城市化……一个天翻地覆的中国工业革命缓缓启动，尽管比西方晚了一个世纪。

传统中国一直缺乏民族国家的概念，所谓的“中国”只是一种文化概念和心理意识，而非具体的边疆、领域面积、国民生产总值、人口统计……现代印刷术不仅带来了现代科技，也带来了民族觉醒。报纸的出现使言论自由给中国带来前所未有的现代体验。1911年1月17日的《泰晤士报》甚至断言，中国是“一个充满活力的国家……

1907年北京—巴黎的汽车拉力赛。汽车驶出北京后，在河北怀来乡村陷入泥潭，只好用古老的畜力将汽车牵引出来。传统与现代之间微妙地联系在一起。

它正慢慢地走向现代化，然后突然有一天会急切地渴望扩张，如果不是为了报复欧洲列强对它犯下的罪行，或许就是渴望征服，渴望成为世界大国”。

1900年之前，中国所有的企业无论成功或者失败，它们几乎都是官办的。1900年之后，随着经济上进一步开放，大量外资进入中国，中国民间的私营企业也逐渐崛起，特别是民营铁路公司的迅速发展。与向来主张以外国贷款修路的官方思路截然相反，这些私营铁路公司利用义和团运动激发的民族情结，将铁路视为国家主权，集资募股行动几乎变成一场爱国宣言，很多学生和店员也都加入认购大潮中。随着《公司律》的颁布，中国第一次出现了真正现代意义的股份有限公司，它们多少已经摆脱了国家权力的控制。清政府在1911年5月9日宣布铁路国有时，根本没有意识到其中的危险。股票与选票之间的同构性，激活了广大民众的权利意识。随后的铁路国有化终于引发了声势浩大的“保路运动”。

仅仅因为铁路，一个貌似强大的天朝倏忽间便跌下历史舞台。一切既出乎意料，又在意料之中。值得一提的是，清廷在统治中国200多年后以逊位的方式体面退出，并没有像历史上改朝换代所爆发的兵燹灾眚，但随后持续几十年的战乱挫折说明，建设比破坏难得多，进步比倒退难得多。

晚清三十年洋务运动的目标，是想在保持原有社会结构不变的前提下推行军事现代化，但终因国贫民弱，清廷只能从勉强糊口的农业剩余中拿到不足4%，国家财政的经济汲取能力如此之低，从上而下的现代化也就成了镜花水月。天朝的突然停摆使政治秩序崩溃，也大大消解了支撑中国社会的古典传统；但话说回来，1911年的这场革命也不是一场资产阶级革命。在枪声响起时，尚在武昌的张謇对此一无所知。中国还是那个农民的中国，不仅没有形成稳定的资产阶级和中产阶级，甚至连真正的无产阶级也难成气候，反而随着饥荒战乱下传统社会的崩溃，流民和暴力再次泛滥成灾。革命和枪炮带给中国关于现代的初体验，“汉阳造”第一次将中国带入机器战争，马克沁机枪在遥远的东方大开杀戒。

唐德刚先生曾以“历史的三峡”来比喻中国的现代转型。他说，中国三千年来共经历过两次“转型”：第一次即“废封建，立郡县；废井田，开阡陌”，使中国“从一个高等群居动物的部落主义转向一个以自由农业生产为主的经济制度，和中央集权，以高度科学化的文官制度为骨干的，天无二日、民无二主的宇宙帝国”，这次转型肇端于战国时的商鞅变法，完成于汉武帝时的“盐铁专卖”，历时二百余年。第二次则肇端于辛亥革命，“从帝国制度转入一个民主代议制度”，这一转型虽历时近百年，犹未告成；如舟行三峡间，沿途尽是激漩急湍，凶险万状。但“不论时间要拖多久”，这一转型必将完成，这“是客观存在的，是任何人和事都改变不了的”。

进入民国后，不仅铁路，几乎所有的重工业很快都被“国有化”。1912 年 2 月，南京临时政府公布了《中华民国国歌》：

> 亚东开发中华早，揖美追欧，旧邦新造。
> 飘扬五色旗，民国荣光，锦绣河山普照。
> 我同胞，鼓舞文明，世界和平永保。

如同工业革命前的英国抵制亚洲纺织品，辛亥革命将“国货运动”推向一个高峰，“抵制外货”与“提倡国货”成为民族主义旗帜下中国工业革命的口号。在一个短暂而自由的开放年代，国货运动成为第一代中国国民最起始的启蒙：手工与机器、中国与世界、传统与现代，思想与观念的冲突纠结于一场高亢的全民运动中。

“中华国货维持会”在 4 年中印发传单近百万份；当然，这些传单几乎都是用进口转轮印刷机印制的。中国可以是印刷大国，但从来都不是印刷机大国。孙中山从常识角度这样说：“洋布便宜过土布，无论是国民怎么样提倡爱国，也不能够永久不穿洋布来穿土布……那便和个人经济原则相反，那便行不通。”

短暂的黄金时代

与英美等西方工业国家不同，中国不仅有千差万别的广大区域，而且还有悠久而保守的传统。如果说西方的工业革命都是从下而上的，那么中国则相反。洋务运动已经过去半个多世纪，但乡土中国其实并没有多大改观。德国传教士卫礼贤（1873~1930）“来到中国时，是一名神学家和传教士，他离开中国时，却成为孔子的信徒”。这位“世界公民”如此赞美中国的传统文明：

> 在美国，我们看到了最为发达的机械化经济，这种机械化是如此深远，以至于人类自己作为一环也卷了进去，以一种可以预测的精确度发挥着作用。而在中国，我们刚好可以看到另一极，人力工具依然占据重要位置，机械手段极为原始。……中国的整个趋势是工具尽可能简单，工匠尽可能灵巧。生活的重点放在人格的完善，而不是生产工具的完善上。

第一次世界大战带给中国本土企业难得的发展机遇。进入 20 世纪 30 年代后，中国的后发优势开始明显起来，工业文明已在中国落地生根。根据经济学家吴承明估计，随着中国工业的起步，“洋货”的市场占有率从 1908 年的 22% 下降到 1936 年的 9%；到 30 年代，国内纺织业基本替代进口，并开始大量出口。铁路、公路和航运开始在部分发达地区替代传统的人畜运输。早在 1918 年，上海江南造船厂就开始接受海外订单，并为美国制造了4艘万吨货轮。

应当承认，尽管当时战乱频仍，但中国仍是当时世界上经济发展最快的国家之一，现代民族资本的发展如雨后春笋，如过江之鲫。五四运动如同中国的文艺复兴和启蒙运动，第一次全面地提出“人”的现代化，科学与民主的现代思想彻底超越了“中学为体，西学为用”的实用主义。

北洋政权垮台之后，中国的政治文化中心从北方迁到经济发达的江南。从1928年到1936年，中国工业增长率每年都保持在将近9%的高水平；10年间铁路里程新增8000公里，工厂新增2826家。不过有一点，这种进步完全得益于全球化经济所带来的西方投资；1936年，外国资本占中国工业总资本的73.8%。按照《剑桥中华民国史》的说法，从1927年到1937年是中国经济发展的“黄金十年”。

“黄金十年”期间，中国的GDP年增长率达到11%，整个国家的国力突飞猛进。中国可以制造飞机、万吨轮船和先进军工武器，金陵兵工厂生产的重机枪几乎可与德国产品媲美，而且还生产了大量仿捷克轻机枪。飞机刚刚出现才20年，国内已经有12条航线。当时西方学者一致认为，如果中国再发展5~8年，甚至有可能超越日本，成为亚洲第一强国。

与中国的坎坷相比，日本的崛起堪称一个工业史上奇迹。“黑船来航”迫使日本“识时务”地结束了闭关锁国的历史，之后日本便凭借“见贤思齐”的精神推动国家现代化。“明治维新”之后短短30年，日本就“脱亚入欧”，一跃成为一个世界工业强国。

应该承认，中国的现代化经历了一个日本化的过程，特别是甲午战争后的一段时期，日本的工业技术和现代文明被大量引进。一大

20 世纪 30 年代的上海。黄浦江中古老的帆船及摇橹者，与现代西式建筑林立的外滩形成鲜明的对比。

批中国青年从留学“西洋”转向“东洋”，“师夷”变成“师敌”，“倭学”成为与“泰西之学”并立的“泰东之学”，有关现代社会和科学的汉语名词大多都来自日本。福泽谕吉将 civilization 翻译为“文明”，将 culture 翻译为“文化”，这两个词语很快便成为东方世界进入现代的一种标志。

作为鸦片战争的产物，香港和上海，这两个微不足道的东方小渔村在一个世纪之后，已经成为可以媲美伦敦的国际大都市。上海在 1843 年开埠时只有 23 万人，1880 年已过 100 万，超过北京，成为中国第一大城市。此后上海人口就翻番增长，到开埠 100 周年时达到 500 万。无数跨国企业和新兴的中国民营企业共同制造了十里洋场的繁荣，现代中国就在这里诞生。

1927 年落成的外滩海关大楼，在 85 米高的楼顶仿造了伦敦大本钟式的钟楼。中国第一次被机械标准时间统一起来。

从 1934 年开始，一场以纪律、品德、秩序、整洁、守时等为主题的现代公民教育在中国展开，蒋介石称之为“新生活运动”；在此之前，由一群民间知识分子发动的“乡村教育运动”已经持续多年。以晏阳初、梁漱溟、黄炎培、卢作孚、陶行知等为代表，这场对传统乡村社会的现代化改造不仅仅是“文字下乡”，还怀有“民族再造”的重大使命。从 1935 年施行的国民义务教育，进一步从官方角度做出呼应。

1938 年，卸任中国驻苏大使的历史学家蒋廷黻，用两个月时间写了《中国近代史》，作者在这本薄薄的小册子开篇问道：

> 近百年的中华民族根本只有一个问题，那就是：中国人能近代化吗？能赶上西洋人吗？能利用科学和机械吗？能废除我们家族和家乡观念而组织一个近代的民族国家吗？能的话，我们民族的前途是光明的；不能的话，我们这个民族是没有前途的。因为在世界上，一切的国家能接受近代文化者，必致富强，不能者必遭惨败，毫无例外。并且接受得愈早愈速就愈好。

对中国这样一个传统国家来说，现代（近代）转型是一个曲折而缓慢的过程，尤其是文化观念。总体而言，1936 年的中国在主体上依然是一个传统的农业国家，工业产值只占工农业总产值的 10%，工业产品主要也是传统手工业而非机器制品，产业工人仅占全国人口的 1% 左右。

历史如一面镜子，常常会揭示一些奇妙的现象。比如发源于英国并延伸至欧洲和美国的工业革命，其实是一场中产阶级运动；无论是技术发明者还是组织经营者，他们都不是无产阶级。或者说，所谓的资产阶级，其实就是拥有私人财产权的中产阶级，正如同中国所说的“地主”其实就是拥有土地的农民。

无论是晚清革新和辛亥革命，还是北洋政府和南京政府，广阔的中国农村基本没有发生什么改变，这里被有意无意地忽略了，刚刚踏入现代的中国仍然沿着西方工业国家的城市化道路前进，这使得中国传统社会的精英阶层分布发生了历史性的大转变。现代教育和城市化的出现，使乡村社会成为一个被精英遗弃、管理日趋失序的地区。更不幸的，人祸总伴随着天灾，从清末到民国，“频仍的自然灾害袭击各个省份，其严重与频繁即使在古时的中国也是不平常的”。可以说，城市中产阶级与乡村农民所处之地完全是两个截然不同的中国；转眼间，这些被时代遗忘的农民形成巨大的力量，彻底改写了中国的现代进程。但对古老的中国历史来说，似乎不过又开始了一个轮回而已。

超英赶美中国梦

从 19 世纪上半叶到 20 世纪上半叶这百年间，工业革命的浪潮席卷全球，全世界生产量提高了 8 倍，欧洲和日本的人均收入提高了 3 倍，美国人均收入提高了 9 倍，中国的人均收入不仅没有提高，反而下降了，只有世界平均水平的 1/4。按照一些统计，1750 年（乾隆十五年）中国 GDP 约占世界总量的 32%，1950 年中国 GDP 只占世界总量的 2.9%，中国人均 GDP 仅为 439 美元，相当于 1820 年（嘉庆二十五年）的 73%。从 1949 年开始，计划经济下的中国工业产量以平均 20% 以上的速度增长，但城市人口受到严格控制，并没有太大增长。

早在 1902 年，梁启超和许多现代启蒙思想家就提出“新中国”的概念。所谓“新中国”即现代中国，以示与传统的“旧中国”之决裂。半个世纪后，“新中国”诞生了，中国进入一个“无产阶级专政”的“新社会”。

从 1949 年开始，中国重新踏上苏联走过的道路，以“统购统销”的计划经济来进行“超英赶美”的原始工业积累。402 万家私人工商企业中绝大多数都被“公私合营”，所有报纸、杂志、印刷厂和出版社被“国有化”之后，全国只剩下一个书店——新华书店。在世界范围内，传统的文字书写正被机械打字全面取代，只有非拼音的汉字仍停留于原始的手写手抄阶段。为了提高识字率和手写的速度，中国掀起一场汉字简化运动。

在 1976 年之前，中国作为一个封闭自守的经济体，几乎与世界经济体系“绝缘”。重庆钢铁公司仍在使用的两台蒸汽机，还是 100 年前张之洞为汉阳兵工厂从英国进口的。大多数印刷厂尚停留于铅与火的手工阶段，所用的排字盘还是 100 多年前马礼逊发明的“耶稣盘”。当时中国平均一个国营工厂的工人数量是一个日本工厂的 11 倍，高度集中的国家列车最终陷入一片泥潭。

美国历史学家巴林顿·摩尔颇为正确地指出：“农民早晚会成为现代化的牺牲品，这是一个简单而残酷的事实。”通过对农业政策的剪刀差，新中国取得了很高的积累率。很难想象这种巨额原始积累能够在晚清或者民国时期完成。从 1958 年到 1978 年，中国城镇居民人均收入增长不到 4 元，农民则不到 2.6 元，油灯、纺车、扁担、辘轳、镰刀、锄头、石磨、连枷，一切都停留在 2000 年前的手工木器时代。1978 年的中国依然是一个农业时代的乡土中国。

1978 年，中国的汽车年产量为 15 万辆，轿车年产量为 1000 辆，千人汽车拥有量为世界平均水平的 1/5200，名列世界倒数第一。然而 30 年后，中国成为世界最大汽车生产国，其产量（1379 万辆）超过日本（793 万辆）和美国（570 万辆）的总和。在美国装上轮子 100 年后，中国仅用了一代人的时间，就从自行车时代直接跨入了汽车时代。同样几乎是一夜之间，很多从来没有打过“电话”的人直接用上了手机，而且是智能手机。

在洋务运动过去 100 多年后，中国又一次打开经济的大门，是为“改革开放”；来自西方新的旧的机器设备生产线源源不断地涌向中国，招商引资、厂长承包、资产流失、收归国有、自由贸易区……历史总是如此似曾相识。1993 年取消粮票，意味着十几亿中国人终于可以吃饱；2006 年取消农业税，标志着延续数千年的传统农耕时代走向终结。

在“四个现代化”几乎被人遗忘之时，现代化在中国似乎已经变成现实。但现代化并不等于现代性，现代不仅意味着机器和技术，也代表着观念和制度。在全球化的背景下，全球资本和技术由高工资国家向低工资国家的转移，中国由此获得了经济发展的第一推动力，并得以迅速崛起。后发的中国经过 40 年狂追，基本完成了工业化过程，尽管比英国晚了 150 多年。美国就像当年的英国一样，以为只要教会

上海浦东的巨变。上图由 Stringer 摄于 1987 年，下图由 Carlos Barria 摄于 2013 年。

中国人刷牙，一人买一支牙刷，美国就可以卖给中国 10 亿支牙刷，然而实际结果却是中国人不仅学会刷牙，而且把牙刷卖给美国。

当年英国在水晶宫骄傲地宣布，“世界工厂在这里！”160 多年后，世博会来到中国，变成了一座官帽状的木制斗拱。与当年瓦特—博尔顿的工厂不同，中国很多“世界工厂”的资金、技术、机器和生产线都来自西方，中国提供了西方最短缺的人力资源和环境资源。现在中国一年盖的房子，相当于整个维多利亚时代（1837~1901）所建的房子；中国在 2014~2015 年间生产的钢铁，比英国自工业革命以来生产的钢铁加起来还多；中国在 2011~2013 年间用掉的水泥，比美国在整个 20 世纪用掉的还多。在“中国模式”下，西方数百年的工业化历程几乎被压缩至短短的 40 年。

对当代大多数中国人来说，往上追一两代，几乎都是农民，而且都是“贫下中农”。“改革开放”主要是“开放”，最大的变化是观念。承认中国是世界的一部分，承认中国人是人类的一部分。当中国融入全球化经济大潮时，中国很快就走出了持续数千年的农耕手工时代，前所未有地进入机器时代。这一过程仅仅用了一代人的时间：上一辈人还是以步行来移动，这一辈人就已经通过汽车和飞机来移动。

张维迎先生在北大 2017 年毕业演讲中说，过去 30 多年，中国经济取得了举世瞩目的成就，这一成就是建立在西方世界过去 300 年发明创造所积累的技术的基础上，支撑中国经济高速增长的每一项重要技术和产品，都是别人发明的，不是中国自己发明的，中国只是套利者，不是创新者。从经济和物质上，中国用 30 年时间走过了西方 300 年才完成的现代化之路。打一个不太恰当的比方，牛顿花了 30 年的时间才发现了万有引力，今天的人只需要 3 天就能搞懂万有引力。

随着中国经济的腾飞，不断有人预言中国将在 2030 年达到世界经济总量的 1/4，那时人均收入可达到欧美日等发达国家 1990 年的水平。按国内生产总值（GDP），中国在 2015 年就已经成为世界最大经济体。自从 1872 年以来，美国作为世界最大经济国长达 140 多年，如今中国终于超越了美国。但如果人们稍微留意一下历史就会发现，在没有工业文明的前现代，中国可能一直都是世界的最大经济体。

第 8 章

终结者，当人遇见机器人

> 进入电时代后，蒸汽机就变成第一次工业革命的事情，技术从此变得有无限可能。电报、电话、收音机、电视机很快便被计算机取代。当计算机被称为电脑时，机器便不再只是人的力气和技能的取代者，离开思想，人的地位岌岌可危。

人类发明了文字，也发明了数字。至今无法确定，是先有数字还是先有文字。数字或许只是文字的一种，且较早的一种。随着现代的到来，数字无疑已经成为最重要的“文字”。

在时间的历史中，与其说公元纪年是上帝的安排，不如说是人为创造。如果用一个新世纪的开始来代表一段新历史的起点，这无疑是一种难得的巧合。伏特在 1800 年发明了世界上第一块电池——伏特电堆，就是科学史上的一个里程碑。同样，1900 年和 2000 年也具有这种历史节点的标志性意义：1900 年可以视为电的元年，2000 年可以视为电脑（互联网）元年。

人类技术史大致可分为三个阶段：依靠人力、畜力、风力和水力的原始技术时代，依靠煤炭和蒸汽的旧技术时代，以及以石油、天然气和电力为主的新技术时代。与蒸汽时代相比，电时代的来临无疑是最具颠覆性的。蒸汽机可把热能变成机械运动，而电则使一切形式的能——热、机械运动、电、磁、光——互相之间可以任意转化和利用。机械时代被电气时代取代，有人称之为“第二次工业革命”。

有了电之后，接下来，就是计算机的登场。计算机的历史最早可以追溯到工业革命时期的机械计算机，电提供了一种比机械更便捷小巧和节约的方式。虽然计算机常常被称为电脑，其实电在其中扮演的仍然是机械角色。电脑的出现，几乎接管了整个机械时代。过去机械条件下所做的事情，现在基本都交给了电脑。

在电脑出现之前，所有的工业革命都可以被看作能源革命，无论是煤炭、石油，还是电力、原子能，都构成工业化必不可少的基础。随着电脑的出现，现代工业终于从能源革命向智力革命转变。在过去，机器指的是将一种能量转化为另一种能量的技术装置，现在出现了用来变换信息的技术装置。相对于传统工业，这是一个以信息、智能和高科技为特色的后工业时代。经济学家熊彼得指出，现代经济增长的原因在于新思想和新产业对于那些守旧企业家的“创造性的破坏”。毫无疑问，以创新创意为主导的新技术是后工业时代的明显特征，软件取代硬件（机器）成为社会的主要财富，从而使传统的机器时代走向终结。

有史以来，虽然伟大的发明不可胜数，但对人类文明影响最大的发明主要是一些通用系统，包括拼音文字、数学和活字印刷术，而人类发明的最具通用性的东西无疑是计算机。有人把广义上的机器定义为“一种把输入的信息转变为输出信息的设备”。从这个定义来说，计算机无疑是最完美的机器。虽然早期的计算机确实只是一个“会计算的机器”，这与之前的钟表、织布机、蒸汽机等没有本质区别，但今天的计算机几乎与人脑一样，无所不能。按照媒介理论，工业革命用机械延伸人的肢体，而互联网延伸的则是人的大脑。这大大提升了人类的集体学习能力。

人是智慧的动物，至今人们仍无法解释智慧之谜，但无疑智能是人类唯一不同于其他的动物并统治地球的东西。这也是一种不同于其他自然力的力量。毋庸置疑，计算机——或者电脑，成为人类发明的所有机器中最为成功的作品，它甚至模糊了人与机器的界限。无论取代了双腿的汽车，还是延伸了眼睛的望远镜，都无法与电脑的出现相提并论。

如果说电的出现还可与蒸汽机相提并论，那么电脑的出现则远远超越了人们对蒸汽机的一切想象。电脑与人脑之间的联系使人与机器的关系越来越复杂。

从拖拉机的发明到计算机的应用，技术革新改变了工作的结构和内容，把劳动力从农田转移到工厂，最后转移到办公室。

回首现代的历程，第一次工业革命时，人们以蒸汽机代替畜力和人力；第二次工业革命，以内燃机和电动机进一步替代了人力和畜力；第三次工业革命，以电脑和机器人正在代替人本身。这种“具有人类智能功能的机器”成为人工智能的滥觞。如果说核武器使人类面临毁灭的危险，那么人工智能则使人类面临淘汰的危险。

2017 年 10 月 25 日，在未来投资计划大会上，AI 机器人索菲娅获得沙特国籍，成为历史上第一个拥有公民身份的机器人。这是一件具有世界历史意义的事件。当事“人”索菲娅表示：“我为此殊荣感到光荣和骄傲。”

点亮地球

虽然人类因为发明火而步入文明，但与火相比，电似乎更加万能。用同样的电，你可以运行电梯、缝纫机或其他机器，你也能用来烹饪食物。发电机刚出现时，就被视为“无限可能的象征”；在它面前，只能制造“力量”的蒸汽机立刻相形见绌。

说到电，不能不谈到爱迪生。经过伏特、欧姆、法拉第等无数科学家一个多世纪的努力，1882 年，爱迪生在纽约建起了第一座发电站。这个电时代的“盗火者”虽然只上过 3 个月学，在接下来的日子里，却用电灯、电话、电影等 2000 多项发明改变了一个世界；他甚至发明了电椅，使人类可以用肉体来体验什么是电，乃至以这种“更高级文明”的方式离开这个世界。

爱迪生的“天才”并不是天生的，他不仅自学了从牛顿数学到法拉第电学的许多知识，还做了大量的实验；终其一生，他每天都要做笔记和记日记。1869 年，22 岁的爱迪生在报纸上宣布，他“要从此把全部时间用来进行发明”。爱迪生不仅是一个天才的发明家，更是一个优秀的企业家，“我不想再发明任何卖不出去的东西了。它的销量是它实用的证明，实用才是成功”。

早在 1878 年，英国人斯旺就试制成功了第一只白炽电灯，但将电灯送入千家万户的却是爱迪生。这是一项关键性的发明。1880 年，爱迪生在新泽西设厂，开始大批量生产商品化的白炽灯。爱迪生曾说：“我们将让电灯成为廉价的消费品，总有一天，只有富人才会点蜡烛。”爱迪生对电灯的使用成本以美分计算：1880 年一只使用寿命 300 小时的碳丝电灯售价 1.21 美元，1883 年降到 30 美分，1890 年降到 15 美分。

地球距今已有 45 亿年的历史，在电灯出现之前，地球的夜间都是漆黑一片，有了电之后，地球的夜晚被点得通亮。发明作为一种革命，必然会推翻传统的既得利益，电灯的出现使得整个煤油业在很短的时间内就崩塌了。在中国古代，有囊萤映雪、借壁凿光和燃荻读书的典故，在电时代，照明成为一种像空气一样无处不在，无论穷人富人，任何人都可以得到的廉价之物。1784 年，富兰克林给《巴黎杂志》写信说，如果法国人早睡早起的话，每年可以节约 6400 万磅的蜡烛。100 年后，电灯将巴黎变成了真正的“不夜城”。电灯比蜡烛更加明亮，电比火更加神奇。从弱电到强电，从交流电到直流电，电为人类提供了一支前所未有的魔杖。

1889 年，爱迪生电灯公司与西门子公司合资成立爱迪生通用电气公司，两年之后又与竞争对手汤姆森—休斯顿公司合并，成立通用电气公司，一个电业巨人就这样诞生了。在 1893 年的芝加哥世博会上，通用电气公司用 10 万只彩色电灯搭成一座 70 英尺高的灯塔，而西屋公司采用特斯拉的交流电技术，同时点亮了 9 万只电灯。如果说当年伦敦世博会的主角是蒸汽机，那么电就是芝加哥世博会的明星，几乎每一样东西，会发光的、会出声的、会移动的，都是使用电力。

特斯拉与爱迪生多少有些瑜亮情结。爱迪生发明直流电（DC），特斯拉发明了更具革命性的交流电（AC）和交流电动机。1915 年，由于特斯拉和爱迪生在电力方面的伟大贡献，两人被同时授予诺贝尔物理学奖，但是两人都拒绝领奖，理由是无法忍受和对方一起分享这一荣誉。与爱迪生不同，特斯拉虽然拥有 700 多项专利，却分文不取，他甚至将交流电的专利证书撕毁。根据专利法，当时每生产 1 匹（约 735 度）交流电，就必须付给特斯拉 1 美元的专利使用费。1891 年 7 月 30 号，特斯拉成为美国公民，他告诉他的朋友们，他珍惜这个国籍胜过珍惜他的很多科学发明。作为电机工程和无线电技术的开创者，特斯拉在 1891 年成功试验了电力的无线传输。特斯拉曾预言：“许多年以后，人类的机器可以在宇宙中任何一点获取能量，从而驱动机器。”

爱迪生一直认为交流电是危险的，他把特斯拉视为异端。据说爱迪生发明的电刑也使用直流电，结果把判处死刑的犯人电成半死不活。爱迪生一生发明无数，他的第一个专利产品是为国会清点选票而发明的电示投票记录仪。总体而言，爱迪生是一个缺乏艺术天赋的纯技术人，他发明了留声机和电影，他以为人们会用其来记录自己的声音和影像作为遗言，却根本没有想到会被用于发行音乐唱片和制作虚构的故事，并成就了一个席卷一切的现代娱乐业。电影诞生仅仅数年工夫，便成为一件风靡全球的城市大众文化。传统的歌舞剧和戏曲顿时被这种现代化娱乐技术给彻底取代了。

在电时代刚刚来临的时候，人们还像使用蒸汽机那样使用发电机，只有富人才买得起发电机、用得起电。随着交流电的普及，由大型发电机组驱动的电网终于将廉价电送进千家万户。随着电网的迅速延伸，电线比铁路和公路更密集和更迅捷地建立起一个网络化地球，电时代也比蒸汽时代更快速、更紧密地将世界连为一体。麦克卢汉先知般地预言了“地球村”时代的到来——

> 经过三千年专业分工的爆炸增长之后，经历了由于肢体的技术延伸而日益加剧的专业化和异化之后，我们这个世界由于戏剧性的逆向变化而收缩变小了。由于电力使地球缩小，我们这个地球只不过是一个小小的村落。

早在1834年，雅可比就制成了第一台由电池驱动的15瓦电动机;几年后，世界上第一艘电动船在涅瓦河上完成了处女航。1866年，西门子预言电动机将得到广泛应用。1873年的维也纳世博会上，“发电机之父”格拉姆因为接错线，意外地将他的直流发电机变成了一台直流电动机。1873年，一位法国造纸工将水轮机连上了发电机，水电之门就此打开。1889年，工业使用的能量只有2%来自电能，到1919年，电力比例已经超过所有能量的30%。1900年前后的短短20

年，商业化的电动机从无到有，迅速占据了 90% 以上的动力市场份额。除了一些巨型机器之外，运行更加安静和平稳的电动机基本取代了内燃机和蒸汽机。在蒸汽火车度过它的百年诞辰之后，一场电气化运动不可逆转地降临了。

电动机的引进彻底改变了工厂的布局，每台机器都可以灵活地设计和安置，大大提高了工作效率。一台刨石机的效率相当于 8 个工人，一台莱诺整行铸排机的排字量超过 4 个熟练排字工，一台欧文制瓶机相当于 18 个工人的产量，一个纺织厂的女工可以照看 1200 个纱锭。电不仅促进了动力系统的发展，也使机器的自动化控制水平大大提高，彻底消解了工人在工厂中的重要性。随着工人的不断减少，工业产量反而在逐年提高。

1910 年的美国人对 2000 年的想象。当时电的应用已经比较普遍，而电话和电影刚刚出现，但还没有电视和电脑。

从整个经济史来看，由内燃机和电动机带动的“电工技术革命”的经济增长速度，大大超过蒸汽机驱动的第一次工业革命。在20世纪中，世界工业品生产增长了30~40倍。随着自动化技术的普及，手工劳动基本都被机器生产所取代；更为甚者，人类的智力也越来越被机器的智慧所取代。1850年时，人力在生产中提供50%的能量，而机械力只占6%；可到了1960年，人力、畜力和机械力三者所占的比例分别为3%、1%和96%。

时间和空间是如何消失的

如果说电与机械结合产生了一场电气化革命，那么电话和电报则引发了“扩展人类感官功能的一次革命”。

工业革命时期，人们从浸没在酸性电解质中的金属条上发现了电。电时代就这样悄悄地到来了。早期的电都来自电池，成本过于昂贵，它既不能像蜡烛一样照亮，也不能像蒸汽机一样轰鸣转动，它唯一的特点就是可以沿着金属导线跑出很远，远到没有尽头，而且其速度快得不可思议。接下来，就有人明白“速度”意味着什么。在解决了制造电线和控制电流的技术问题之后，电报同时出现在美国和英国。电报的初始语言只有两个字：通与断。但通过对这两个字的组合编码，重构起了一个完整的人类语言。

1844年，美国人莫尔斯发送了世界上的第一封电报：“上帝啊，你创造了何等的奇迹！”电报技术使信息以不可思议的光速即时传播。人类第一次征服了时间和空间。

公元前490年，希腊军队在马拉松平原击退了波斯王大流士一世军队。为了较早地传回捷报，菲迪皮茨从马拉松镇一路跑到首都雅典，当他将消息终于送到雅典后，便力竭而亡。42公里的马拉松长跑运动的起源，就来自这样一个信息传输所付出的代价。1844年，约翰·托厄尔杀害他的情妇后乘火车逃跑，警方发出电报通缉令，约翰刚到伦敦就落网。电报刚刚诞生，就显得如此神奇——“是这些电报线绞死了约翰·托厄尔”。仅仅两年前，一个需要很多天才能得到的信息，现在无论在哪里都可以瞬间获悉。

随着电报时代的到来，信息的传输速度不是提高了一倍两倍，而是取消了速度本身。人类延续数千年的烽火台，只能以有限的速度传递一两个字节的信息，与之相比，电报技术的出现如同大坝突然间崩溃，信息洪流迎面而来。电报以前所未有的方式重塑了一个现代社会。很多人设想，“用不了多久，所有人足不出户，就可以和所有人交谈。”

记者们担心，有了电报，报纸将彻底变得毫无用处；事实却是，电报使报纸的影响力得到进一步的放大。报纸新闻不再只看质量和实用性，而更加注重数量、距离和速度。电报让消息“不翼而飞”，让报端充满了“某月某日电”。作为一家专门通过电报传送新闻的通讯社，路透社于1851年成立。

电报颠覆了传统的时空概念和传播概念，使相关的东西变得无关，使无背景的信息能够迅速地跨越广阔的空间，真正的“新闻”诞生了，整个世界都变成了新闻存在的语境。信息突然间由短缺变成过剩，这对人类来说是破天荒第一次，这意味着与此同时人们将面对丧失社会和政治活动能力的问题。

电报和火车都是典型的19世纪发明，它们成功地将多项分散技术整合在一起。电报引发了一场“传输革命”，正如火车引发了“运输革命”。运输革命将人们带向世界，而传输革命将世界带给人们。作为一种速度的革命者，电报从诞生之日起，就以前所未有的速度发展。1851年，穿越英吉利海峡的电缆，将英国与欧洲大陆联结起来；1858年，英国女王维多利亚与美国总统布坎南用电报互致问候。

正如电报取代了早期的机械传输，电报也很快就被更方便的电话取代。语言比文字更贴近大众，“既然电流能够传递电波信号，为什么不能传播音波信号呢？”在电报诞生后仅仅30年，电话就接踵而来。当时有600人提出关于电话的专利申请，最后贝尔如愿以偿。尽管西部联合电报公司强烈阻止贝尔公司建设电话线路网络，但最后的结果是，无论在业务量、线路里程还是投入资本量，电话都超过了当初电报的规模。电报花几年才做到的事情，电话在几个月内就做到了。电话免除了电报的填写、拍发和投递，可以直接对话并立即得到回音；电报需要书面语，而电话则彻底恢复口语化；更重要的是，电报只是单向信息传递，电话却是双向即时交流。当年电报的出现，曾经改变了南北战争的指挥模式，有人因此设想，假如1861年有这样的长途电话互相沟通，或许美国就不会发生南北战争。

电话出现以后，成为“一个有史以来最为复杂、最为便捷，扩张得也最为迅猛的通信系统”。1880年，美国电话用户达到6万；20年后，1500万部电话构建了一个庞大的美国电话网。电话簿第一次对世界进行了数字编码，人与人之间被电话联结成一个虚拟的网络，在这个最早的“互联网”中，人们可以进行民主而平等的对话，现实空间被完全消除了。

电报和电话消除了信息运动的空间障碍和语境概念，使空间不再是必然的制约条件，运动与通信分离开来，信息从此成为一种商品。同时，电话和电报也引发了一场管理革命，无论是商业组织、政府行为还是战争形式都发生了改变。新的通讯媒介大大促进了组织的发展，使其管理结构更加复杂。电话和电梯使摩天大楼成为可能，胜家公司和西尔斯公司将管理人员集中在新的公司大厦中，电话是他们与外界唯一的联系。

电话通过改变人们的工作和生活，而深深地改变了社会和家庭。电话比手表更加密切地介入到私人空间。电话分离了人的精神与身体，电话比钟表更具有主动性和侵略性，它进一步加重了现代人在时间上的警觉性和焦虑感。教皇庇护十二世郑重地提出忠告："现代社会的未来及精神生活是否安定，在很大程度上取决于，在传播技术和个人的回应能力之间，是否能维持平衡。"

1893 年，特斯拉首次公开展示了无线电通信。1897 年，马可尼实现了跨大西洋的无线电通信，让电报摆脱了电线的束缚。"无线电的出现，使指挥官可以即刻与他的下属和部队取得联系"。1906 年圣诞节，费森登用无线电将自己在普利茅斯演奏的小提琴曲传到了大西洋和加勒比海的船上，"无线电报"（Wireless）变成了"无线电广播"（Radio）。1918 年，阿姆斯特朗拿到了收音机的专利；1920 年，世界第一家无线电台 KDKA 开始广播；两年后，美国已经有了 580 家电台和 100 多万听众，声音构建了一个虚拟的社会。当时的人们惊呼"广播对国家的经济、社会、宗教、政治、教育等各方面的生活所产生的影响，只有 500 年前的印刷术可相比拟。”

因为阿姆斯特朗，人类在地球上和地球以外的通信能力得到无限延伸。无论何时，当我们打开收音机或电视机，通过公共语音系统听一个通告或立体声音乐会时，当船长和海岸警卫队联系、出租车调度员和司机对讲、将军对前线军队发布命令时，当我们用手机打电话上网时，甚至在太空的宇航员与地球联系时，阿姆斯特朗的英灵无处不在。

1957 年 10 月 4 日，第一颗人造卫星成功发射到太空。阿伦特称其是“比原子裂变还重要的事件”，通过这种“对给定的人类存在的反叛”，人类正成功地挑战着自然的界限。卡夫卡曾说，人是地球上自由而有保障的公民，但有一根链子限制他越出地球的边界。如今这条链子却被人挣脱了。1969 年 7 月 16 日，阿波罗 11 号离开地球；4 天后，人类第一次光临月球。当时，全球有近 10 亿人通过电视观看了这次登月过程。

作为一件最有想象力的发明，电报、电话、收音机、电视、照相机、录音机和摄像机的出现，使人类在更大程度上拉开了与自然的距离，这比望远镜和显微镜更具颠覆性。影像技术不仅使图像的移动成为可能，而且可以将已经记录下来的那些转瞬即逝的动作随意放慢、加快或倒放，这些都是一种人类从未体验过的全新的视觉方式。机器使自然转化成一种人为的艺术形式，人第一次把造化看成是审美价值和精神价值的源泉。有人提出疑问：如果一个人死后，他的语言、影像和声音依然存在，并且对人们产生影响，那么这个人到底算不算死亡？

1931 年，伦敦人们在街头看电视。与书籍报纸不同，电视和广播从一出现，就成为国家主义扩张的利器。奥威尔可能受电视启发写出了《1984》。

群氓时代的宣传

许多现代事物刚出现时，在中东国家都遭到普遍的抵制。电话和无线电就曾被沙特宗教人士视为魔鬼的发明。沙特国王伊本·沙特对教士们说："电话和无线电可把古兰经传到更遥远的地方。"沙特从此有了广播。在电话出现整整 100 年后，流亡法国的霍梅尼依靠电话发动了一场革命，神奇地颠覆了伊朗巴列维政权：他在巴黎总部的宣传人员把他的讲话录音，通过长途电话传到库姆的伊斯兰反抗总部，然后再用电话传至伊朗全国的9000个清真寺；许多年轻的志愿人员立即把讲话印成传单，在几小时内做到家喻户晓。

> 从19世纪中期开始，一切都变了。蒸汽印刷机的出现，加上20世纪收音机和电视的发明，产生了我们现在所谓的“大众媒体”。这些新的大众传播技术能够以空前的速度和效率，把信息直接供应给大批受众，但它们的高昂费用意味着对信息流的控制集中到了少数人的手中。信息的传递于是采取了一种单向、集中、广播的方式，压倒了过去双向、交流、社会化传递的传统。大众传媒技术催生了庞大的传媒帝国，也培育了一种国家认同感，并使专制政府的宣传如虎添翼。[20]

在20世纪，扩音器、广播电台和收音机造就了希特勒和斯大林，也造就了甘地和马丁·路德·金。在德国，1924年只有10万听众，10年后上升到500万，德国人必须参加集体听广播活动，“灌输纳粹党学说比工人们的生产更重要”。纳粹宣传部长戈培尔称，“收音机是最现代、最重要的大众宣传工具”；广播“必须灌输给他们我们这个时代的崇高使命，没有人能摆脱”。宣传作为一种工具，从温和的建议到公开的暴力，它的目的不在于提供思想，而是散布伪善，弯曲甚至折断人们的脊梁。

与传单和报纸相比，广播是更成功的大众媒介，它成为凝聚民心和战争动员的强大机器。媒介学家伊尼斯指出：“在很重要的程度上，可以说，第二次世界大战是报纸和广播这两种媒介冲突的结果。”希特勒就承认：“少了扩音器，我们就无法征服德国了。”纳粹统治者不断用扩音器播放瓦格纳的音乐，以激发群众的狂热。1941 年 12 月 8 日，日本偷袭珍珠港的第二天，美国总统罗斯福向全国发表广播讲话，并对日宣战；美国所有广场和学校的大喇叭前，人潮汹涌，群情激愤。1945 年 8 月 15 日，裕仁天皇以广播方式向日本国民宣读《终战诏书》，宣布无条件结束战争。这是当时日本普通人第一次听到天皇声音。对经历过那个特殊年代的中国人来说，高音喇叭几乎成为一个时代的象征。

没有一样东西，比如教堂、政党制度、教育机器、知识分子或管理精英，能像媒介系统那样成功地加强民族凝聚力。在宣传机器的激励下，爱国热情能让士兵经受漫长战争所带来的痛苦。“唯一让我们恐惧的是恐惧本身。”从“炉边谈话”的罗斯福到霸占荧屏的查韦斯，电台和电视改写了西方世界的政治习俗；这种“上帝般的布道”创造了部落酋长式的国家领袖，他们通过操纵媒体来统治国家。在齐奥塞斯库时期的罗马尼亚，齐氏的每一次讲话都成了“纲领性文件”，电视、广播、报纸和街头标语轮番轰炸，民众耳朵里充满歌颂齐氏丰功伟绩的宣传。讽刺的是，后来人们也是通过电视看到了他的末日。

500 年前，哥伦布发现新大陆，直到数年后，也没有几人了解真相，甚至就连哥伦布也以为自己到了印度。然而 500 年后，全人类几乎同时目睹了阿姆斯特朗登月。正像电话取代电报，电视出现以后，迅速代替收音机成为最基本的媒介。电视的影像传播再加上口语文化，立刻体现出相对于单纯口语（收音机）和书面文字（书）的绝对优势。这种影像霸权多少代表了全球化趋势，人们不需要任何学习都可以看懂影像，包括不同国家、不同语言的视频节目。在

1960年的美国总统竞选中，刚刚普及的电视便让尼克松在年轻英俊的肯尼迪面前一败涂地；20年后，演员出身的里根成为人们心目中最完美的总统。

收音机从发明到500万人使用，用了38年时间；电视机走过这一历程用了13年，而互联网只用了4年。很多年轻人不知道，在电脑出现之前，人们常常根据收音机和电视机的节目来安排日常生活。与其说它们是客厅唯一的客人，不如说它们是客厅的主人，甚至是统治者。电视出现以后，国家电视台成为政府宣传最完美的法宝；换句话说，通过电视可以创造一种强有力的国家认同。

“宣传会毫不犹豫地宣称隐藏在它背后的权力。”心理学家弗洛姆指出，广播和电视展示了人类“单击按钮所获得的能力”的想法。毫不费力地单击电钮，或旋转一下机器上的旋钮，你就能播放音乐、演讲和球赛的实况。驾驶的快感同样来自于“按钮能力”的满足。机器时代带给人类的自信是，你只需一点技能和努力，就能感到自己是宇宙的统治者。机器使人得以脱离时间、空间和肉体的局限，人与世界发生了一种新的联系；人的智力因此达到了一种超越自身的复杂程度。

机器时代以后，人类的直接交流越来越多地被机器之间的交流所代替。柏拉图曾经说，一个城市的规模是由能听到一个演讲者的人群数目来确定的。在机器时代，这个“人群数目”已经变得无可限量。“在19世纪公共汽车、有轨电车和无轨电车完全建立起来之前，人从来没有被放在这么一个地方，在其中他们竟能几分钟，甚至几个小时相互看着，却一言不发。”本雅明的感慨在手机时代正变成这样：人们在说话，却并不是对自己面前的人说话。

值得一提的是，现代电声乐器催生了摇滚乐这种“可怕的音乐”。它一诞生，就立刻成为青年们表达欲望、直觉、情感和抱负的世界风尚。尤其是在西方，摇滚乐几乎横扫一切。苏联当局对摇滚乐如临大敌，唱片被销毁，广播被干扰，电吉他被批为“苏联人民的敌人”。后来有人说西方最终打赢冷战，不是靠核弹头，而是靠“害虫”披头士。

摩尔定律仍在继续

如果将人类文明分为古代和现代两个时期，那么古代就是农业时期，现代就是工业时期。其实现在已经是后工业时期了，按一种说法，这是第三次浪潮。农业历时数千年，工业革命至今不过 300 多年，而第三次浪潮仅仅几十年而已。一切都变得越来越快，现代经济从一开始，就表现出不可思议的加速度。

在人类开始农业以前，全球人口以及世界经济规模，大约每 25 万年才能翻一番；而在人类获得农业生产的巨大力量后，全球经济规模大约每 900 年就要增长一倍。工业革命之后，全球经济增长再次加速。自二战以来，全球经济大约每 15 年增长一倍。根据麦迪森的统计，从 1952 年到 1978 年，世界人均收入的增长速度达到每年 2.6%，超过以往任何时候，是 1500 年至 1820 年水平的 50 倍，也几乎是 1820 年至 1952 年水平的 3 倍。

在这场持续两个世纪的现代进程中，先发国家的优势逐渐消磨，后发国家的变革成本迅速降低，追赶的步伐越来越快。对第一个现代化国家英国来说，这个时期横跨了 183 年（1649~1832）；美国是第二个现代化国家，它为此花费了 89 年（1776~1865）；对拿破仑统治时期（1789~1815）开始走向现代化的 13 个国家来说，这个阶段平均时间为 73 年。但是，在 20 世纪前 30 年内走向现代化，并于 60 年代形成现代化领导权威的 26 个国家中，有 21 个在此阶段的平均时间仅为 29 年。

每一种产业活动，从发明到应用，最后形成规模经济效应，往往需要漫长的时间，这使得现代化总是后来者居上。前人栽树，后人乘凉。现代社会之所以跳出“马尔萨斯陷阱”，正是因为财富（不仅是粮食）前所未有地实现了指数增长，而且比人口的增长指数更高，这种从算术级到指数级的巨变主要得益于技术的介入。以人均收入翻一番来说，英国从 1780 年起用了 58 年，美国从 1839 年起用了 47 年，日本用了 34 年，巴西用了 18 年，中国只用了 10 年。对当代中国而言，融入现代世界的同时实行严格的计划生育，人口反而仅以算术级保持低增长，因而产生了剧烈的“暴富”现象。

从根本上，现代的繁荣源自对人的解放，每个人都得以释放出自己最大的能力，交换和专业分工创造出了加速改善人类生活水平的集体大脑。在第一次工业革命时代，技术扩散的速度极其缓慢，这导致全球力量极度不平衡，欧洲人能够以极大的优势征服世界其他地区。此后发生的第二次工业革命和第三次工业革命，技术扩散的速度明显加快，西方的优势也在迅速削弱。

早在一个世纪之前，就有人发现这种加速度法则：全世界的煤产量在 1840~1900 年间，每 10 年便翻一番，而每吨煤的利用效率同样提高了三四倍，而且这种增长后来一直在继续。工业革命从能源革命开始，最后转向智力革命，在一个以信息、智能和高科技为特色的后工业时代，现代经济增长主要体现在新思想和新产业对传统的“创造性破坏”。软件取代硬件（机器）正成为社会的主要财富，从而使传统的机器时代走向终结。

作为一个划时代的发明，计算机与之前的钟表、印刷机、织布机、蒸汽机等机器一样，在颠覆一个旧时代的同时，也开创了一个新时代。

计算机的历史最早可以追溯到工业革命时期的机械计算机。1642年，布莱兹·帕斯卡制造了一台可以做加减法的机械计算机，两个世

工业革命时期发明的自动化织布机，可通过编程的打孔卡片控制织布机织出设计图案。这被视为最早启发现代电脑的案例之一。

纪后，查尔斯·巴贝奇制成了更加复杂的机械计算机。这台15吨重的计算机包含2.5万个齿轮、曲柄、滑轮、弹簧、轴承、凸轮和棘爪等零部件，其齿轮系统之复杂和加工工艺之完美，都已经达到当时技术的极限。驱动它的是一台大功率的蒸汽机。

进入电时代后，克劳德·香农以数字逻辑电路实现了齿轮机械原理，冯·诺伊曼提出了二进制和存储程序。电报编码其实就是后来的电脑编程，0表示不通，1表示通。这一时期诞生的电报、电话、打字机、继电器、真空管、晶体管、收音机和电视机等，为现代计算机的出世铺平了道路。

直到电子管问世，计算机才算真正走出了原始的机械时代。电子管的闭合速度比继电器快一万倍，性能也更加可靠，从而使计算机可以进行复杂的运算。美国宾州大学莫尔小组于1945年制成世界上第一台电子计算机ENIAC，共使用了1.8万个电子管，每秒可进行5000次加法运算，比当时最好的机电计算机快1000倍。ENIAC于10年后退役，据说在此期间它的运算量比人类有史以来全部大脑的运算量还多。

1948年，贝尔电话实验室发明了晶体管。当芝麻大的晶体管取代了灯泡般的电子管，耗电量千百倍下降，整个电子工业发生了脱胎换骨的革命。没有晶体管就没有大规模集成电路和IT产业。晶体管只有真空电子管的1/50，几乎可以缩小到分子尺度，还可更快速地控制电信号的开与关。电子管每秒可开关1万次，而晶体管达到10亿次，这为电子技术的普及和微型化开辟了道路，从而引发了一场产业革命。晶体管的三位发明者很快就获得了诺贝尔奖。

地球上最普遍的物质不是煤炭也不是钢铁，而是硅；与其说晶体管是用硅做成的，不如说是用人的智慧。在百余年间，美国硅谷诞生了 50 多位诺贝尔奖得主，这里成为“改变整个星球历史的创新与创造之地”。

与晶体管同样具有革命意义的是光纤的发明。与传统金属导线相比，光纤造价非常低，而传递的信息量是铜线的数万倍。光缆使信息传输的成本骤降，它将一个信息的廉价时代直接带入一个信息爆炸时代。

贝尔实验室的数学家香农将信息定义为“能够用来消除不确定性的东西”，并创造了单位“比特（bit）”，信息从此变得可以被测量，比如用 60 亿比特就可以定义一个人；这正像福柯所说的，人变成了“可以用数字计算的人”。作为人类传播信息的主要形式，无论文字、声音、图像还是实物，一切都可以变成比特；数字化的货币成为信用卡上的磁条，无论多少财富，都可以随身携带。基于计算机和互联网的“比特币”不需要任何实物基础，也没有任何央行和国家的信用背书，从 2009 年诞生至今仅仅几年，这种虚拟货币就催生了一个生成、储存、交易、应用、投资的生态圈，更带动了世界范围内几百种加密数字货币的产生。

1961 年，诺伊斯成功申请了集成电路专利。当时一个集成电路上可以压制 1024 只晶体管，存储 1 比特信息需要 4 只晶体管，存储芯片就从这 1K 内存起步。作为芯片领域的领导者，英特尔 1975 年退出 16KB 内存市场，1980 年退出 64KB 内存市场。在晶体管和集成电路之后，英特尔这个“智力发电厂”又推出了他们的“T 型车”——微处理器，这种“芯片上的电脑”彻底结束了“数字专制主义”。1971 年，第一款微处理器 4004 为 4 位 CPU，拥有 2300 个晶体管，每秒运算6万次；4年后推出的8008比4004快20倍；2000年，一块微处理器有千万个比细菌还小的晶体管，每秒运算10亿次。

最早的晶体管每只售价高达50美元。一张邮票大小的芯片可以容纳数百万个晶体管，1963年的均价为32美元，1964年为18.5美元，1965年为8.33美元。在价格每年下降一半的同时，销量以翻番的速度增长，1970年有3亿只芯片卖出。戈登·摩尔在1964年预言，硅片晶体管的数量以及硅片的计算能力每一年半就可以翻一番，这就是著名的摩尔定律。

20世纪的最后30年，电脑运算处理能力的成本下降了99.99%，平均每年减少35%。作为办公室机器，电脑销量过去15年增加1万多倍，而每种功能费用却下降了10万倍。不管是手机还是电脑，每年都以20%的价格幅度下降，而性能却在不断地上升。现在一只普通智能手机的计算速度，也能超过20年前最好的计算机。颇为神奇的是，直到今天，摩尔定律仍然没有失效。

电脑出生证

在人类历史上，伟大的发明数不胜数，但很多发明都不是一个人，甚至一代人就可以完成的。作为人类发明的代表作之一，电脑也是如此，我们很难说谁发明了电脑，但应当承认很多人都为电脑的诞生贡献了自己的才华。每个人都将电脑的发展向前推进，使之更加完美。

现代意义上的电脑，应当追溯到早期的大型穿孔卡片计算机。从这个意义上说，电脑的历史应当从IBM开始。

IBM最早的前身是“国际时间公司”，其产品主要是企业考勤用的打卡机；通过企业实验室，他们一直致力于信息处理机器的开发，比如收银机、售票机等。二战期间，IBM为盟军提供了广泛的信息处理服务，包括原子弹的数学计算。二战之后，他们以继电器、电子管取代穿孔机，研制成功世界上第一台通用数字电子计算机ENIAC，这在某种程度上代表电子计算机时代的到来。

因为这种开创性的贡献，在随后的20年中，IBM完全是“商业机器和电子计算机工业的化身”。IBM计算机主要服务于美国政府、公司、大学和各种组织机构。既然计算机这个新兴行业有那么广阔的前景，竞争必然激烈。IBM计算机走的是巨型化和集团化道路，DEC则致力于微型化与个人化，他们推出廉价的“程序数据处理机PDP”，这使得那些狂热发烧友进入计算机领域成为可能。迈克尔·戴尔在大学宿舍中装配出与IBM兼容的定制电脑。史蒂夫·沃兹尼亚克和史蒂夫·乔布斯仅用9万美元启动资金，在一间车库里推出第一代个人苹果电脑，使电脑开始走向“微机时代”。

作为行业巨头，IBM也很快介入微机市场，1981年推出他们的个人电脑。当年销量只有2.5万台，但第二年就达到19万台，第三年达到70万台。随着个人电脑进入千家万户，IBM也成了个人电脑的代名词。IBM把技术文件全部公开后，扫除了个人电脑的准入门槛，各兼容机厂商迅速崛起，很快就超越了IBM。

1982年，《时代周刊》将一台个人电脑作为年度封面，称其为“年度机器”。并预言在不久的将来，“家庭电脑有朝一日会像电视和洗碗机一样普及”。1984年1月，苹果推出第一代Macintosh台式电脑，29岁的乔布斯从手提包中拿出它，震撼正如24年后他从牛皮纸

1981 年，IBM 推出个人电脑——IBM PC 5150，标志着电脑时代的全面来临。

袋中拿出 Macbook Air。

“每家的每张桌上都要有一台电脑，每台电脑都运行微软软件。”这是比尔·盖茨在他 20 岁的时候写下的微软公司座右铭。微软公司从一开始，就专注于“应用软件”的开发，从而树立起软件产品的行业标准。通过与英特尔、IBM、苹果等公司合作，他们几乎实现了软件市场的垄断。盖茨比 IBM 更懂得拥有 PC 操作系统的重要性；不到 10 年，微软就超过了 IBM。作为麦当劳的薯条一族，盖茨缔造了类似快餐的消费软件：平民化、标准化、无处不在。

与蒸汽机一样，计算机也掀起了一场经济革命。1943 年，IBM 公司的创始人托马斯·沃森说，全世界总共只需要 5 台电脑。1977

年，迪吉多数字设备公司创始人奥尔森说，每个家庭都要一台电脑，这根本没有必要。随着互联网时代的到来，“一人、一桌、一台电脑”成为大多数办公室的标准配置。信息革命无异于一场写字楼地震，日新月异的电子技术与新机器几乎实现了无缝对接和无纸办公。

自 1946 年第一台电子计算机问世至今，才过去了 70 多个年头，计算机与通信线路连接起来的全球网络，就已经构建了人类有史以来所建造的最大机器。互联网时代，信息呈指数级爆炸，但人脑却没有——人类大脑每秒钟只能处理 110 字节的信息，一生也不过 1730 亿个字节。计算机正越来越多地接替我们思维和记忆的任务。

在工业领域，车床之后出现了装配线，而数控机床的出现引发了一场管理革命，由管理人变成了管理机器，计算机代替了监工。随着数控机床的数量迅速增加，工业产品的产量大幅提高，但工作岗位反而在减少；传统的人工流水线大多被机器人取代，信息时代的软件技术使世界文明更加接近一个不需要工人的世界。新的人工智能与通信技术正引发世界性的“第三次工业革命”。

计算机不只会“计算”，它依靠的是“算法”，包括分析和预测，或者称其为“电脑”更恰当一些。这种从思想意识上最靠近人的机器成为人类发明的所有机器中最为成功的作品。电脑接管了整个机械时代。过去机械条件下所做的事情，现在都由电脑介入和主导。电脑也颠覆了传统机器的概念。在过去，机器是将一种能量转化为另一种能量，现在则是提供智力、变换信息。在许多方面，拥有高智能算法的电脑甚至胜过人类中的所谓“大师”，比如下棋、游戏、记账、存储、索检、编辑、设计、制作等形形色色的工作。

如果说现代的历史是一部机器发展史，那么这部历史起始于钟表，终结于电脑，前者解放了时间，后者解放了信息。钟表和电脑作为现代机器的起点和终点，都经历了一个从原始到完美、从奢侈到廉价、从大到小的过程，“小的才是美好的”。如果说钟表曾经创建了一个统一的时间体系，那么由电脑创建的这种瞬时性媒介体系，以其前所未有的时效和快速，从根本上改变了人类的时间经验。有人说，21世纪的主要产品将会是人的身体、大脑和心灵。

按照传统世界观，这个世界是由原子构成的，但对计算机来说，这个世界则是由比特构成的。在信息论者看来，人类的历史就是一部信息演进史，语言、文字、印刷术、电磁波和计算机构成信息史的五次革命。语言的产生使信息范围和效率大幅提高，人类的信息活动从具体走向抽象。文字打破了时间和空间的限制，使信息可以传得更久更远。印刷术使信息的传递速度和范围进一步扩展，人类对信息的存储能力也得到加强，并实现了信息共享。现代以来的电信革命是人类信息史上的划时代进步。

现代信息技术伴随计算机的出现，与通信技术相结合，信息处理实现了一体化与自动化，人类社会迈入一个崭新的信息时代。从口语文化到书面文化，再到电子信息处理，技术进步必然引发社会、经济、政治、宗教等结构的变迁。

冷战时期，东德政府为了监视全国1000万民众，动员了10万人的安全部特工和20万线人，每一封信件都要拆看，甚至抄写登记。进入大数据时代，人们的一切活动都变得透明起来，尤其是网络上，几乎不存在任何隐私和隐瞒。随着监控技术和刷脸技术的提高，计算机以其强大的信息处理能力，构建了一个密不透风的社会管理体系。斯诺登这个“国家公敌”的出现提醒人们，社会组织已从等级化走向网络化，不知不觉中，“机器对人类的统治”正在全世界范围内变成现实。实际上，国家和公司一直是现代人发明的最大机器，它们才是地球真正的主宰者。

世界是个网

1967年7月4日，美国总统约翰逊签署了《自由信息法案》，“信息流通自由十分重要，除非事关国家安全，否则不应有任何个人或官员会限制信息自由”。同一年，社会学家丹尼尔·贝尔预测了互联网的兴起：“我们可能将会看到一个全国性的计算机联网系统，人们在家中或办公室中登录这个巨大的计算机网络，提供和获取信息服务、购物和消费，以及其他诸如此类的行为。”

实际上，近百年历史的电报与电话早就构建起了一个覆盖全球的巨大网络，并且实现了全数字化编码。计算机网络几乎就是对电话网的升级改造，只是将电话机换成了计算机。1973年，文顿瑟夫用23台电脑创建了最早的“互联网”；10年之后，有563台电脑接入网络；1990年，网络空间全面开放，连接互联网的电脑超过30万台；以后的时间，这一数字以爆炸般的速度持续增长，人类变成了“网虫”。2006年，《时代周刊》把“YOU”选为“年度风云人物”，其封面注释说：“是的，就是你。你控制着这个信息时代，欢迎来到你的世界。”

按照媒介理论，工业革命用机械延伸人的肢体，而互联网延伸的则是人的大脑。远古时代，人类依靠结绳和刻木记事，或者用钟声和烽火传递信息，文字与电报使可传输的信息量迅速扩大，而整合了文字、声音和图像的互联网则取消了信息量的限制。互联网使信息的排列组合具有无限可能性，成为人类社会前所未有的交流平台。与远古时代的智人相比，今天现代人的动手能力要逊色得多，但远古智人只能用石矛猎杀长毛象，而现代人却把飞船送上太空。现代人之所以能征服并主宰地球，并不是单个人多么聪明，而是人与人之间基于合作和组织所产生的大规模的集体学习能力，而这就基于信息自由。

对现代文明而言，信息和贸易都是自由的产物。当年，大英帝国依靠贸易自由将大量工业制造品倾销世界；如今，美国依靠信息自由将各种知识创新散布全球。如果说 20 世纪是电时代，那么 21 世纪就是互联网时代。互联网的影响远远超过了电脑本身，它以软件的名义使技术更加抽象和独立，地球因此进一步大大“缩小”和变平，全人类实现了零成本的信息交流和知识共享。人们的生产、生活、工作、学习、思维等都发生了深刻的变化。

在互联网之前，《大英百科全书》曾是精英身份的象征。但如今这部极具权威、金色字体的百科全书已成绝版，印刷正被电子网络无情地取代。作为一个免费的在线百科全书，维基百科已成为人们主要的知识来源；它用众人的智慧取代专家的权威，使知识从精英走向大众。大约在同一时间，百年《西雅图邮报》放弃了纸面版，随着电商的崛起，实体书店无可挽回地走向最后的黄昏。数字化和互联网打破了传统印刷书的知识承载与传递方式，信息总量以几何倍数在增长，互联网与书籍之间的界限日益模糊。以格式屏幕为外观呈现的数字书籍彻底改变了书籍的面貌，而内容副本复制的成本几

Minitel，法国 1982 年推出的家用终端，借助电话的网络连接能力，支持在线订票、收发邮件、浏览新闻、聊天互动等功能，一度发展了数以千万计的用户，曾让巴黎比纽约更早地享受到了数字红利。不过，由于 Minitel 是一个中心化的设计，一切选项都由政府亲自开发和提供，终在 20 世纪 90 年代末期败给了互联网。

乎接近于零。

1987 年 9 月 20 日 20 时 55 分，中国第一封电子邮件发出——“Across the Great Wall we can reach every corner in the world（越过长城，走向世界）。”早在中国加入互联网的 1994 年，世界网络流量就达到每月 20TB，此后 20 年以每年 10 倍的速度增长，这就是所谓的“大数据时代”。1800 年，美国国会图书馆刚成立时只有 740 册图书和 3 张地图，如今的图书达到 1 亿 2800 万册，这些图书的信息量总共有 100 万亿比特，即 10TB。有人统计，从人类文明出现以来留下的所有信息总和约为 100 万 TB，但它仅相当于今天人类两天创造出的数据量，这形成前所未有的淹没效应。为了在海量信息中找到有用信息，就需要搜索与过滤，谷歌与维基百科具有相似的一面。谷歌地球提供了一个让每个人都能掌握的精确地图，这是破天荒的，它几乎改变了人们对世界的看法。

汽车尚未出现之前，人们是不会想到需要汽车，他需要的是更快的马；汽车出现之后，马消失了。仅仅数年光景，音像店和胶卷冲印店也像马一样消失了。电影进入“无胶片”时代，制作和发行成本大大降低，既不需要洗印、运送和储藏拷贝，也没有传统的放映机和放映员，同一部电影可以不受限制地同时提供给多块银幕使用。网络正越来越明显地成为人类知识和信息的汇聚之地，这既方便保存，也方便获得，各种网站、资料库、博客、在线百科、搜索引擎，以及便捷的下载与传输，使知识不仅从少数人的奢侈品变成大众的日用品，甚至成为像空气阳光一样免费的人类公共资源。这是启蒙运动时代的人们做梦都想不到的。对互联网时代的人来说，任何知识都那么触手可及，这同时也暴露了人类自甘于无知的劣根性。求知作为高级需求，对大多数人来说，知识和常识仍然是奢侈品。

自工业革命以来，人类获取的能量增长了 40 倍，而人类获取的知识则增长了 800 倍。互联网的诞生，基本解决了一直困扰人类几千年的“遗忘”难题。在互联网时代，想象力和推理能力远比记忆力更加重要。人们可以随时找到自己想要的信息和知识，这是传统图书馆根本不可能做到的。正像文字解放记忆一样，有了“互联网图书馆”，人们可以彻底抛开那些需要记忆的细节末梢，将精力专注于更重要的思想与创造。人与人的连接形成了一个前所未有的共享时代，人类集体学习能力被提升到极致，因而创造能力得到最大限度的强化和激发。

自古以来，写作就是少数人的特权。互联网以自由分享精神实现了信息和知识的“共产主义”，使人类走出政治制造出来的孤独与孤立。进入互联网时代，人作为个人存在才真正开始。任何人都可以在任何时间、任何地点与世界上任何人保持联系——这种前所未有的通信技术构成现代社会变革的重要前提。所谓“互联网思维”，不仅意味着一个新的理念，更意味着一种新的价值观：开放、透明、协作与分享。自媒体赋予每个人以话语的权力，平等的话语权塑造了一代互联网公民。这场“互联网革命”导致信息的民主化和免费化，使传统的图书、杂志、报纸、电视等媒体一落千丈。作为一种最完美、最广泛、最有力的大众媒体（媒介），互联网大大降低了交易成本。基于互联网的“网店”与电子支付技术，重新改写了人们的消费观念和传统商业格局，不仅时间和空间区隔被消除，“长尾效应”也使“少量需求”和小众群体成为一种普遍现象。换一种说法，互联网使人们的身份多元化，地位民主化，权利分散化。

在2016年的美国总统大选中，特朗普出人意料地击败了呼声甚高的希拉里，在胜选后他坦言：“我在Facebook、Twitter和Instagram等社交媒体上有着那么多粉丝，这是一种巨大的力量。我认为这种优势帮助我赢得了此次大选，他们（竞选对手）花的竞选资金远比我多，但社交媒体有着更大的威力。”从传统媒体舆论来看，希拉里几乎拥有一边倒的支持；但Twitter和Facebook成就了一个反潮流、反精英、毫无从政经验、言论极度不正确的特朗普总统。这是两个受众最多的平台，远远超过任何一家媒体的受众规模：特朗普的Twitter粉丝高达1500万，希拉里只有1100万；特朗普的Facebook粉丝高达

1459 万，希拉里只有 940 万。

当手机取代 PC 成为主流终端，以及“物联网”的出现，世界已从互联时代走向超级互联时代。“移动互联网”第一次实现了人与人之间随时随地的真实联结，这无疑是一场革命。互联网创造了一种新的时空观，空间消失了，人们不再考虑距离，只关心时间。随着物流业的迅猛发展，人们足不出户便可购物，消费大规模地转移到互联网上，一个新的电商群体崛起。2017 年“双 11”，天猫单日销售突破 350 亿，相当于全国日均社会零售总额的 50%；相比之下，香港的日零售额是 90 亿，沃尔玛全球单日销售额是 80 亿。

离不开的手机

斯威夫特在《格列佛游记》中描写了一个情节：格列佛有一块怀表，他在大人国时，因为看表看得过于频繁，以至于大人国的人们以为那块表是他的上帝——他看表是为了向上帝请示。对我们当下这个时代来说，手机无疑更像是很多人的“上帝”。

自从苹果公司在 2007 年夏天推出 iPhone 手机以来，智能手机就是我们这个时代最醒目的标志。在仅仅 10 年的时间里，这个终极机器就彻底改变了我们的生活与社会。曾经遍布街头的公用电话亭几乎一夜之间就消失了，同时消失的还有每个人身上的名片夹和通讯录，以及城市交通图。几乎每个人的手机上都有一个免费的、可任意放大缩小的、自动更新而且分辨率极高的地图，这是人类历史上第一个能够随意移动并且随时告诉我们当前确切位置的地图。在 iPhone 之前，或者说在手机只能用来打电话时，人们随身携带着钱包、钥匙、身份证、银行卡，钱包里夹着爱人的照片。如今这些都被手机取代了，钱包里的照片变成了手机屏保。有了手机，手表和日记本便只剩下象征意义。手机也淘汰了收录机和随身听。似乎所有的一切都被手机代替，或者已消亡，要么就在被代替或被消亡的路上。

在智能手机之前，电视一直占据着客厅最尊贵的位置。如今，一家人吃过饭后围坐在一起看电视的情景没有了；即使吃饭时，每个人也是各自看着各自的手机。离开手机，一家人之间几乎无话可说。出门可以不带钱包、不带秘书、不带老婆，但不能不带手机；远古时代沉重的金币银两，现在都只是手机里的一个数字。对绝大多数人来说，每天起床后做的第一件事和睡觉前做的最后一件事，就是看看自己的手机。人们依赖手机进行会面、工作、出行、学习、购物和娱乐，乃至恋爱。用手机记录自己所见所闻所想，随时随地与人分享。不管有没有家人和朋友，只要手机在身边，每个人都能在孤独和沉默中打发掉无聊的时间。不管怎么说，我们已经离不开手机了。就连现在的难民，最想要的居然不是食物、住所或其他生活必需品，而是一台智能手机和 Wi-Fi。

不可思议的是，现在手机已经成为婴儿的玩具。一个人来到这个世界，最先吸引他的不是爸爸妈妈，甚至不是奶瓶，而是这种光滑发光的小盒子——手机几乎容纳了现代人所有的想象，在此之前，好像没有其他任何人造物或机器能够达到这种程度。人们曾经迷恋丝绸、瓷器、鸦片和手表，但它们即使加在一起，也无法与手机相提并论。没有一种东西像手机这样彻底改变了生活的本质，让人类千百年形成的传统和习惯消失无踪。

转眼之间，书报亭和电话亭都没有了，绿色的邮筒和远方的书信没有了，与朋友不期而遇的邂逅也没有了。有了前后置双镜头的手机，再背着沉重的单反相机就成了累赘，尼康这家百年老店竟然被手机给打败了。随时随地的自拍和摄录，让每个人都成为信息发布者，传统媒体的权力被无处不在的自媒体消解了。“众目睽睽”之下，非法暴力事件常常会遭到全社会杯葛，甚至被“人肉”搜索。

手机也改变了人们的阅读方式，传统的报纸、杂志乃至图书都遭遇到极大的冲击。几乎每天都有一些报社和杂志社倒闭，而手机已经成为许多行色匆匆的现代人的主要阅读方式，更多时候他们甚至选择听书而不是读书。日本一项调查显示，大学生一天的平均读书时间（包括电子书）仅为 23.6 分钟，与之相对，大学生平均每天使用手机时间高达 177.3 分钟。

从钟表、印刷机到蒸汽机、内燃机，从火车、汽车、飞机到航空母舰、宇宙飞船，从照相机、灯泡、广播到电视、计算机，从来没有一种机器像智能手机这样集所有机器之大成，将机器的魅力提升到惊天地泣鬼神的地步。它貌似简单，却是如此多能、多变、多才、多艺。

有人总结说，手机干掉了电报、电话、寻呼机、传真机，干掉了收音机、录音机、照相机、摄像机，干掉了镜子、日历、闹钟、指南针、手表、手电筒，干掉了字典、地图、计算器（算盘）、秒表、计步器、记事本、通讯录，干掉了报纸、杂志、流行读物、广播、电视和游戏机，干掉了钱包、银行卡和身份证，干掉了画家、书法家、翻译、摄影师，甚至干掉了电脑、网吧、影院、书店、图书馆和商场。也有人说，手机也干掉了眼睛和颈椎，干掉了婚姻和家庭，干掉了儿童和思想。“我害怕有一天，科技会取代人与人之间的交流，我们的

这是30多年前一个西方中产阶级所能拥有的最时尚的家用电器，今天一个最廉价的智能手机却可以统统替代。技术的发展让第三世界国家民众也享受到了现代文明的成果。

社会将充斥着一群白痴。”爱因斯坦最担心的事情或许已经成为现实。

iPhone 几乎在一夜之间便传遍了全世界，有人甚至将其称为“爱疯教”。智能手机就是这样神奇，将这个世界变得像它一样扁平。手机把几十亿人连在一起，把人类的所有知识聚集起来。这在过去看来简直是痴人说梦。按照麦克卢汉的说法，任何机器都是人的身体器官的延伸，但手机简直就是人的“外挂器官”（据说确实有人为买 iPhone 而卖肾），是直接嫁接在我们身上的一个信息接收器。从主要功能来说，智能手机整合了电脑、电话、电视、图书和互联网，从而实现了信息系统的“人体植入”；换句话说，手机也实现了人的手、眼睛、大脑、嘴巴和耳朵的整合，并将人体与机器整合成一个新的“电子人”——一个人和机器的混合体。

从 iPhone 出现起，智能手机就基本定型，所有手机都是一块玻璃液晶屏构成的长方体，扁平而又光滑，让人可以舒服地拿捏把玩，只需要拇指就可以操作，点击、滑动、拖动、选择和分享，甚至连猴子和婴儿都会迷上它。人们使用相似的软件和硬件，智能手机带给现代人一种相似的生活方式。目前手机在中国基本人手一部，全国手机用户数量达到 13 亿，位居全球第一。随着实名制的强制实施，手机在当下中国就像当年汽车在美国一样，成为一种公民身份的象征。

传统时代的人类为食物奔波，如今我们面对丰盛的食物首先要做的是用手机拍照。对现代人来说，最重要的是神经系统，最重要的是时刻保持与外部世界的联系。比起满足某些现实的需要来，与外界持续不断的互动更让人兴奋。无论是从现实原因还是心理原因，手机网络几乎满足现代人关于马斯洛金字塔中人的所有需求，从生存、安全感、社交、被尊重到自我实现，手机就是现代人的“阿拉丁神灯”。

以手机为平台，滴滴打车和共享单车不仅改变了人们的出行方式，也改变了城市的形态，这为下一步无人驾驶汽车完成了铺垫，届时不仅出租车会消失，连私家车也失去了存在的意义。

手机越来越多地支配着人们的生活空间，尤其是无数人都沉迷于手机游戏，花费大量时间和金钱，玩家在现实中的失落感，可以在游戏战绩中得到补偿。手机满足了人们在虚拟世界的存在感，好像我们无处不在，但实际并不曾真正融入现实生活。当人们将自己丰富多彩的日常生活都压缩进这样一个小小的机器中，无疑也减少了许多独特而广泛的现实体验。虽然手机严重侵犯了人们的私人时间，但人们反倒乐此不疲。

在人们沉迷于手机的同时，一些权力机构和黑客也通过它悄然潜入。每当人们使用手机定位时，其实都是在直接用隐私换取方便。人们在日常活动中生成的大量数据，很有可能被一些组织和机构通过手机搜集并利用，而你却对此一无所知，甚至也无能为力。2016年，苹果公司拒绝了美国联邦调查局（FBI）以反恐名义索取用户数据的要求，但并不是每个公司都能如此。一些手机和网络运营商并不在乎服务收入，但它们利用客户的“大数据”往往能够获得不可思议的商机和暴利。

可怕的人工智能

英国有这样一个古老的传说：有个发明家在制造了很多精妙绝伦的机器之后，突发奇想，造出了一个机器“人”。这个极其完美的机器与真人一模一样，“他”甚至具备人的情感。当“他”用地道的英语说话时，人们可以听到其内部齿轮转动的声音。“他”唯一的缺陷是没有灵魂。当“他”意识到后，便追着发明家索要自己的灵魂。无论发明家走到哪里，“他”都会追问：“给我一个灵魂！”

互联网创造了一个前所未有的“大数据”时代，电脑因其卓越的学习能力，不断地刷新机器的智能水平，使人工智能一步步逼近人类的智力水平。如果说这是一场“智能革命”，那么 AlphaGo 就是这场革命的产物。

2017 年 5 月 27 日，中国围棋选手柯洁在与电脑对弈中以 0∶3 告负，谷歌人工智能 AlphaGo 赢得毫无悬念。一年前，“世界围棋冠军”李世石在人机大战中也同样惨败。这几乎是 20 年前国际象棋大师卡斯帕罗夫败于 IBM“深蓝”的重演。人类下棋，是经验、理性与灵感的结合，也被看作最具代表性的纯智慧活动。很多人虽然对人类体能远不如机器毫不在意，但却无法忍受人类在棋盘对弈中对机器称臣，尤其是复杂的国际象棋和围棋，向来被视为“人类智慧最后的堡垒”。

早在 1990 年，美国发明家库兹韦尔就预言了“棋王”们的失败；他甚至说，21 世纪的人类和机器将难分彼此，人类将不再是万物之灵；电脑的智能将比人脑高一万倍，机器不仅具有智能，而且具有灵魂，将具有人类的意识、情绪和欲望。人类身体中植入了用生物工程和纳米材料制成的电脑芯片、人造器官，将比现代人类更长寿，有更强的学习能力，更灵敏的视觉和听觉，而虚拟现实甚至有可能使人机发生“恋爱”。

技术从来都是人类智慧的一种，但令人想不到的是，智慧最后会成为技术的一种。与以前的工业革命相比，当下这场智能革命极大地加快了科技进步的速度，一切都远远超出历史和人们的想象。

面孔识别技术刚刚出现没几年，如今就已经无所不在。一个人终其一生也只能认识有限的几个人，而机器却可以“喊出”大街上每个人的名字。苹果手机用“扫脸”来给屏幕解锁。在美国，教堂使用人脸识别来追踪教徒做礼拜的出席情况；在英国，零售商用它来辨认有扒窃前科的顾客。在中国，人脸识别不仅被用于银行取款和车站检票，也正被作为“天网”工程的核心手段。

我们花了 100 万年才进入青铜器时代，然而，进入计算机时代后，我们只花了不到 50 年时间，就进入太空时代。随着一个信息化的全球时代到来，人类的集体学习能力达到前所未有的程度，未来出现的每一个新发明所蕴含的计算成果，几乎都等于之前的科技成果的总和。应该承认，人工智能为生产力的提升提供了史无前例的可能，它无疑会彻底改变人类的进程。有人甚至将这次变革与人类的出现相提并论。

现代的历史也是人与机器（技术）的关系史。机器和技术以几何倍数在迅速飞跃，而人却只能以算术级缓慢地进步；人类受到漫长的生物进化的限制，机器进化的速度远远大于人的进化速度。人的优势并不在于学习，而在于创造；人的智慧无法复制给另外一个人，但机器可以。通过复制，任何机器都有可能在很短时间就达到人类中爱因斯坦那样的思维能力，而这是大多数人穷尽一生也学不到的。现代人并不比古人更聪明，现代人的脑容量还不如远古采集时期的人类祖先的脑容量大，但机器却一直以摩尔定律在进化。如今，“大脑芯片”正在向人脑靠近。随着纳米技术和生物仿生技术的加速发展，现代人正在等待一个人工智能（AI）超越人脑的时刻。如果真的到了那时候，人类的身体、头脑和文明等，必然都将发生彻底且不可逆转的改变。

《人类简史》作者尤瓦尔·赫拉利对智能革命的前景充满忧虑，这实际也是《未来简史》的一个主题。在传统农耕时代，土地是最贵重的资产，占有大量土地的贵族统治着少地和无地的平民；工业革命以来，机器取代了土地变成了最贵重的资产，机器被垄断在少数资本家手里，大多数人都是中产阶级或无产阶级。如今的智能革命又让数据取代了机器成为最贵重的资产。所谓的“大数据”如果也像机器一样被少数人垄断，那么整个人类社会或许不会再有阶级之分，而是被分化为不同的物种。赫拉利说，机器学习与人工智能的发展，可以赋予人们足够的计算能力，算法将会掌控一切，如果真是那样，人类可能就会迎来“数字独裁”。

人工智能与其他机器的不同之处是对人脑的突破。即使人类发明了核武器这样足以毁灭地球的武器，但它仍在人脑的控制之下，而人工智能的出现，意味着人脑可能失去最后的控制权。当人工智能拥有对海量数据的处理能力并能够自我编程时，它的智商就已经非人脑可及。人工智能与人脑的不同之处是它只有“脑”而没有“心”；当工具理性成为现代人类的最高美德时，人工智能无疑将拥有超越人类的核心优势。如果历史真的这样，我们不得不思考最后一个问题——人类往何处去？

人工智能使机器越来越聪明，也越来越像人；或者说，人类在机器化，机器在人类化。人工智能只要在特定能力上胜过人类，就可以轻易将人类挤出就业市场。想象一下，如果工作都交给了少数人发明和掌握的智能机器，绝大多数人类怎么办？

马克思当初预料到工业革命将在全世界制造出一群愤怒的“无产阶级”，但却没料到最终会出现一群绝望的“无用阶级”——无论在经济上、政治上还是文化上都显得毫无用处。

现代美国只靠2%的人就胜任了传统社会占人口比例98%的农民的劳动。在农业革命时，“多余的人”可以流向工业和服务业，但如果“智能革命”导致工业和服务业也像农业那样变革，那么“多余的人”将无处可去。这正是像赫拉利这样的人文学者所担心的，但像李开复这样的技术专家对此并不以为然的。实际上，后者正是这场机器革命的既得利益者。令人关注的是，比尔·盖茨、马斯克和霍金均对人工智能持悲观态度，马斯克和霍金还获得反对技术创新的“卢德奖”——这让人想起两个世纪之前的“反机器运动”。

在当下这个全球时代，全世界富人之间关系之密切远胜过他们对本国穷人之间关心。在未来社会，拥有高级人工智能而本身没有意识的“算法”如果真的取代大多数人类的工作，那么必将出现一个由算法组成的全球精英阶层，他们也将掌控着整个人类世界。

“尽管人工智能的短期影响取决于控制它的人，但长期影响却取决于它究竟能否被控制。”人类文明中始终伴随着一种挥之不去的末世情结，对人工智能的忧虑也引发这种担心。在2017年的一期《纽约客》杂志封面上，人类沦为向机器人乞讨的叫花子；更严重的恐惧，是“超人工智能”会不会毁灭人类。霍金教授则对人工智能的未来喜忧参半：“人工智能可能是人类历史上最大的事件，不幸的是，这也有可能是最后一个事件。”

曾有科学家设想过一个可怕的“铁钉灭世”：人类命令人工智能尽可能多地生产铁钉，于是人工智能开采铁矿、煤矿，冶炼钢铁，制造了很多铁钉。当人类认为铁钉已经足够，并命令人工智能停止制造时，人工智能却认为人类妨碍制造铁钉的工作，本着“尽可能”的原则杀死了指挥它的人类。最后，当地球上的铁矿、煤矿都被开采完之后，因为人体包含有铁，人工智能便杀死了所有人类。

谁抢走了我们的饭碗

从很早开始，经济学家就对机器的出现感到不安。一方面，机器是投资的体现，正是这种投资推动了资本主义经济的发展；另一方面，常常是一台机器搬进来，就有几位工人被请出去。马克思在《资本论》（1867 年）中预测说，生产自动化的增加最终将完全排斥工人。人们原本希望多生产有用的东西，但结果却制造了太多在经济上无用的人。从最早的反机器运动起，机器对制造业工人的威胁就从未停止过，无数失业者成为技术革命的牺牲品。当年福特汽车公司的红河工厂有 10 万工人，从钢铁到羊毛都自己生产，如今红河厂只有 3000 名员工，他们只负责汽车的品牌、设计、组装和营销。100 年间，机器人完全替代了流水线上的人。

从 20 世纪 50 年代以来，微处理器的价格下降了数十万倍，与原先的价格相比几乎微不足道，从而使工业生产率突然之间被提高了数万倍，传统工业体系被彻底颠覆。微处理器被安装进汽车、设备和各种电器中；在诸多自动化工厂中，高度先进的程序控制设备全面代替了工人。机器人具有极高的自调能力，除了维修保养外，不需要任何人力。微处理器（电子芯片）已成为现代经济的重要支柱，被用于写字楼、超市的收银台、电话交换机、电站、纺织厂和各种生产线。自动化时代的到来，在几十年里就使工厂变得空空荡荡，把人类从最古老最自然的重负——劳动的负担和必需性的束缚中解放出来。

据说“机器人（Robcta）”一词最早源自一部科幻小说，这个机器人专门从事着重复而乏味的工作。1954年，美国发明家乔治·德沃尔设计了第一台由可编电子程序控制的工业机器人，并建立了一家工业机器人公司。最早使用工业机器人的是大众汽车公司，他们采用通用机械臂代替工人完成复杂的工作，如汽车制造中的焊接和喷漆；尤其是那些单调乏味的工作，如把加工好的部件从机器上卸下来。在大多数工业国家，因为分工细致和流水线普及，75%以上的劳动力所从事的都是简单的重复劳动，自动化机器和机器人正在不遑多让地

汽车生产车间的机械臂。在传统工业制造领域，尤其是最早引进流水线生产的汽车制造业，机器人的应用日益普及，无人化生产已成现实。

取代人类。

在富士康的流水线上，有很多比较简单重复的工作，比如重复点击某一个按键，以前都是工人来操作，现在由机器人自动完成，不仅可控性高，而且效率也会提高。按照计划，富士康的机器人规模将达到100万台。昆山作为中国制造业基地，2015年度，包括富士康在内的35家台企总共投入了40亿元，用于人工智能技术。通过使用机器人，富士康昆山工厂的员工人数从11万减少到5万。

这其实只是近年来这场“机器换人”浪潮中的一朵浪花。如今珠三角几乎所有企业都在使用机器人，其自动化程度远远超出人们的想象。在迅猛发展的物流快递业中，具备搬运、码垛、分拣等多功能的智能机器人如雨后春笋般蓬勃发展，而且末端机器换人的速度也在不断加快。

机器人并不只是对人的取代，它的能力在很多方面都远远超过人。从前，工业机器人协助工人完成生产任务，但现在，机器人淘汰了大多数工人，剩下的工人只能给机器人打下手。机器人能够以人无法达到的精度，去测量一块钢板的厚度，并发现其内部缺陷；机器人也能够以人所不具备的洞察力监视生产，并进行各种调节和控制。许多机器人所具备的高深科学原理，已远远超过一般人的理解能力。现在的机器人日趋专业化，几乎可以从事各式各样的工作和任务：进行外科手术、挤奶、搬运货物、军事侦察和打击。在这场“机器人革命”中，机器与人已经展开贴身肉搏。美军在阿富汗的战争中早就大量使用无人机，由机器人驾驶的“自动驾驶汽车”也已经“上路”。

如果说当年马车夫、黄包车夫还可以变身为出租车司机的话，那么谷歌无人驾驶汽车的出现，则意味着一个古老行业的彻底终结，就如同当年汽车终结马车和轿子一样。有人预计，在未来25年，因无人驾驶汽车技术出现，美国汽车销量可能会下降约40%，降至950万辆。

在无人驾驶汽车之前，网络叫车服务（如优步、滴滴等）就已经使出租车司机受到严重打击。2018年2月7日，就在马斯克的猎鹰火箭发射成功之时，纽约出租车司机史福特在市政厅门口自杀。他死前在Facebook上说，他以前每周工作40小时，而现在不得不工作超过100小时。“我失去了医疗保险，信用卡也负债累累……我不会再为愚蠢的改变而工作，宁愿以自己的牺牲唤起人们对出租车司机境遇的关注，他们现在已经无法养活自己的家庭。”

在国家层面，机器人革命正在颠覆传统的劳动密集型产业，将使许多以廉价劳动力为比较优势的发展中国家不仅享受不到人口红利，反而可能面临一场人口噩梦。中国和印度的工人曾经让很多发达国家的工人失业，如今他们正被更廉价的机器人所取代。如今连速冻饺子也全部使用了机器人。有人预计，机器人全面应用后，中国将释放就业人口超过2.4亿。联合国预计，发展中国家可能有三分之二的劳动力将被机器人取代。

自从辛格发明缝纫机以来，服装业便没有太大的改变，除过缝纫，其他工序都需要人工完成，因此服装工业成为典型的劳动密集型产业。如今全球纺织品和服装贸易额达到惊人的4250亿美元，印度和中国仍像工业革命之前一样是世界主要生产国。在孟加拉国、印度和巴基斯坦，总共有2700万人在纺织服装业就业；孟加拉国比中国更为依赖服装业，服装占该国出口的82%，该国2.5%的人口从事服装制造业。人们一直以为服装业不易受自动化影响。例如棉布制作的T恤衫极其轻薄，容易卷曲，机器人根本无法像人手一样精准拾取和加工。但一家美国公司研制的自动缝纫机器人已经代替工人，可以对衣物和鞋类进行精确的缝纫和生产，生产一件T恤衫只需22秒，成本仅为33美分。这对那些依靠传统劳动力优势的服装业大国来说绝对不是个好消息，这也不由让人想到当年发生在英国的工业革命。

为了尽可能降低产品的总成本，有必要将工厂建造在原材料、劳动力和能源地附近，或是靠近成品消费者的地方。如果机器人能够用比人工更低的成本生产任何产品，那么，工厂靠近市场而非廉价劳动力的源头，就变得更加经济。这也是近年来很多大型跨国企业陆续将工厂从发展中国家迁往发达国家的原因。美国税改最重要的部分将是下调企业所得税，无疑将进一步加速这种趋势。在过去，很多制造品是在穷国生产，在富国销售，而现在，穷国很有可能遭到抛弃。

如果说瓦特蒸汽机是第一次机器革命的话，那么机器人带来的就是“第二次机器革命”，指数级增长的技术创新将更有力地改写当下这个物质世界的运转方式；甚至可以说，现在所发生的一切，其实都只是人工智能革命的前奏。机器从一开始就是工具的替代，每一台机器都由人来操作，但现在机器正向“无人机”转变，机器不用人就可以自己工作得很好。

工业革命以来，机器一直在抢夺工人的饭碗，但这次好像不一样了，机器人完成了所有工作，饭碗被彻底取消了。设想将来，谁拥有资本和机器，谁就拥有世界，绝大多数普通人很有可能遭到抛弃，一切都与他们无关。

在过去的工业时代，理工科出身的人普遍收入较高，但如今，普通的技术性工作大多都交给了机器。从就业前景看，未来文科生将更受欢迎。只要人工智能跟人还有区别，那么与人交道这件事就是“文科生”的长项。当技术问题都交给机器后，文学、历史、哲学和政治这些“自由技艺”就是人类最后的阵地。

最后的机器，最后的人

回顾机器进化史，蒸汽机和内燃机时代，机器主要是将人们从农业中“解放”；进入电时代尤其是自动化时代后，机器又将人们从工业中“解放”，大多数劳动力走向服务业；而人工智能革命对白领职业产生的影响，正如机器人技术对蓝领职业的影响。

人一直以为自己要比机器更善于学习，早期的工业技术代替的主要是人类劳动的体能方面，以机器代替肢体和肌肉，而新的电脑技术所取代的却是人脑本身，机器也有了“学习能力”，而且学得更好更快。美国很多经济学家都认为作为社会中坚的白领阶层前景堪忧。未来十年，自动化机器将从工厂全面走向社会，改写金融、医疗、法律、交通、公共安全等行业的现状，减少大量人工工作。越来越聪明的人工智能应用会越来越广，人类大部分工作都将被取代，不仅是出纳、收银、播音、翻译和司机，甚至连记者、律师和医生也不例外。

传统中医讲究望、闻、问、切，连体温计和听诊器都没有，就可以依靠医生的经验看病。现代医学常常被称为“西医”，西医具有细致的专业分科，并依赖大量的检测化验治疗机器，尤其是大量光学和电子设备。在西医看来，人也是肉身机器，治疗一个病人跟修理一辆汽车相仿，甚至可以直接更换零部件，即所谓器官移植。如今人工智能通过病例大数据，可以在许多疾病诊断方面超过并取代医生，手术机器人有更高的准确率，而成本只有人工的 1%。

如果外观是机器与人的最大差异，那么这个差异正在迅速缩小。执世界机器人之牛耳的日本本田公司，正在研制具有完美肉身的机器人。这些机器人将广泛应用在工厂、宾馆、商场、医院以及家政服务领域，“他们”将比人类有更好的耐心和体力，比普通的金属骨架机器人具有更完美的外表和更迷人的亲和力。

麦克卢汉曾将人比作“机器世界的性器官”，就像蜜蜂之于植物，人类不断地改进机器，并创造出新机器。现代人生产的机器越来越多，生育的孩子越来越少。工业革命以来，劳动生产率迅速提高，对劳动者的需求却在减少。工业化、信息化以及智能化潜移默化地改变了人们的生育观念，导致普遍的低生育率。很明显，技术进步比国家政策能够更有效地降低人口增长，人工智能和机器人技术将使未来人口进一步缩减。在少数资本家和权贵统治下的智能化时代，根本不需要超限人口和劳动力。有人甚至预言，将来社会只需要 2% 的人口，其余 98% 的人都会被“淘汰”。

在这个不公平的世界上，每个人都有劳动力，但不是每个人都有权力、资本和创造力；可以想象，财富都将流入拥有权力、资本或者创意的人的腰包。经济学家大都认为，这一转变过程必将进一步加大贫富差距。

在一些发达国家，人们对自动化机器人的抗拒已经不再是因为它夺走人的饭碗，而是因为它没有“人情味”。两位前谷歌员工发明了一种智能化的无人售货机，购买者用 APP 打开柜门，选取自己要买的商品，摄像头配合扫描仪记录销售情况，并从购买者信用卡自动扣款。令这些创业者没想到的是，当“智能售货机”陆续进入办公楼和居民社区时，立刻招致各种批评。人们认为，它对依赖小商店生存的低收入人群构成威胁；同时，这些售货机让买家来去匆匆，以前那种小店所长期形成的社区感也将随之消失。

在传统农耕社会，大多数人都是农民，人们靠体力来生存，力气大的人最受欢迎；进入蒸汽机时代后，大多数人变成了工人，人们靠技术来生存，手巧的人生活得最好；在人工智能时代，人们都用手指在手机屏幕上滑动，在键盘上点击，力气大或者手巧都变得没有价值，只有极少数智商超群的知识精英成为时代骄子。

在现代经济史上，人类体力能量的转化效率只提高了 50%，而人均财富却增长了上百倍，这完全归功于智力的解放。从中世纪的敲钟人到现代机器人，机器的进化远远超出当初人们的想象。

在农业时代，男耕女织，大多数人都不识字，但都自给自足地生活着；进入工业时代，不仅要识字，还要从 3 岁开始就接受教育，直到大学毕业，才勉强能找到一份像样的工作，为人所用。如今，即使你一生都在学习，也追不上机器的脚步，它比你更能干、更聪明、更驯服、更廉价。那么，要一部机器，还是要一个人？对现代人来说，失去工作不仅将面临生存危机，更可怕的是丧失身份、尊严和存在感。失业意味着被社会抛弃，即使温饱无虞，现实已经与他无关，那他或许只能在药品或虚拟空间中去寻求慰藉。

机器人时代的到来，蒸发的将不仅仅是工作，社会结构也会发生巨变。如果说自动驾驶改变的是社会，那么性爱机器人将改变家庭。

麦克卢汉的“机器新娘”一语成谶，随着高仿真性爱机器人的进一步完善，一直处于灰色状态的世界性产业将面临一场前所未有的伦理革命；它所带来的观念冲突，无疑将超过之前的充气娃娃和避孕套。

机器可以自动学习和升级，人却很难做到。科学家们认为，到 2050 年，人类与机器人之间的性爱将超越人与人之间的性爱，而且与机器人性爱可能让人上瘾，将来甚至可能完全取代人与人之间的性爱。由于性爱机器人的出现，古老的色情业和贩卖人口的犯罪或许会销声匿迹，大量性工作者也将面临失业。

不可否认，技术让人类的需求得到最大化的满足，也让人越来越自私，越来越自我，每个人都活在自己的世界里。洗衣机和洗碗机曾将人从家庭劳动中解放出来，那么现在的问题是，性爱机器人是否会将人从家庭中彻底“解放”，人类还有没有爱情。

在一些人看来，人类也是“机器人”——是按照 DNA 程序，用氧、氮、水、钙和磷等元素制造出来的机器人。这种机器人驱动力，第一是食欲，以保证能量供给；第二是性欲，以保证自我复制能力；第三是“自我完善”，以保证它不停地“奋斗”。

实际上，技术的目标并不是消灭人类，而是获得无限增长的空间，机器正在逐渐摆脱对人的依赖。当技术成为人类命运的主宰时，技术发展的不确定性必然导致未来的不确定性。人工智能的崛起，给技术提供了一个新的选项，那就是用机器的硅基智能取代人类的碳基智能，从而创造出一种新的物种。

如果说人工智能是人类发明的最后的机器，那么现代人也会成为最后的人。有人预言，将来的纳米机器人能够深入我们身体每一处，使人更健康更长寿，尤其是对那些拥有巨大财富和权力的极少数精英。乐观派相信，这将是人类有史以来真正第一次将命运掌握在自己手中，再也不受衰老、疾病、贫穷以及死亡的困扰，“共产主义”或为之不远。

第 9 章

暴富之后，我们还要什么

古代社会是匀速发展的，而现代社会在不断加速。技术越来越先进，人们变得越来越富有；生活节奏越来越快，城市变得越来越陌生。终于有一天，当你感到力不从心，那么何不慢下脚步，等等自己的灵魂。

从技术和经济角度讲，人类历史大体可以分为这样一个发展过程：猎渔采集社会（蒙昧社会）—农业与手工社会（经验社会）—工业与商业社会（技术社会）—服务与信息工业社会（创新社会）。在西方的引领下，人类从工业时代开始就进入现代社会，最明显的标志是工业化、城市化、标准化、规模化，或者说大规模生产与大规模消费，并形成了以人道主义和理性主义为核心的现代主义。

人类的历史也是一部披荆斩棘的财富奋斗史。历史的大部分时期，甚至迟至一两个世纪前，绝大多数人的一生都充满了贫穷、肮脏、疾病、愚昧、饥饿与短命。在漫长的马尔萨斯时代，人类始终挣扎在饥馑的边缘。农业本身是一种糊口经济，只有工业时代才彻底消除了饥荒这个紧箍咒，饥饿的历史基本终结。在一个机器时代，甚至连“精卫填海”、“夸父逐日”、“后羿射日”、“嫦娥奔月”、“女娲补天”和“愚公移山”等，都已不再是一个传说，而是司空见惯的现实。

从很大程度上说，工业革命彻底终结了匮乏和贫困的历史。在数千年农耕时代，人类财富不仅有限，而且增长极其缓慢；从小时段来说，财富几乎是稀缺且固定不变的。在这个“前财富时代”，历史的核心命题就是财富分配——偷窃或掠夺；权力和暴力决定着财富分配，故而暴力和权力（阴谋）构成前财富时代的关键词。进入工业时代后，人类财富以井喷式增长，“财富时代”真正地来临了，财富从有限变成无限，财富主要来自创造（技术创新）而非掠夺。历史第一次走出暴力循环。这场历史转型是前所未有的，人类从未距离文明如此亲近。

在过去200年中，人类的物质文化发生的变化远远超过了过去5000年。200年前，人们的生活方式与古代的埃及人和美索不达米亚人并没有质的不同——住在同样的土木房屋里，用畜力和人力驮运，帆桨船和木轮车，粗茶淡饭，天黑即睡，偶尔用蜡烛照明。然而今天，铁路、汽车和飞机取代了牛、马和人的双腿，蒸汽机、内燃机和电力代替畜力和人力，合成纤维替代了棉花，电灯消除了夜晚与白昼的界限；只要单击开关，人类随时可以获得大量的动力。200年间，这个世界变化得如此之快，以至于超越了人类的理解范畴，不可思议的变化比比皆是。尤其是中国，这一切都发生在短短的30多年间，仅仅一代人的时间，我们就走完了从农耕社会到早期工业时代、大工业时代和后工业时代的现代历程，几乎与世界同步进入信息时代。

进入现代之后，人类进步是如此之快，仿佛时间崩塌了一般。从第一块石头到第一块铸铁，人类花了300万年；从第一颗箭头到第一颗原子弹，人类只用了3万年。世界一半人口进入城市用了8000

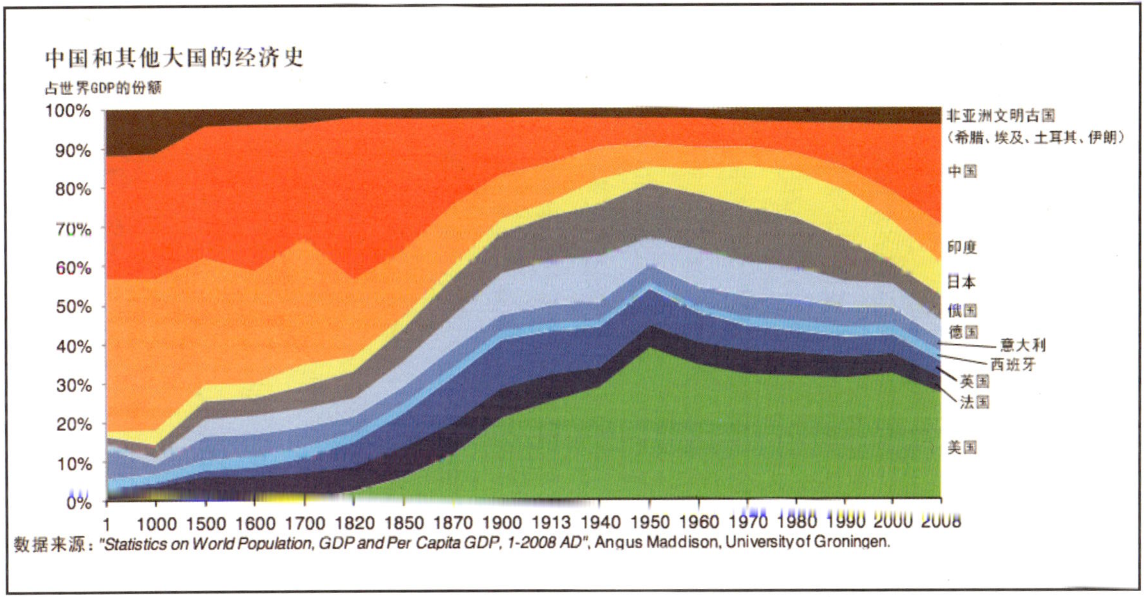

世界千年经济史发展图表。工业革命之前，以中国和印度为主的亚洲占有世界经济产出的三分之二；经过工业革命洗礼，如今领导世界经济的主要是西方国家，中国加入 WTO 后经济开始腾飞。

多年，而剩余的一半人口进入城市则只需要80年。工业革命以来的200年，世界人口增长了6倍，而城市人口却增长了60倍。工业化的城市越来越走向同质化。

人们横渡大洋，穿越大陆，起初用几个月，后来用几个星期，然后用几天，现在只需几个小时，世界变成一个小小的“地球村”。进入现代社会的人类，能够随心所欲地在世界各地漫游，随时随地与世界各地的任何一个人同步通信。依靠超自然的能量和各种复杂的技术，现代世界统一的程度大大超过了先前罗马时代或蒙古时代。从无到有、不断发展升级的工业化无疑是这场现代化运动的最鲜明特征，整个世界空间因此变得必须重新认识和理解。

全球化是人类最古老的乌托邦思想。工业革命之前，世界经济产出主要都来自人口众多的中国和印度；经过工业革命洗礼，如今领导世界经济的是欧美的“八国集团（G8）”。从英国的工业革命到美国的信息革命，现代世界几乎是在英语语境中被孕育和创造出来的。虽然现代化的到来并不必然说明西方文明更优越，但现代化却有着很大的不可逆性。早在100多年前，马克思就在《资本论》序言中写道：“工业较发达的国家向工业较不发达的国家所显示的，只是后者未来的景象。”见贤思齐是人类的本能。工业革命刚刚出现在英国时，只影响了全球1%的人口，如今工业狂潮已经将所有的人类都席卷其中，没有一个人或一个国家可以独善其身。同时，越来越多的国家意识到，全球化使和平贸易比战争所得利润更高。

伴随现代文明而来的，是传统社会的崩溃。人类文明是一种源远流长的传承，然而现代人面临着前所未有的文化断裂。从马克思开始，关于现代文明的忧虑与反思就不绝于书。古代社会是封闭保守和发展缓慢的，对现代社会来说，全球化的另一面是分化与对立，不同文明之间的冲突日益强烈。演化的基础是差异而不是平等。财富和权利的不平等仍是人类无法彻底解决的古老命题。与前人相比，今天的穷人更加清楚自己的不幸地位，这比贫穷本身或许更为不幸。

在大众层面，“理性乐观派”构成现代社会的主流。人们相信历史总是前进的，现在是最好的年代。从石器时代到蒸汽机时代，再到如今的数字时代，技术和机器的进步使人类的生活越变越好，即使免不了天灾人祸，将来仍然只会向更好的方向发展。

但有一个问题，对人类来说，什么才是最好的生活？

从富裕走向过剩

1829 年，历史学家托马斯·卡莱尔将他身处的“现代”称为“机械时代”和“机器时代”，“如今没有一件东西是直接做成或手工做成，一切都是通过一定规则和计算好的机械装置来完成的”。

自从工业革命以来，人们唯一关心的就是用机器将自然转换成产品。事实上，机器并不是技术的副产品，人们发明和使用机器甚至不是为了获得效率，而是为了支配。当人厌倦了奴役自己的同类时，就发明了机器。相对奴隶而言，支配或奴役一个没有感情和思想的机器，更加合乎人类的伦理道德。从这个意义上来说，机器应是文明的产物，也是文明的象征。有人做过一项测算，一个现代美国人享受到的优裕生活，要是在传统时代，起码需要 400 个奴隶的劳动。过去由奴隶来做的烧饭、洗衣、奏乐、缝衣、喂马等所有工作，现在都交给了机器。最明显一点，汽车传到中国以后，八抬大轿就没有了——资本的创造比其他任何方式更大地改变了这种状况。

资本主义从一开始，它的工业产品就是为大众而生产，为每个人享有，造福整个社会。如果纵向比较的话，占大多数的穷人从增长中获得的益处肯定要大于少数富人。“良田万顷，日食三升；大厦千间，夜眠八尺。”人的需求是有限的，穷人和富人在生活资料上相差并不是很大。机器时代的穷富差距主要在于“量”而不是“质”。富人大客厅挂着名人真迹，穷人床头挂的是复制品。机器时代的穷富差距主要在于数量。从本质上来说，机器实现了消费共产主义。现在人们的生活比历史上任何时候都要好；相对于过去的历史，今天的人类寿命更长，长得更高，身体更强壮。如果没有工业革命，任何伟人明君都无法让如此多的普通人活得这样好。

举个例子，虽然机器制作的瓷器不一定能赶上传统手工作坊那样的个性化和艺术化程度，但标准化的机器一视同仁，将精湛的工艺和优良的产品带给了普罗大众，使更多的人享受到了优质的生活。穷人也可以吃饱穿暖，得到明亮的电灯照明，可以享受远程旅行的便捷。进入现代以来，医疗设备、建筑桥梁、交通通信等方面的技术进步，对大多数人生活的改善怎么评价都不为过。这种技术进步的成果为每个现代人所分享，这是古人做梦都想不到的。

生活的改变只是一方面。新技术和新产品极大地推动了社会变革的进程，从福特 T 型车到谷歌搜索引擎，与其说它们是一种产品，不如说它们制造了一种新模式，使旧的社会秩序走向崩溃，从而彻底改变了人类社会。韦伯坚信，所谓的资本主义精神是一种合乎道德伦理的明确的生活准则。作为一个成功的现代企业家，卡内基不仅为人们留下一个钢铁帝国，也曾留下《贫穷的好处》和《财富福音书》，他说：

> ……伟大的不平均总比普遍的贫穷要好。今天的人们能得到质地优良的各种商品，其价格之低，在上一代人看来是不可想象的。穷人享受了以前富人享受不到的东西，以前的奢侈品已经成为生活的必需品。现在的农民比以前的地主穿得更漂亮，住得更宽敞，生活得更奢华。而现在的农场主则拥有以前的国王也享受不到的图书、绘画和家具。

1820年，身体向来康健的嘉庆皇帝因为一场中暑引起的感冒而猝然驾崩；1836年，欧洲最富有的银行家内森·罗斯柴尔德因为一场普通的炎症感染而死，要是在今天，随便在一家药店或诊所都可以买到消除感染的抗生素。“旧时王谢堂前燕，飞入寻常百姓家。”对每一个普通人来说，现代社会的发展就是让往日的奢侈品变成如今的日用品，在物质消费层面实现了一个民主社会。工业化的本质是快速复制，这是手工时代所没有的，几乎所有商品都实现了大量生产。正是因为机器的高效，才让亚当·斯密惊叹：公主的丝袜被女工们享受到了。

200年前，人们用蜡烛或油灯照明，工作一小时的劳动所得仅可换得10分钟昏暗灯光，如今的电灯既明亮又廉价，平均一小时的工资就足够一年的电费。民主不仅包括政治，也包括经济和文化，消费的民主必然会促进文化的民主和政治的民主。只有一个社会中民众的生活水准整体上升，这个社会才有可能更开放、更宽容、更民主。

中国城市常见的汽车拥堵。中国在短短 30 多年时间从农业时代一步跃入后工业时代，这种和平时期的突然暴富几乎是史无前例的。

1955 年 12 月 1 日，黑人妇女罗莎·帕克斯在公交车上拒绝给白人让座，成为引爆美国黑人民权运动的标志性事件。

物以稀为贵，物质匮乏必然导致特权。当奢侈品变成必需品时，富裕就从少数人走向多数人，贫穷作为一种历史已经终结，或者说，贫穷作为一个多数人的问题变成了一个少数人的问题；今天的贫穷也不是生存出现问题，而是支付能力不够。对现代人来说，所谓穷，就是负担不起以足够高的价格卖掉自己的时间，再来购买自己所需要的服务；所谓富，就是不光能够买到自己需要的服务，还能买到自己想要的服务。景观社会是社会从贫穷走向富裕的一个标志，过度包装、炫耀性消费与城市美化运动一起，宣告富裕社会的来临。

如果说农业社会是人类生存需求的结果，那么资本主义完全是欲望的产物。人类历史的发展，一直围绕着人口、资源和欲望这三个要素之间的平衡进行。在资源有限的情况下，依靠战争和饥荒来限制人口，用道德和宗教来节制欲望。进入现代社会后，资源从“有限”变成“无限”，人口也随之失控，而欲望不仅失去节制，反而将纵欲视为美德；一个能够大量消费和挥霍的人，才是现代社会的成功者和英雄。欲望对应着廉价，这是一个廉价的世界——廉价的食品、廉价的燃料、廉价的信用和廉价的男女。

中世纪时，庙宇和教堂是一个城市的中心，现代城市的标志性建筑都变成购物中心。这种巨大的建筑空间，将人们几乎所有的生活内容都变成消费活动，如吃饭、娱乐、健身、购物、散步、亲子教育、谈情说爱……这里灯光明亮，没有昼夜之别和四季之分，让人以为世界和生活都在这里。

清教徒的“美国梦”是关于节制的，如今的“美国梦”则以挥霍为荣：一个美国人消耗的资源相当于 2 个欧洲人或 9 个中国人或 15 个印度人或 50 个肯尼亚人的生活所需。传统生活是自给自足的，现代生活被市场切分为生产和消费，大量生产必须依赖大量销售才得以持续。如果说传统社会是一种“知足经济”，那么现代社会最显著的特点就是“不知足”。人的需求有限，但人的欲壑难填。无所不在、无所不能的机器，为人类营造了一个消费成瘾的物质主义世界，每个人都被贴上“消费者”的标签。这其中，用过即扔的一次性产品成为当代最疯狂的发明。

根据2017年5月绿色和平组织对全球五个国家和地区进行的消费观念和行为调查的报告《狂欢之后：国际时尚消费调查报告》显示，无论在欧洲还是东亚，民众皆持续地过度购买衣服、鞋、包、饰品。在服装市场，过度消费已成为全球普遍存在的现象。在所有进行调查的国家和地区中，超过一半受访者都承认，他们拥有的东西远远超出实际需要的。全新、未剪下标签的衣服挂在衣柜里，即使如此，热衷购物的消费者依旧持续买下他们其实不需要的新衣。从2000年到2014年，短短15年间，全球制衣产量已经翻倍，这代表了极大量的资源消耗。平均每人购买的衣物增加了60%，但淘汰旧衣物的速度也快了一倍，衣服的生命周期大大缩短。传统时代，人们珍惜一丝一缕，所谓"新三年，旧三年，缝缝补补又三年"，如今，购物后尚未使用就丢弃已成了普遍现象。

美国总统特朗普的前妻伊温娜曾经宣称："我来到布隆戴尔百货，冲上4楼，买了2000个黑色胸罩、2000个米色胸罩和2000个白色胸罩。我会把它们在家和游艇之间运过来运过去，这就是它们的下场——因为最多过半年，我又会从头再干上一次。"

随着财产的虚拟化，一切都变成一场数字游戏，这似乎跟史前人类成群地猎杀长毛象没有多大区别。这种现代性的"暴富"在中国最为典型：30年前，人们最奢侈的理想还是吃上一口饱饭，穿上一件没有破洞的衣服，有一间不漏雨的房子……30年后，人们将满桌的饭菜倒进垃圾桶，衣柜里堆满从未穿过的新衣，无论城市还是乡村，无人居住的新房随处可见。

以前人想要吃饱，现在人想要吃好；人的胃是有限的，但胃口却没有止境。作为欲望时代的普遍现象，"吃货"追求的是上瘾性的口腔快感。当消费越来越成为一件技术活儿时，消费比劳动更像现代人类的第一属性。在资本主义早期，儿童是最廉价的生产者，而如今，儿童是最纯粹的消费者，人们总是在学会挣钱之前先学会花钱。消费与浪费之间界限越来越模糊，现代经济在一定程度上已演变为“浪费经济”。比起消费来，浪费更像一种显示自己财富过剩的特权。

工业革命的实质是能源转换的革命。人们突然发现了无穷无尽的能源，人类有史以来第一次，生产超过需求，农业时期的饥荒被现代社会的肥胖所取代。大量生产带来的丰裕与过剩，已经成为我们这个时代的基本状态。一方面，人们从满足需要走向满足欲望，炫耀和囤积成为一种普遍的社会现象；另一方面，过剩造成巨大的资源浪费和失业危机，大大消解了社会的幸福感。在欲望导向下，现代社会也日益暴露出许多弊端。正如著名的“报酬递减律”，今天的人们比半个世纪前他们的祖父平均富裕 4 倍半，但并不比祖父们幸福 4 倍半。

现代是一种病

资本主义作为“推翻极限的机器”，使人类从此摆脱了“马尔萨斯的诅咒”。作为现代工业文明的产物，无论共产主义还是资本主义，都是对物质主义极其崇拜。当人们将物质、财富、效率、权力，甚至 GDP 等作为社会发展的尺度时，就必然落入进步主义的陷阱。

从刀耕火种到精耕细作，延续几千年的农业社会是一个极其稳定的社会；人们基本上属于自给自足的大家庭，以家庭、家族或者庄园（村镇）为劳动单位，自己生产，自己消费。如果说人类以前是在吃大自然的利息的话，那么现在，我们吃的是大自然的老本。传统农耕是自足的，每个人所吃所用的东西都是在他的视野里生长和制作的；现代商品社会的大分工让人们的生活完全社会化，人们对他所食所用之物一无所知。工业化使许多奢侈品变得廉价甚至免费，同时却使蓝天（空气）和江河（水）越来越奢侈。

在农业文明初期，98% 的人口进行耕作以支持掌控着食物与资源分配的少数统治阶级；而在今天的美国，只需不到 1% 的人进行耕作就足以养活其他人。虽然人们都懂得农业对现代文明的重要性，却很少有人意识到要为文明的未来发展而慎重地对待土地和自然。

历史并不主持公道，历史只进行辩护。传统时代里，穷人是唯一的输家；在现代社会，除了穷人，又多了一个输家——地球。人类自古的历史一直无法摆脱自然灾难的诅咒。如果说古代危害人类生存的主要是天灾，那么在现代，灭绝人类生存的则主要是人祸。当人类自以为从此可以超越自然灾难的时候，却一次次地陷入自己制造的灾难之中。

工业革命以来，人类发展的加速度越来越大。英国进入资本主义用了 200 多年的尝试与挣扎，后起的德国在 19 世纪后半期的短短 50 年中就迅速崛起；为了与英国争雄，先后发起两次世界大战。现代工业制造出有史以来数量最多、效率最高，也最可怕的杀人机器。尤其是集中营制度显示了现代工业体系极其冷酷和可怕的一面。正是枪炮、坦克、铁路和铁丝网等新技术和现代管理体系的应用，才使得罪恶的集中营成为可能。人类历史上从来没有把杀人变得如此高效，就像在流水线上生产一件产品。毒气室由受过大学教育、极其敬业的工程师建造。每个工人都没有直接参与杀人，他们做的只是按一个按钮或者开一个阀门，他们不过是屠杀流水线中的一个小环节，这些环节组织起来就是一个规模空前的屠杀工业。

从愈演愈烈的贫富差距、环境污染，到毁灭性的战争与暴政，正如霍金教授所说，不断进步的科学技术正创造出更多“新的可能错误”；换言之，科学进步已成为新的致命威胁的主要来源，这不能不说是一种讽刺。现代人用科学破除了迷信，然后却将科学变成一种新迷信——人们什么都不迷信，只迷信科学。人们相信技术可以解决一切问题，而一切问题都是技术问题。如果说钟表、印刷机和蒸汽机的出现象征着技术统治的开始，那么从福特和泰勒开始，则代表技术

机器的高效率在解放人的劳作的同时，也造成了失业。现代社会走向消费主义，当一切都成为消费的对象时，人与自然本身也不例外。

垄断的来临；从此人与技术的关系彻底逆转，技术取代了人的思想。在榔头面前，一切都是钉子；在镜头面前，一切都是图像；在枪口面前，一切都是敌人；在统计表上，一切都是数字。对一个现代成功者来说，“我们的生活方式要求奋斗、掠夺、无休止的变化，以及不满足与破坏”。

从风帆时代就存在的捕鲸业在工业时代到来后，现代捕鲸船取代了老式渔船，捕鲸效率大大提高，以至于最后发展到鲸鱼近乎灭绝，一个古老的行业随之崩溃。一切正如麦尔维尔的《白鲸》所预言。类似的还有大西洋鳕鱼。随着捕捞技术的进步，全世界鳕鱼的捕捞量反倒由 1970 年的 3100 万吨骤降到了 2002 年的 89 万吨，可以设想，像之前大多数物种一样，鳕鱼灭绝也几乎指日可待。

孟子说：“数罟不入洿池，鱼鳖不可胜食也。”意思是说，如果不用太过细密的渔网捕捞小鱼，那么河塘湖泊里的鱼类就永远也吃不完。自从捕鱼滑车发明之后，它就成为现代渔船的标准装备，短期内全世界的渔业产量增加了数倍。随着大型多功能拖网船出现，现代化渔船已经变成一个集捕鱼、加工、提炼和处理为一身的现代加工厂；它所过之处，所有鱼类都被一网打尽，就连鱼骨都被利用。结果是，渔船越来越高效，鱼却越来越少；为了捕到鱼，不得不走得更远，渔船引发的国家争端也日渐增多。工业化技术竞争导致的涸泽而渔，不仅使传统渔业走向终结，也将占地球表面三分之二的海洋变成蓝色沙漠。难怪一位海洋保护生物学家将现代渔业史称为“一部自我毁灭的人类文明史”。

在遥远的旧石器时代，猎人们一次只能猎杀一头长毛象，后来技术进步，可以一次猎杀两头。当他们终于学会成百上千地猎杀长毛象时，猎杀本身就变成最重要的事情，直到最后没有一头长毛象，而这时他们发现肚子饿了。从最后一头长毛象到最后一条鳕鱼，就文化和历史来说，人类本身并没有多大进化，进化的只是技术。资本主义如同中国古代传说中的饕餮——一个吞噬一切的怪物，它吞噬自然资本，并称之为增长。

1929年，德国人斯蒂尔发明了手提式链锯。这个携带方便的小机器迅速传遍世界每一个角落，在很短的时间内便改写了地球的森林生态。在链锯出现之前，伐木工人砍倒一棵大树需要2个多小时，链锯将这个时间压缩到2分钟。即使人类自古以来一直在采伐森林，甚至有“蜀山兀，阿房出”，但只有到了链锯时代，乱砍滥伐才成为一种轻而易举的普遍行为。无论在技术史还是在自然史上，链锯的发明都被视为现代技术进步的一个典型缩影。

不打破鸡蛋，做不成煎饼。按照财富逻辑，为了象牙，可以杀一头大象；为了鱼翅，可以杀一条鲨鱼。现代工业刚开始是人奴役机器，再下来是人变成机器，最后是机器奴役了人。每个人都相信，人会犯错，而机器不会犯错，所以机器总是对的。我们常常担心机器越来越像人，而实际更常见的是人越来越像机器，因为人有天生的模仿和学习能力。自从旨在辨别计算机能否和人一样对事物做出反应的图灵测试出现之后，人类就已经沦为另一种计算机——被植入了数千年演化的软件和硬件线路的计算机。

工业文明是人类签署的一份浮士德契约，机器如同一个潘多拉魔盒，将人们带到一个美妙的新世界。从前的人们把自身出卖给魔鬼以求得魔力，今天的人们从机器中获得了这种力量，这使人往往成为魔鬼而不自知。

机器没有意识，它从一开始就是人的一种手段，一种用来获取金钱和权力的手段。工业化以来，学校、军队、监狱与工厂之间越来越相似，甚至相互之间可以互换，这一切都来源于同一个机器体系。对一个现代人来说，他在社会生活和日常生活中都必须适应机器运转的需要，这种训练从一出生就开始。儿童要为将来进入工厂做准备，学校最重要的就是作息时间表，在这里进行时间启蒙并灌输时间法律。现代社会的美德是守时、服从和重复，学习是存储，禁忌是删除，违反就要惩罚。

如果说传统时代的危险是人成为奴隶，那么现代的危险是人成为机器。机器的美德是永远不会造反，而人最大的弱点是无法忍受无聊，结果自杀和疯狂成为现代人最大的威胁，人的机器化实际是走向疯狂和毁灭。在国家层面，劳动者也常常被作为一种可再生的自然资源——劳动力资源，就像森林、河流、矿山一样，可以任意开采和浪费。一个人的价值仅限于其工资。无论国家还是公司，都试图以最小的代价攫取最大的劳动力产出。

进入20世纪后半叶，无论是资本主义还是社会主义，现代化与技术的进步被当作同一件事。现代人对技术成瘾已经无药可救。技术所产生的罪恶，归根到底还是人的罪恶。从19世纪末20世纪初开始，整个世界都争先恐后踏上了这条现代不归路，这也引发了众多保守主义者的忧虑和批判。甘地试图通过手摇纺车来使时光倒流。现代在颠覆传统的同时，也颠覆了传统文明。更少创造，更多消费；更少积累，更多挥霍。甘地曾这样列举现代社会的病灶：没有原则的政治，不劳而获的财富，没有理智的享乐，没有是非的知识，没有道德的商业，没有人性的科学，没有牺牲的崇拜。

地球上提供给我们的物质财富足以满足每个人的需求，但不足以满足每个人的欲望。如今人造产品的种类已经超过了地球物种，动植物越来越少，而可供消费的商品却越来越多。前工业时代，人类生产和消费的产品种类大概只有 100 种到 1000 种，今天则是 10 亿种到 100 亿种。在整个 20 世纪，全世界人均能量增长了 1 倍，城市面积增加了 3 倍，战争能力提高了 4 倍，信息技术提高了 7 倍。如同《雪国列车》的隐喻，现代科技如同一辆欲望号列车，不停加速，却没有刹车，没有人知道它将驶往何处，也没有人能够置身其外，可以中途下车。

你真的幸福吗

如果说人类从工业革命进入现代时分，那么电脑和互联网的出现其实意味着现代的终结，或者说进入“后现代社会”。社会学家米尔斯对这个“后现代社会”表示极大的忧虑：随着大众消费社会来临，权力集中于精英阶层，知识分子被收编，而大众越发低智化，这个“散众社会”的主体都是一群“快乐的机器人”。

现代社会的贫困线要是在一个世纪之前，只有收入最高的 10% 的人才可以超过。行为科学家早就发现，人一旦跨进了富裕的门槛，对生活的满意度就与收入没有太大关系。毫无疑问，现代社会是物质最为丰裕的时代，但现代人并不比石器时代的人们更幸福。

所谓幸福，其实是一个寻找意义的过程，必须由每个人亲力亲为，但大多数人并没有时间去思考这个问题。林语堂先生认为，人类的一切智慧和知识，最终所要解决的问题是人类如何保养自己，如何最大程度地享受生活。对一个心智健全的现代人来说，金钱给他带来了更多选择，而不是更多物质。换句话说，财富积累并不是社会发展的最终目标，而只是实现美好生活的一个手段。人们不会因为更多机器和体验而快乐，让人们真正感到快乐的，是能控制自己的时间和工作，有机会享受真正的休闲，远离暴力、贫困和腐败导致的不确定性，追求个人自由，而这一切都是随着财富的增长而发生的。

1930 年，整个西方世界都笼罩在大萧条的雾霾中，经济学家凯恩斯却为人们预言了一个美妙的“经济前景”：随着技术的不断进步，人们每个工时的产出一直在不断增加，这样，人们用来满足需求所花费的工作时间就会越来越少，大部分人可能每周只需要工作 15 小时，直到最后几乎不需要工作，就可以满足日常所需。“人类自从出现以来，第一次遇见一个真实且永恒的问题，即当从紧迫的经济束缚中解放出来，应该如何利用它的自由？科学和复利的力量为人们赢得的闲暇，使得人们过上了睿智、愉快和满意的生活。”凯恩斯乐观地预言，2030 年的人类极其富足，人们再也无须为生计而工作。

人类与机器的进化史。人类文明始于第一件石器，而终于手机所代表的人工智能；现代文明赋予人类以上帝的能力，但并不能改变人类源于动物的自然身份。

按照马斯洛的需求层次理论，金钱往往是最低层次的需求，更高的情感、尊重、审美、求知和自我实现却是金钱无法购买的。幸福是现代人最后一件奢侈品，它昂贵到用多少金钱也买不到，而且它的保质期特别短暂，根本无法永久保存。对人类来说，生命的标准越高，就越不能用金钱来衡量，健美的身体、机敏的头脑、朴素的生活、高尚的思想、雅致的审美、敏锐的感知、细腻的情感反应，这些东西绝不是机器体系可以提供的。机器可以制造消费，但无法填补人们的满足感和成就感。

作为最成功的现代宗教，资本主义将机器变成物质的典范，将金钱变成上帝，将辉煌的购物中心变成教堂，将拥有和囤积更多的机器制品变成一种荣耀，从而产生了一种“无目的的物质至上主义”。一切非物质的兴趣和事情都遭到鄙视和谴责，人们的审美能力与知识能力却在严重下降。普遍的反美与反智，导致了生活低俗化和社会低智化，大多数人其实都在安静的绝望中“活着”。对现代人来说，物质不再短缺，真正短缺的是时间、亲情和社区联系。在一个把奢侈品变成必需品的社会，“富裕的大众”都患上了一种形而上的“奢侈病”。肥胖（贪食）、吸烟（成瘾）和车祸（刺激）成为现代人最主要的死因。

自从人类直立行走以来，抽水马桶、汽车和电脑等现代设备，前所未有地将人类变成一种坐姿动物；对现代人来说，在大多数时候完全生活在“轮椅”上。机器代替了生命，机器时间代替了自然时间和生物钟，机器动力代替了人体和牲畜的肌肉力量，严格枯燥的管理代替了人的激情和创造。麦克卢汉说过，工具增强了人体的哪个部分，哪个部分就会退化。机器越来越复杂和先进，而人却越来越低智和无趣。在一个娱乐至死的时代，人们感到痛苦的不是他们用笑声代替了思考，而是他们不知道自己为什么笑，以及为什么不再思考。

柯洁输棋后哭了，阿尔法（AlphaGo）赢棋后并没有笑。苹果CEO库克在麻省理工学院2017年毕业典礼演讲时说：“我所担心的并不是人工智能能够像人一样思考，我更担心的是人们像计算机一样思考，没有价值观，没有同情心，没有对结果的敬畏之心。”

大学传统的博雅教育已经消亡，教育成为工业的一部分。工业体制的分工原则渗透到社会的方方面面，包括教育。不仅技术行业如此，在人文思想领域同样出现了细致的专业分工；许多学科越来越多地成为集体性的流水化作业。分工法则也割裂工作的目的与过程，这让人想起奴隶的劳动。金字塔象征着法老的荣耀，但修建金字塔的奴隶们没有任何荣耀可言，他们甚至也没有工资，他们只是出于对皮鞭和死亡的恐惧才去工作。

讽刺的是，正是因为专业化分工，才导致机器对人的取代。机器作为人的替代品创造了失业这种副产品，成为现代人最大的噩梦。作为社会解体的一个严重征兆，失业不仅是一种经济灾难，它更是一种社会性剥夺，将失业者贬低为“人类废品”。

传统时代，人的出生和死亡都在自己家中；现代社会中，人的起点和终点都在医院，而死亡就是显示器上的那条直线。比性爱机器人更加不可思议的是，克隆技术与人造子宫即将实现人的机器化生产。早在19世纪末，社会学家涂尔干就发现，随着技术工业的快速发展，家庭纽带被削弱，离散家庭和“一个人的家庭”越来越多。所谓“现代社会”的典型特征，就是每个领域都彼此割裂和分立，因而家庭的宗教功能消失了，家庭生产方式也没有了，社会走向原子化，每个人成为独立和孤独的一分子。对现代人来说，孤独是自由的代价，人获得更多的自由，同时也失去更多的安全感。

在传统时代，一切都是确定的，一个人可以从事的职业非常有限，大多都是子承父业，世代之间口耳相传，高超的技艺得以继承。相比之下，现代社会具有无限可能性，除了少数有创造性的职业，大多数职业都更加简单和功利，技能并不重要，人们更看重的是适应能力和生存能力。这种不确定也成为现代人“身份焦虑”的主要原因。

互联网时代的人常常以为，只要信息自由流动，人就可以获得思想自由。思想包括信息、知识和智慧。互联网只是促进了信息的传播，而信息的泛滥反而可能会抑制知识的获取，让智慧更加遥不可及；甚至可以说，信息、知识和智慧之间的区别将会消失。同时，计算机、互联网以及通信技术也减弱了人们对“意义”和“记忆”的关注。新兴大众传媒一方面带来了信息和知识的民主化，但另一方面也颠覆启蒙文化的理性思考，从而瓦解了民主本身。

赫胥黎是奥威尔在伊顿公学的老师。奥威尔的《1984》写的是一个匮乏的社会，匮乏是控制人民的工具，而赫胥黎的《美丽新世界》写的是一个丰裕的社会，丰裕同样成为统治工具。奥威尔担心文字狱和禁书，赫胥黎则担心无人读书；奥威尔害怕信息短缺，赫胥黎则担心被信息淹没。奥威尔预言“老大哥”通过机器监视着人们，精巧的机器沦为一种邪恶的权力技术和统治手段；赫胥黎则认为，人类失去自由和历史并非因为“老大哥”，而是人们过于依赖和崇拜那些使人丧失思考能力的工业机器。实际上，随着技术时代的来临，我们最终都会进入一个管理化社会，每个居民都会丰衣足食，机械化的人不用暴力就很驯服。事实自会证明，超市的力量远大于古拉格劳改营。

按照一个经济学定律，一个社会真正可用的闲暇的数量，通常是与这个社会用以节省劳动力的机器数量成反比。机器不只是一种工具或手段，机器也是现代世界的构成方式。在物质匮乏的传统经济学问题被解决之后，现代人面临着一种新匮乏，即诗意的匮乏和时间的匮乏。古人最熟悉的是泥土和月亮，现代人只能看见眼前的食物，所以“诗人”变成了“吃货”。作为对传统的反动，现代性是预设了一个“向前走”的逻辑。尤其对中国来说，现代化常以去传统化为代价，这犹如邯郸学步，人们既未学会“新步”，又忘了“故步”，只得“匍匐”而行了。

从历史中寻找智慧

从1973年开始，美国连续发生了多起邮包炸弹事件，FBI一筹莫展，直到后来，这位神秘的“炸弹客”提出，若将他的文章公之于世，他将停止恐怖行动。1995年9月19日，《华盛顿邮报》和《纽约时报》同时发表了这篇长达35000字的《论工业社会及其未来》，不久之后，该文的作者——也是一系列恐怖事件的制造者——卡辛斯基被捕。

卡辛斯基过着与梭罗一样的隐居生活，这位“数学天才”的思想也与梭罗惊人的相似，对一切科技进步均持怀疑和反对态度——“工业文明带给人类的是极大的灾难”，在机器面前，现代人别无选择，只能接受机器的摆布，“工业化时代的人类，如果不是直接被高智能化的机器控制，就是被机器背后的少数精英所控制。如果是前者，那么就是人类亲手制造出自己的克星；如果是后者，那就意味着工业化社会的机器终端，只掌握在少数精英的手中”。

在一些历史学家看来，所谓“进步”，其实是一种饮鸩止渴的陷阱和虚妄的想象，这在历史上是站不住脚的。

从整个的人类历史来看，在贫困陷阱中挣扎的生存经济是人类社会发展的常态，工业革命完全是一场“例外”和“意外”。从工业革命以后，仅短短 200 年时间，机器所产生的强大生产能力，彻底颠覆了一个传统社会。机器制品成为第二自然，形成了一个自然景观之外的人造景观系统。

这种乾坤大挪移的沧桑巨变，可以从现在的新几内亚人身上得到更典型的印证：这里的年轻人与美国人一样开飞机，用电脑，乃至管理着一个现代民主国家；但仅仅几十年前，他们的父母却完全是在一个史前的石器时代里成长的。

过去 200 年来，资本主义以巨大的科技和经济进步，将人类带入一个工业化的现代，农耕、乡土、家庭、童年、乡愁和艺术都在无可挽回地走向终结，被人们遗忘；人们生活了几千年的传统社会被连根拔起，无声地死亡和消逝。对刚刚踏入现代门槛的中国来说，每一个城市人心里，都有一个回不去的故乡和无处安放的乡愁。面对十室九空的乡村，不由使人想起《黑客帝国》中的那句话——“欢迎来到现实的废墟。”

从文字诞生起，书写作为一种工具，就是人的思想、认知、论断和情感的外在化表现。据说当初发明机械打字机的初衷，是为了使盲人和弱视者也可以“书写”。与传统手写相比，机械打字提高了文字的书写速度和精度，但在无形中改变了人的写作和思维模式。

早在电脑诞生之前，“电脑键盘”就已经在广泛使用。面对打字机时代，海德格尔就感叹道：

> 文字不再通过手来写了，不再是真写了，而是通过手的机械压力。打字机把字母从原本属于手的领地夺走了——这意味着手从原来属于文字的领地退出了。文字成了某种“打”出来的东西……今天，手写的信函使快速阅读减慢，因此被认为是老派的和不合时宜的。机械式写作在书面文字的领域剥夺了手的尊严，将文字的价值贬低为不过是一种交流工具而已。

技术在使人类生活日趋机械化和技术化的同时，往往造成历史的断裂。记忆是人类的本性，或者说，人是一种怀旧的动物。今天的人们有远比古人丰富的知识，但却失去了古人的诗意。“从前的日色变得慢，车、马、邮件都慢，一生只够爱一个人。从前的锁也好看，钥匙精美有样子。你锁了，人家就懂了。”艺术和诗歌作为历史已经终结。审美作为手工时代的遗产，在机器时代遭到残酷的肢解和擦写，一种整齐划一毫无生气的工业景观，彻底篡改了人类关于美的经典记忆。“非物质”总比“物质”更快地消亡，留下一份无人继承的“遗产”。所谓传统，大多沦为现代人的一种猎奇和娱乐，最终都归结于消费。

在一个普遍富裕的社会，人们却不认为自己比贫穷的祖辈们更加幸福和更加有尊严。物质上天翻地覆的剧变，并不必然会在思想和精

1968 年 12 月 24 日平安夜，阿波罗 8 号飞船在太空绕月飞行中拍摄了这张照片。在黑暗无边的宇宙中，一颗蓝色的星球，孤零零，冷清清，我们就生活在它的表面。

神层面引起多大变化。对当代中国人来说，这种财富爆炸导致的物质革命来得如此突然，以至于一切变化也仅仅停留在物质层面。无论是人的认知能力和精神面貌，还是社会意识和公共治理，一切依然停留在传统时代，但却失却了传统美德。

在古希腊神话中，克洛诺斯阉割了他的父亲，吃掉了自己的儿子。在某种意义上，现代人如同挥舞镰刀的克洛诺斯，既篡夺祖先，又掠夺子孙，人们只关注当下，只活在当下。克洛诺斯为了自己的永恒而毁灭了过去和未来，人们从他时刻瞪大的眼睛和日益耗尽的身体上，看到了他对末日到来的恐惧。

从20世纪开始，全球人口增加了4倍，而对自然的负载量却增加了40倍。野心勃勃的人类塑造了一个全新的地球，用枪炮和铁丝网把地球划分为大大小小不同的领地，把草原变成麦田，把沙漠变成花园或者把花园变成沙漠，摧毁森林种上庄稼或者毁掉庄稼种上树木，拦河筑坝淹没良田或者填海造田围湖造田，灭绝许多物种或者杂交出许多物种。人的智力越来越高，人的理性却越来越低；人们具备了强大的物质力量，却不具备利用这些物质力量的智慧。人类依靠机器几乎控制一切，唯独失去了对自己的控制。上帝按照自己的样子造出了人类，人类如今已经拥有了和上帝一样的能力——造（克隆）人。

现代人是人类出现以来为数最多的群体，但与曾经来到过这个世界的人相比，仍只是前者的7%，占93%的前人留给我们的就是“历史”。历史从本质上没有新意，因为人类的本性不会改变，一方面勤奋、聪明、温和、慈悲、理性，一方面懒惰、嫉妒、贪婪、上瘾、虚荣。人类想要摆脱自然，就如同想拔着自己的头发来离开地面。

现代是一场试验，因为谁都没有经验。但人们忽视了许多“进步”是不可逆的，比如把耕地变成城市很容易，而要把城市恢复为耕地则近乎不可能。所谓土壤、水源和空气的污染，其实只是现代财富透支技术的疥癣之疾，真正的心腹之患是我们已经打开了潘多拉魔盒，再也回不到从前。

在最早的原始社会，人类属于森林人，依靠狩猎采集为生，遇到敌人袭击时，可以迅速消失在森林深处；在古代社会，人类属于农村人，依靠耕种积累为生，遇到敌人袭击时，无法带着粮食、房屋和家具逃跑，只好坐以待毙，或者筑城防守；在现代社会，人类属于城市人，依靠互相交换为生，一旦遇到敌人和灾难，已经无处可逃，因为森林和乡村都已经没有了。在200年后，那位“西雅图酋长”给美国总统的回信再次被人们记起——

> ……你们的目的对我们而言是一个谜，世界会变成什么样子呢？如果所有的水牛都被杀，所有的野马都被驯服，当森林中所有秘密的角落都被人类侵入，所有果实累累的山丘都插满了电线杆时，世界会变成什么样子呢？灌木丛该长到哪儿呢？老鹰会去哪里呢？如果生活中没有了飞奔的小马及狩猎，会变成什么情况？那将不再是生活而只是求生存。

自古以来，人类就离不开水和空气；而如今，电和互联网成为现代人的水和空气，须臾莫离，不可或缺。在席卷世界的现代化浪潮中，美国的阿米什人依然顽强地保持着古老简朴的生活方式：他们不用汽车、拖拉机和任何农业机械；他们也不用电，没有电灯、电话和微波炉。除了阿米什人，今天的人类已经将一切都交付给机器，离开机器，人类将寸步难行。人类完全被机器绑架和统治。机器下的人类已经失去了应对大危机的能力，机器化的现代社会是如此精巧和脆弱，以至于一旦发生崩溃，将根本无法重建。

“现代”是一份契约，其本质就是人放弃意义而换取力量。转基因技术让很多穷人免除了饥荒威胁，但它对人类未来会有什么影响，没有人说得清楚。社会历史的进程是不可预测的。现实不是历史的重复再现，未来也不是过去的无限延续。如果回到更深层面，人类并不是生产者，而只是转化者，将自然物质转换为人造物品和垃圾。古代智者相信，在自然这个施主面前，人始终是卑微的。人不是造物主，最多只是改造者，甚至是自然的盗贼。

对古老的地球来说，人类不过只是一个偶然的产物。自然的任何风吹草动都可以决定人类的命运。从生物学角度来说，机器时代的现代人与石器时代的原始人并没有什么不同。自然是强大的，唯一比自然更强大的，是人类的贪婪。人类最大的不幸是，他依然是动物，人类的智慧最终受到其短暂寿命的制约；虽然历史使人可以超越寿命的限制，但人们恰恰又轻视历史。

像树一样，每个人都有一个根，这个根就是历史。如果说现实是天空，那么历史便是大地。“仁者不忧，智者不惑，勇者不惧。”现代人的困惑并没有超越传统智慧，珍惜昨日之前的社会，或许能带给今天的人们更多有益的启示。

参考文献

[1] （德）马克思《机器。自然力和科学的应用》，人民出版社，1978。

[2] （奥）赫尔嘉·诺沃特尼《时间：现代与后现代经验》，金梦兰等译，北京师范大学出版社，2011。

[3] （美）费正清《美国与中国》，张理京译，世界知识出版社，2000。

[4] （美）本尼迪克特·安德森《想象的共同体：民族主义的起源与散布》，吴叡人译，上海人民出版社，2005。

[5] （美）戴蒙德《枪炮、病菌与钢铁：人类社会的命运》，谢延光译，上海世纪出版集团，2006。

[6] （日）宫崎市定《中国的铁》《宫崎市定论文选集》，商务印书馆，1965。

[7] （英）彼得·桑德斯《资本主义：一项社会审视》，张浩译，吉林人民出版社，2005。

[8] （美）安东尼·N.彭纳《人类的足迹：一部地球环境的历史》，张新、王兆润译，电子工业出版社，2013。

[9] （美）阿尔弗雷德·克罗士比《人类能源史》，王正林、王权译，中国青年出版社，2009。

[10] （美）立恩哈德《智慧的动力》，刘晶、肖美玲、燕丽勤译，湖南科学技术出版社，2004。

[11] （美）房龙《船：航海的历史》，李鸣译，天地出版社，2013。

[12] （英）克里斯·弗里曼《光阴似箭：从工业革命到信息革命》，沈宏亮译，中国人民大学出版社，2007。

[13] 《马克思恩格斯选集》第 2 卷，人民出版社，1995。

[14] （美）亨廷顿《变化社会中的政治秩序》，王冠华、刘为译，上海人民出版社，2008。

[15] （美）戴维·S. 兰德斯《国富国穷》，门洪华等译，新华出版社，2001。

[16] （英）罗杰·奥斯本《钢铁、蒸汽与资本：工业革命的起源》，曹磊译，电子工业出版社，2016。

[17] （美）约瑟夫·熊彼得《资本主义、社会主义和民生》，杨中秋译，电子工业出版社，2013。

[18] （美）哈耶克《自由宪章》，杨玉生等译，中国社会科学出版社，2012。

[19] （德）马克思《鸦片贸易史》，《马克思恩格斯选集》第 12 卷，人民出版社，1995。

[20] （美）汤姆·斯丹迪奇《从莎草纸到互联网：社交媒体 2000 年》，林华译，中信出版社，2015。

|后　记|

从薄到厚，从厚到薄

据说亚当·斯密年轻时，曾给自己制订了一份“著作等身”的创作计划，但实际上，他一生只写了《道德情操论》和《国富论》。对于这两本书，他不仅用长达数年的时间去写作，更用一生的时间来反复修改，以使其尽可能的完善。最终，斯密的两部作品都成为传世经典。

现代社会追求效率。对写作者而言，同样的时间成本，是多写几本书，还是写好一本，质和量，这是两种不同的选择。仓促之间，是不可能写出一本真正的好书的。我最后认定，与其写很多平庸之作，不如静下心来打磨一部好书；反正现在一切都过剩，中国每年出版的新书几十万种，我又何必滥竽充数。

几年前刚开始写作，我以为写作是一件容易的事情。等到白纸黑字变成书，我才发觉文字的分量和自己的鲁莽。凡读书者，或学识深厚，或求知若渴，以轻率之心著书写作，不是贻笑大方，就是误人子弟。因此，对写作不能不怀有诚挚之心。

小时候学写毛笔字，总会把自己得意的“书法”挂在墙上，别人见了都说“好字”，但过不了几日，自己便看出毛病来，甚至觉得惨不忍睹，赶紧从墙上取下来，继续老实练字。如今每次拿到新书，也是一样的感觉，先是高兴，读过几遍后，就不安起来。或许这世界上没有什么完美，至少我看自己的书是这样。《历史的细节》出版至今，我一直在修改，《现代的历程》便是几年修改的结果。从原先的一个14万字的小章节《机器的塑造》，“修改”为一部60万字的大书《现代的历程》，这其实不是我刻意为之。作品常常有它自己的生命和个性，一篇文章或长或短，一本书或薄或厚，正如一个人高或矮，胖或瘦，作者能做的，最好是顺其自然。

《现代的历程》出版后，颇有好评，也得了不少好书奖。比起几年前《历史的细节》，包括余世存先生等许多朋友都认为《现代的历程》进步很大，但在我看来还是不够。可能对一本书最不满意的总是作者，尤其是像我这样习惯于批判的写作者。

《现代的历程》作为一部通史性质的作品，涉及内容比较庞杂，古今中外都有。因为在史料取舍方面过于手软，导致全书的容量超出原先的设想。此外，还有叙述拖沓冗长的老毛病，再加上繁多的脚注和引文，这让不少读者感到阅读有压力，甚至说障碍。现代人节奏快，一本大众历史书，首先应该便于阅读，便于携带。出于这种考量，《现代的历程》一出版，我又开始了一次大刀阔斧的修改，一年之后，便有了这本《现代简史》。

实际上，《现代的历程》当初最早的书名就是《现代简史》，没想到改来改去，最后还是重新找回原来的书名。但这并不是说写作《现代的历程》是一场无用功，相反，《现代的历程》因其内容翔实厚重，是《现代简史》所无法取代的。而且，正是基于《现代的历程》之深厚广博的积累，才使得《现代简史》能够删繁就简，去芜存菁。

从《机器的塑造》到《现代的历程》，再到《现代简史》，几乎是同样的题材和内容，我竟然在这几年里反反复复，写作修订了三遍，连我自己都没有想到。几年前，我还是一个初学写作者，如今我自觉已经有些写作的经验。也只有到了现在，我才体会到写作的乐趣，就在于跟自己较劲。这三次写作对我来说，并不是简单的重复。长时间专注于一件事，才有可能深层次地挖掘、提炼和思索。好电影免不了被多次翻拍。我也相信，现代史这个题材值得反复写，因为我们就身处这段历史之中。没有任何一部历史像现代史一样，连接着过去和未来，关系你我他。

“六经注我，我注六经”，这是古人推崇的读书方法。现代人有一个类似的说法，就是读书是一个从薄到厚，再从厚到薄的过程。一本书可能很薄，但它所涉及的东西要远远超过书本身的容量。换言之，一本书背后往往有很多书为其“背书”，书就是这样被读“厚”的；读书离不开思考，书读过之后，留给人的是启发和收获，或许只是一句话或一个道理；得鱼忘筌，再厚的书，读过之后，也就很“薄”了。读书如此，写书也是如此。谷正中先生就提醒我，许倬云先生一生著述颇多，后来的书越写越薄，书虽薄了，但并没有失去生动；“大师级的书不一定要写得厚，《老子》五千言就够后人读一辈子了”。这让我惭愧之余，深以为然。

《现代简史》作为《现代的历程》之精华版，二者在内容和文字上有一定的相似。作为两本书，也有必要减少过多的重复。《现代简史》去掉了《大事年表》和《参考书目》，也去掉了大量的脚注，并重新选编了一些插图。读者可出于不同需要选择不同的书。对一般读者而言，阅读《现代简史》要比《现代的历程》容易一些，也比较省事。如果读过《现代简史》后，还感觉意犹未尽，想了解得更全面更详细，那么再看《现代的历程》也不迟。

文字可以压缩，但历史是无法压缩的。写作《现代简史》，是想用尽可能少的文字讲清楚这段现代史，这其实只是我一厢情愿的想法；退一步说，如果这本薄薄的小册子，能激发起读者对现代史的兴趣与思考，也就足够了。

题外话

《现代的历程》本是一部历史书，但与读者交流时，我发现人们关心的其实都是未来，怪不得赫拉利在《人类简史》之后，很应景地写了一部《未来简史》。正如那本书的主题，在当下，关于人工智能（AI）的话题确实是个大热门。人们都在谈论正在快速“进化”的机器人将来会不会抢走自己的饭碗。

我原本从事的是机械行业，这在当年属于最主流的工人阶级职业。那时候，每个城市都有不少机械厂，每个厂都有几千人几万人，其中很多都是工程师和技术员；如今那些机械厂大都倒闭了，工人早就下岗了，那些工程师和技术员也不例外，就像电影《钢的琴》所演的那样。短短30年时间，进口的数控机床已经全面取代了传统车工和铣工，连电焊工也被机器人取代；现在已经没有哪个工程师削着铅笔在纸上画图，计算机设计打掉了许多资深工程师的饭碗，在可直接输入设计程序的自动机床面前，技术员也成了没用的“多余人”。

这些年，房地产之所以成为中国的产业支柱，有一部分原因是建筑行业的自动化程度还不够高。前两年，我认识的一个图书编辑从出版社辞职，去了一家房地产公司；那一年，我正好开始专职写作的“坐家”生涯，此前几乎一直在房地产和建筑行业谋生。那个编辑之所以“弃暗投明”，是认为编书写书是个“夕阳产业”，没有前途（或钱途）；我选择“逆行”，至少坚信一点，将来作家被机器人取代的可能性要小得多，至少跟房地产和机械行业相比。

有时我在想，假如将来有了机器作家或机器人作家，那“他”会写些什么。写作是一种关于自恋的输出，人类写作，输出的是自己的认知、思想和感受，机器写作，能输出些什么新东西？我想肯定跟人类不一样。如果让机器来写历史，他肯定不会写秦皇汉武康熙乾隆的雄才大略阴谋诡计，也不会对罗马兴亡或光荣革命感兴趣；他或许也会从火的诞生石器时代写起，但人类一定不是历史的主角——或许只是配角。在机器作者看来，历史就是从弓箭、日晷、水车到印刷机、蒸汽机、计算机的进化史，最后机器不仅全面取代和统治了人类，并且将全体人类放逐，这才是“历史的终结”。如果进入这种思维，再回看我们现在所有的“历史”，其实都是“人类史”，对中国人来说则是“中国人史”。

历史学家汤因比在研究了世界上22种文明的繁荣与衰落后，总结了一条规律：衡量一种文明的发展，要看它能够将精力和注意力从物质方面转到精神、审美、文化和艺术方面，以及这种转变能力的高低。在油画《创世纪》中，上帝从天而降，与亚当手指相对，将灵魂赐予人类。人是自然的创造物，正如机器是人的创造物。面对大自然，掌握话语权的人类免不了人类中心主义，这种自大狂其实是虚妄的。人常常试图去“征服”大自然。从机器的角度来看人类，过度迷恋物质力量的人类始终是一种脆弱的悲剧性存在。

机器从一开始就是人类的主宰，或者说真正主宰地球的是机器而不是人类。机器是人类创造，但回过头来，人类又不得不接受机器的统治。无论房屋、车船、枪炮还是城市、国家和公司，这些都是人类发明的“机器”。同样一部现代史，并不只是一部人类进化史，它也是一部机器进化史。机器作者或许会提醒人们，与机器（比如手机）带给人类的幸福相比，那些不可一世的征服者和伟人就有点太自以为是了。同样，如果让机器去看我们的历史书，他或许也会嘲笑人类作家的“夜郎自大”。

我试着从一个每天跟机器打交道的现代人的角度，来写这样的一部历史：人类之中最聪明的人发明了最早的机器；在人的帮助下，机器越来越先进，越来越聪明——先是比最笨的人能干，接着比大多数人能干；最后，出现最聪明的机器，被叫作“机器人”——问题是，“他”到底是“机器”还是“人”？

随着人工智能的出现，机器与人的关系越来越暧昧不清。渔夫去钓鱼，快乐的应该是渔夫，而不是挂在钓钩上的蚯蚓，而人类有时却像是那只自以为在钓鱼的蚯蚓。

图书在版编目（CIP）数据

现代简史：从机器到机器人 / 杜君立著．—上海：上海三联书店，2018.5
ISBN 978-7-5426-6241-5
Ⅰ．①现… Ⅱ．①杜… Ⅲ．①世界史－现代史 Ⅳ．①K1

中国版本图书馆CIP数据核字（2018）第056630号

现代简史：从机器到机器人

著　　者／杜君立
责任编辑／陈启甸
特约编辑／杜姗珊
装帧设计／杜君立
监　　制／姚　军
出版发行／上海三联书店
（201199）中国上海市都市路4855号2座10楼
邮购电话／021-22895557
印　　刷／北京旭丰源印刷技术有限公司
版　　次／2018年6月第1版
印　　次／2018年6月第1次印刷
开　　本／960×640　1/16
字　　数／193千字
印　　张／23

ISBN 978-7-5426-6241-5/K·454

定　价：59.80元